Susan Winemaker

Schule der Genüsse

Buch

Am Anfang war die Neugier. Von der Lust am Kreativen und Außergewöhnlichen getrieben und zudem frustriert von ihrer Tätigkeit als Köchin in einem Londoner Gourmetrestaurant, nimmt Susan Winemaker eines Tages Kontakt mit einer hochklassigen Domina auf. Mit Erfolg. »Angel« führt sie ein in die Welt der Domination, in die Räume der bizarren Fantasien der Kunden. Fünf Jahre lang arbeitet Susan in einer Schattenwelt der extremen Begierden, zwischen Ekstase und Schmerz, Normalität und Abweichung, Hässlichkeit und Schönheit, Liebe und Lust. Alles ist ein Rollenspiel, doch Realität und Fantasie beginnen zu verschwimmen, als Susan Winemaker das strengste Tabu ihrer Profession bricht: Sie verliebt sich in einen attraktiven Kunden mit extremen Vorlieben – und nimmt die Beziehung aus dem durch Regeln geschützten Raum mit ins Alltagsleben ...

Autorin

Susan Winemaker wuchs in Toronto auf. Sie schloss ihr Studium mit einem Magister in Philosophie ab. Nach ihrer Ausbildung an einer Kochakademie ging sie nach London, arbeitete dort in einem der besten Restaurants, dann als Privatköchin – und schließlich als exklusive Domina. Susan Winemaker lebt und arbeitet bis heute in London.

Susan Winemaker

Schule der Genüsse

Eine Domina erzählt

Aus dem Englischen von
Theda Krohm-Linke

blanvalet

Die Originalausgabe erschien 2007 unter dem Titel
»Concertina. The Life and Loves of a Dominatrix«
bei Simon & Schuster UK Ltd, London.

FSC
Mix
Produktgruppe aus vorbildlich
bewirtschafteten Wäldern und
anderen kontrollierten Herkünften

Zert.-Nr. SGS-COC-1940
www.fsc.org
© 1996 Forest Stewardship Council

Verlagsgruppe Random House FSC-DEU-0100
Das für dieses Buch verwendete FSC-zertifizierte Papier
Holmen BookCream liefert Holmen Paper, Hallstavik, Schweden

1. Auflage
Taschenbuchausgabe Mai 2009 bei Blanvalet, einem Unternehmen
der Verlagsgruppe Random House GmbH, München.

Umschlaggestaltung: HildenDesign, München
Umschlagmotiv: zefa / Corbis
ES · Herstellung: RF
Satz: Uhl + Massopust, Aalen
Druck und Einband: GGP Media GmbH, Pößneck
Printed in Germany
ISBN: 978-3-442-37284-3

www.blanvalet.de

Kunst atmet durch Beschränkung
und erstickt an der Freiheit.

Leonardo

Inhalt

Teil I

Teil II

Teil III

Teil I

1

Arbeitsethik

Es ist 11:25 Uhr, und ich sitze gerade auf Bernie und ersticke ihn. Ich trage einen schwarzen Gummirock, der aussieht wie das Tutu einer Ballerina, und in den Händen halte ich Zehn-Pence-Münzen, mit denen ich schnell über seine Nippel gleite. In sechsunddreißig Sekunden werde ich meine mit Gummi bekleidete Scham abrupt ein paar Zentimeter aus der sitzenden Position hochheben und zuhören, wie er keuchend nach Luft ringt. Neben Mozarts Klavierkonzert in E-Moll sind dies normalerweise die einzigen Geräusche in dem winzigen Raum. Heute jedoch kommen noch das nervtötende Surren eines ferngesteuerten Spielzeugautos und das Geschrei von Jungen auf einer ansonsten verschlafenen Vorortstraße hinzu. In der Spiegelwand sehe ich mein Spiegelbild. Links neben mir liegt eine Schere und rechts eine Uhr mit Sekundenzeiger.

Das Unbekannte ist ein Kontrollinstrument mit endlosen Möglichkeiten – und zum Teil auch der Grund, warum ich Bernie die Augen verbinde. Natürlich weiß er, was kommt, aber er weiß nie genau, wann es kommt. Er kann sich nicht vorbereiten, nicht tief Luft holen, wenn ich plötzlich aus einer hockenden Position mein volles Gewicht auf seinen Mund und seine Nase sinken lasse. Bernie hat mir meinen Stil nie vorgeschrieben und hat sich auch zu seiner Wirkung nie geäußert. Ich bin diejenige, die sich vorstellt, dass das Unbekannte das Gefühl des Erstickens noch beängstigender und aufregender macht.

Du kannst mich nicht sehen, Bernie, aber ich sehe dich: Du liegst nackt auf dem Boden, gefesselt und mit verbundenen Augen. Ich kenne deine Füße und deine Hände; ich weiß, wie zart und elfenhaft sie sind. Ich kenne die Muster der dunklen Haare auf deinem Körper, deinen Brustkorb und deine kleine, gedrungene Gestalt auswendig. Beinahe bewundere ich die Krümmung und Muskeldefinition deiner Yoga-Waden. Im Lauf der Jahreszeiten habe ich die Ränder deiner Bräune kommen und gehen sehen, habe beobachtet, wie deine Haare wachsen, und immer gemerkt, wenn du beim Friseur gewesen warst.

Bernie ist Single, Jude und für Ende vierzig gut in Form. Er hat einen kleinen, spitzen Kopf, tiefliegende, durchdringende Augen und eine sehr hohe Stirn. Er unterrichtet Physik, ist Football-Schiedsrichter und macht Yoga. Er hat eine spielerische, koboldhafte Ader und will unbedingt immer gewinnen. Aus den Geschichten, die er mir erzählt hat, wenn er sich die Hose wieder anzieht, habe ich entnommen, dass er sich in der Gesellschaft von Frauen noch nie wohlgefühlt hat. Und nicht nur von Frauen; er scheint auch seine Kollegen zu meiden, alle, bis auf seine besten Schüler und gewisse Autoritätspersonen. Bernie hält sich für klug, sogar für brillant. Ich glaube, er sieht sich als scharfsinnigen Märtyrer, der sein ganzes Leben lang unter dem Gewicht von Narren und mittelmäßigen Leuten fast erstickt ist. Er zögert seinen Aufbruch bei mir immer ein bisschen hinaus; er will nie gehen. Er zieht sich sehr langsam an und redet mit der raschen Unbesonnenheit eines posttraumatischen, postorgasmischen einsamen Mannes.

Ich ersticke Bernie, aber ich bin keine Sadistin. Wenn es um Lust geht, ist Geben meiner Meinung nach die stärkste Quelle der Macht.

Bernies Körper ist mit sieben Seilen gefesselt. Er darf sich nicht bewegen können, aber es soll auch nicht zu unbequem sein. Scheuerstellen von den Stricken sind unangenehm und können peinlich sein. Zwar sind wir dabei, ein tödliches Spiel zu spielen, aber prickelnde Zehen, taube Gliedmaßen und alarmierende dunkelrote Stellen sind Gefahren, die man vermeiden kann und sollte. Das Vorspiel, ihn zu fesseln, ist eher Kür und Spaß als das, was darauf folgt, und weil ich das weiß, lasse ich mir Zeit dabei. Konzentriert gebe ich mich der Aufgabe hin, ein sicheres, raffiniertes Netz um ihn zu spinnen. Obwohl ich improvisiere, lasse ich mich von Symmetrie leiten. Dabei lege ich meine Rolle der Kalten, Eisigen ab und frage ihn, ob der Strick am Schenkel oder am Handgelenk zu stramm ist. »Schneidet der Strick in deinen Knöchel ein? Bist du sicher, dass er am Handgelenk nicht zu fest sitzt? Sag mir, wenn der Arm zu prickeln beginnt.« Nach ungefähr dreizehn Minuten, wenn ich spüre, dass er ungeduldig zu werden beginnt, beende ich meine Arbeit und trete einen Schritt zurück, um mein Werk zu begutachten. »Dann zeig mal, wie du dich bewegen kannst«, sage ich. Und was macht er? Er wippt mit seinem Oberkörper von einer Seite zur anderen, schüttelt seinen spitzen Kopf und krümmt zum Spaß einen Finger.

In Bernies Fall ist Bondage die physische und psychische Vorbereitung für das Hauptereignis. Ich weiß, was Bernie will: Ich soll effektiv, aber so schnell wie möglich vorgehen. Trotzdem hoffe ich immer noch, dass er die Aufmerksamkeit und die immer fester werdende Um-

armung der Stricke als Selbstzweck würdigt. Schließlich mache ich das extra für dich, Bernie; es geht nur um dich. Und ist das nicht schon die halbe Lust?

Ich ersticke Bernie, aber das ist nicht das Einzige, an das ich denke.

Ich denke an Feta-Käse, wie Schiefer gebrochen und wie ein Elfenbeinturm auf einer dunklen Holzplatte angerichtet. Ich denke an eine knochenweiße, poröse Skulptur, die vor Olivenöl glänzt und mit gehackten Minzeblättchen bestreut ist. Zerstoßene Granatapfelkerne beflecken die Weißheit und das Holz mit ihrem roten Saft. Es ist mir gerade eingefallen, und ich sehe es so deutlich vor mir, wie ich es vor Jahren in einem Food Magazine gesehen habe. Erstaunlicherweise begeistert mich der Anblick in meiner Vorstellung genauso wie damals, als ich die Abbildung in der Zeitschrift entdeckt habe – und dabei habe ich das, was ich mit den Augen verschlungen habe, noch nie probiert. Zu sehen ist eine Lust, zu schmecken eine andere.

Bondage verändert Körper und Geist. Zuerst kann er nichts sehen, und dann kann er sich in einem gewissen Maß nicht bewegen. Ich frage mich, wo er in Gedanken ist, während seine Knöchel aneinanderreiben, seine Schenkel fest zusammengepresst sind, und sein Rücken an den kalten Fliesenboden gedrückt wird. Wenn das Blut nicht mehr ungehindert durch die Venen fließt, konzentriert er sich dann auf seine Atmung? Hat er Fantasien? Wie bereitet er sich vor? Er ist verletzlich, entblößt und in Gefahr – denkt er darüber nach? Denkt er an mich? Und wie kommt es, dass Bondage, Nacktheit, Hilflosigkeit, Erwartung, die Musik, die Umgebung und meine Anwesenheit zu einer sexuellen Erfahrung zusammen-

fließen? Ich habe noch nicht einmal damit begonnen, Bernie zu ersticken, und er hat bereits eine Erektion.

Meine Gedanken wandern zur dramatischen Wirkung von Essen: der schockierende Effekt orangefarbener Karotten auf einem Bett von tief dunkelroten Roten Beten. Ich denke an ungewöhnliche Paare, wagemutige Dreier, Orgien von Struktur, Geschmack und Farbe. Ich denke an ein Essensschauspiel, das an die Grenzen geht und die Möglichkeiten des Kontrastes erforscht. Ich denke an Süßes mit Würzigem, Wassermelone in geeister Tomatensuppe, Pasta mit Schokolade und Chili, Schellfisch und Vanilleschoten, in Tee gedünsteter Fisch, in Kaffee marinierte Datteln. Warum gibt es nicht mehr Zitrone und Schokolade, Schokolade und Rotwein, Rotwein und Linsen? Ich bin einmal auf ein Rezept für eine Sauce gestoßen, zu der man ausgerechnet Tabak brauchte. Auf einer Nahrungsmittelmesse in Paris wurde mir die einzigartige Erfahrung zuteil, getrockneten Ziegenkäse zu probieren: Es war wie eine heftige Halsentzündung, die ungefähr eine Stunde lang anhielt. Wie wäre es wohl, ein Essen zu geben, bei dem keiner der Gäste etwas sehen könnte? Ich möchte ein Mahl kochen, das mit Größe und Proportionen spielt: Baby-Gemüse, ein Straußenspiegelei für alle, mit gebutterten Croutons auf Spießchen oder Gabeln, damit man sie in ein riesiges weiches Eigelb tauchen kann, oder Miniatur-Sandwiches, Riesen-Shrimps, eine Suppensequenz, wobei es von jeder nur einen Löffel voll gibt.

Heute hatte ich Lust zu spielen. Deshalb nahm ich zusätzlich zu den Stricken alles, was ich finden konnte: Klebeband, Strümpfe, Schnürsenkel und Zahnseide. Ich habe einzelne Finger und Zehen an verschiedene Kör-

perteile gebunden, und die großen Zehen habe ich zusammengebunden. Die mittleren Zehen jedes Fußes hängen an einem Seil, das um die Oberschenkel geht, und seine Zeigefinger sind so mit seinen Oberarmen verbunden, dass seine Handgelenke nach hinten gestreckt sind und die Ellbogen einen Winkel von fünfundvierzig Grad bilden. Es sieht so aus, als wolle er eine Mauer abstützen; es sieht komisch aus. Ich habe das Seil um seine Knöchel mit einem Flaschenzug verbunden, der an der Decke befestigt ist, sodass seine Füße und seine Unterschenkel sich heben, wenn ich an der Kurbel drehe.

Das Resultat ist beeindruckend; es ist eine Komödie des Exzesses, eine Kunstinstallation, die außer mir nie jemand sehen wird. Niemand bewundert mein Werk. Niemand sieht ihn so wie ich in dieser einzigartigen, aber nur zeitweiligen Anordnung. Nichts in diesem roten Zimmer ist von Dauer, und doch scheint alles dazu bestimmt zu sein, wiederholt zu werden. Was lernen wir daraus? Ich nehme zwei Zehn-Pence-Münzen mit ihrem eingekerbten Rand, hocke mich mit Blick auf seine Füße auf sein Gesicht und beginne, im Takt mit der Musik über seine Nippel zu schnipsen.

In meiner Fantasie war die Kochschule ein klösterliches Institut, das die Geheimnisse von Geschmacksrichtungen und ihre Harmonie offenbarte und die Gesetze und Prinzipien erforschte, denen der Geschmack unterliegt. Ich stellte mir eine Gemeinschaft eifriger Schüler vor, die um einen Tisch herumstehen, verschiedene Kräuter und Gewürze probieren und dabei angeregt über die Funktionsweise des Gaumens und der Zunge, die Rolle der Nase und der Augen im Hinblick auf die Geschmacksknospen diskutieren. Die Realität der Kochschule war jedoch weit weniger romantisch und viel pragmatischer: Geflügelmodule, Meeresfrüchtemodule, Hygiene- und Sicherheitsmodule. Dreizehn von uns erlernten die Mutter-Saucen und Tochter-Saucen der klassischen französischen Cuisine. Man brachte uns bei, vier Kochmethoden mit trockener und drei mit feuchter Hitze zu identifizieren. Wir lernten die korrekte Aufbewahrungstemperatur von Mayonnaise und Fleisch auswendig, die fünf Zeichen eines frischen Fischs, wie man eine ruinierte Sauce rettet und wie man tranchiert. Wir backten Brötchen, wir backten Kartoffeln, wir backten Seelachs. Wir wetteiferten miteinander um die klarste Consommé, die luftigsten Baisers und das lockerste, leichteste Soufflé. Dreizehn von uns rührten in einer Bouillabaisse und kochten im Verlauf von achtzehn Monaten fünfhundert Standardrezepte nach.

Wenn wir anfangen, sind Bernies Nippel wie kleine Wülste; sie sehen aus, als seien sie mit durchsichtigem Lack bepinselt. Aber wenn ich sie zweihundert Mal gereizt habe, reißt die Haut, und Fetzchen davon fallen auf den Fliesenboden. Von Zeit zu Zeit zucke ich zusammen und winde mich innerlich beim Anblick der toten Zellen, die durch das Zimmer fliegen. Nach zwei Stunden sind seine Nippel rot und wund, und die Silbermünzen sehen aus wie blutige Sägen.

Über die Jahre habe ich viele Stunden lang dieses manische Konzert des Schnipsens gespielt und seinen Effekt beobachtet – und doch weiß ich immer noch nicht, was vor sich geht. Unwillkürlich empfinde ich den grausamen Schock der ersten Schnipser mit. Sein Schmerz ist mir ebenso bewusst wie die Tatsache, dass ich die Ursache dafür bin. Gerade in diesen ersten Sekunden habe ich das Gefühl, einen gewalttätigen Akt zu begehen und eine Grenze zu überschreiten. Aber es ist menschlich unmöglich, die ganze Zeit über Mitgefühl zu empfinden.

Und so wie die Musik an Intensität gewinnt, mache auch ich weiter. Meine Aufmerksamkeit wendet sich anderen Dingen zu, meine Gedanken schweifen ab, und es ist so, als sei der Schmerz in den Hintergrund getreten.

Aber wie ist es für Bernie? Intensiviert sich das Gefühl in dem Maße, in dem seine Nippel wund und empfindlich werden, oder wird der Schmerz durch die Wiederholung dumpfer? Oder hat er vielleicht gelernt, mit dem Schmerz umzugehen? Ich weiß nur, dass die reine Wiederholung und die Tatsache, dass er das Spiel und auch den Schmerz zulässt, meine Wahrnehmung verändert und Distanz schafft. Wie von einem privilegierten, weit entfernten Logenplatz aus kann ich es mir leisten, den Humor und die Absurdität der Situation zu genießen. Ich spiele mit den Nippeln eines gefesselten Mannes, als ob sie ein Musikinstrument wären.

Mein erster Tag in London war strahlend und wolkenlos, ganz anders, als ich es erwartet hatte. Bis ich einen Job und eine Wohnung gefunden hatte, wollte ich bei einer Bekannten wohnen, einer Frau, die ich seit über zehn Jahren nicht mehr gesehen hatte. Wie sich herausstellte, war sie mit ihrem Mann und ihrem zweijährigen Sohn in der Woche meiner Ankunft verreist, deshalb wollte ihre Freundin Sabrina, die auf die Wohnung aufpasste und die Blumen goss, mich in Empfang nehmen. Ein schwarzes Taxi brachte mich von der Victoria Station zu einer Adresse an der Holland Park Road, einer halbmondförmigen Straße mit flachen Gebäuden hinter dem Hilton.

Ich bezahlte den Fahrpreis – so viel, wie ich in Montreal in einer Woche für Lebensmittel ausgab – und dachte: Ich muss sofort einen Job finden. Dann klingelte ich bei Nummer neun. Nichts passierte. Ich klopfte. Ich klopfte ans Fenster, klingelte noch einmal, klopfte wieder, und dann setzte ich mich auf meinen Koffer und blickte mich um. Vor Nummer drei lag ein Mann mittleren Alters auf einer Plastikliege vor seinem Eingang, hörte Radio und sonnte sich. Er winkte mir zu, und nachdem er zehn oder zwölf Minuten lang höflich gelächelt und immer wieder zu mir herübergeschaut hatte, ging er ins Haus. Kurz darauf kam er mit einem Teller Keksen und einer Tasse Tee auf mich zu, was wirklich sehr nett war. Er gab ein paar begeisterte Sätze über das prachtvolle Wetter von sich, sah dann jedoch die Gelegenheit gekommen, sich über seine Nachbarn auszulassen.

»Es überrascht mich gar nicht, dass sie nicht hier sind, um Sie zu begrüßen. Entschuldigen Sie meine deutlichen Worte, aber sie sind ziemlich grässlich. Laute Hippie-Typen mit ihrer stinkenden Komposttonne und diesem Kind. Und der Gipfel ist, dass der Kerl auch noch versucht, mit seinen Rosen und preisgekrönten Sonnenblumen die ganze Straße zu beschämen. Sie kommen aus … Kanada? Ach, du liebe Güte! Und sie sind nicht hier, um Sie zu begrüßen. Schande! Na, wenigstens haben Sie das tolle Wetter erwischt, das ist ja schon was. Bis jetzt war es ein lausiger Sommer. Tschüs.«

Ich machte mir nicht die Mühe, ihm zu erklären, dass nicht die unzuverlässigen Nachbarn mich versetzt hatten, sondern dass ihre Freundin nicht da war. Als Frank mit der leeren Teetasse wieder zu Nummer drei zurückging, setzte ich mich auf meine volle Blase und starrte zu den Röhrenschornsteinen und den geschwärzten Ziegelmauern der Häuser empor. Ich weiß noch, dass ich den Kontrast zwischen dem städtischen Schmutz und den grünen Blättern einer hohen Akazie bewundert habe. Wenn ich die Augen schloss, roch ich das Pflaster, den Dunst der Insel und die Luftverschmutzung. Ich hörte das Summen des Verkehrs, das Zwitschern der Vögel und spürte, wie die Londoner Sonne mir das Gesicht wärmte.

Fast eine Stunde verging so, bis ich schließlich begann, mir zu überlegen, welche Möglichkeiten ich hatte. Ich konnte im Hilton absteigen, wenn ich es mir leisten könnte, aber das wäre Geldverschwendung. Wenn es nötig wäre, konnte ich immer noch in einer Jugendherberge im Holland Park übernachten, von der ich gelesen hatte. Aber zuerst einmal wollte ich mein Gepäck bei dem Nachbarn lassen, dort zur Toilette gehen und Sabrina eine Nachricht schreiben. Ich suchte gerade nach meinem Kugelschreiber, als ein schwarzes Taxi vorfuhr und eine wunderschöne, blonde Frau mit schimmernden Strähnchen im Haar ausstieg. Anmutig kam sie auf mich zu, wobei sie nicht daran dachte, sich zu entschuldigen. An ihrer nasalen Aussprache, ihrer hohen Stimme und ihrem unsteten Blick merkte ich, dass sie nicht nur Engländerin, sondern auch äußerst kapriziös und ein wenig aus dem Gleichgewicht geraten war.

Als sie die Tür öffnete, betraten wir das schmalste Haus, das ich jemals gesehen hatte. »Das sind Sozialwohnungen«, erklärte sie, »erschwingliche Häuser in einer der reichsten Gegenden Londons.« Dabei kicherte sie ohne ersichtlichen Grund. Die Küche war »kaum groß genug, um eine Katze herumzuschleudern« – genau diesen Ausdruck verwendete sie. Das Wohn-/Esszimmer, das einzige andere Zimmer im ersten von drei Stockwerken, war nur unwesentlich größer. Und dann begann Sabrina unaufhaltsam und ohne Zurückhaltung, mich »zu belehren«. Sie redete über London, den Bürgermeister, die U-Bahn und die Busse, die Zonen und die Fahrpreise, die besten Märkte, wo man in der Nachbarschaft am billigsten einkaufen konnte, ihre Lieblingsparks, das gesamte nützliche *A-Z* der Stadt. Und ob ich einen Tee wollte.

Während ich mich hinsetzte und an meinem ersten Tag in England meine zweite Tasse englischen Tee trank, lag Sabrina hingegossen auf einem alten, zerschlissenen, rot und cremefarben gestreiften Sofa und aß mit dem Löffel eine halbe Avocado mit Sojasauce. Und obwohl ich sie erst seit einer knappen Stunde kannte, erfuhr ich, dass sie so alt war wie ich, sechsundzwanzig, und verheiratet, dass sie aber mit ihrem Mann nicht zusammenwohnte. Er war ein Workaholic, der in seinem Aufnahmestudio schlief und sich von einem Traum nährte, der sich, da war sie sich sicher, eines Tages ganz bestimmt erfüllen würde. Sie flatterte ohne Arbeit durch das Leben, wohnte bei Steves Eltern und manchmal bei Freunden.

Sie war Popsängerin gewesen und hatte eine Single aufgenommen, mit der sie einen kurzen, strahlenden Moment lang in den Charts gewesen war, um dann wieder in der Anonymität zu versinken und die Wunden zu lecken, die die Reise zum Ruhm hinterlassen hatte. »Mein Vater hat mich gedrängt. Er wollte unbedingt, dass ich berühmt werde, und ich habe ihm den Gefallen getan.« Ihre gesamte Teenagerzeit über, bis Anfang zwanzig, war sie magersüchtig gewesen und hatte neun Jahre lang in Therapie verbracht.

Sabrina und ihre Eltern – Amerikaner, die Mutter Exmodel und der Vater ein gescheiterter Künstler und Erfinder – hatten ihre gesamte Kindheit und Jugend als unzertrennliche »beste Freunde« in London und New York verbracht. »Ich habe mit ihnen mein erstes Acid eingeworfen, und wir haben ständig zusammen Marihuana geraucht. Sie waren Bohemiens. Manchmal hatten sie Geld, viel Geld, und Granny ist sehr reich, aber ich kann mich auch an Zeiten erinnern, in denen wir pleite waren. Und mein Vater hatte nie wirklich Arbeit.«

Als sie einundzwanzig war, verliebte sie sich in Steve.

Als sie dreiundzwanzig war, heckten ihre Eltern einen finanziellen Plan aus, der es notwendig machte, nach Bali zu ziehen. Sie waren davon ausgegangen, dass Sabrina mitkäme, und als sie sich weigerte, London zu verlassen, reagierten sie gar nicht darauf. Monatelang organisierten sie alles und trafen alle notwendigen Vorbereitungen; Kisten stapelten sich, und dann eines Tages lag ein Flugticket auf der Kommode in Sabrinas Arbeitszimmer. Erneut erklärte sie ihren Eltern, sie wolle Steve und ihr Leben in London nicht aufgeben, aber sie hörten ihr immer noch nicht zu. Bis in die tragischen Details beschrieb sie mir den Tag der Abreise: Wie das Taxi, das sie nach Heathrow bringen sollte, vor der Tür wartete, ihre stoische Weigerung, die Worte und Tränen, die darauf folgten, und schließlich der bittere Anblick, als ihre Eltern, »ihre besten Freunde«, davonfuhren. »Das war vor drei Jahren, und bis vor fünf Monaten habe ich weder ihre Anrufe angenommen – es waren allerdings auch nicht allzu viele –, noch auf die Ansichtskarten von weißen Sandstränden, saphirblauem Wasser, leuchtenden Sonnenuntergängen und Piña Coladas geantwortet.«

Verlassen von ihren Eltern, vernachlässigt von ihrem arbeitssüchtigen Ehemann, war sie nach ihrem kurzen Ausflug zum Ruhm eine nicht ganz unproblematische Frau, wie sie selbst zugab.

Draußen war es zu schön, um den Tag in einem winzigen, dunklen Haus zu verbringen, deshalb begleitete ich sie auf der Suche nach einem »anständigen« Regenschirm. Wir spazierten durch Kensington und Chelsea, die breite Holland Park Road entlang, die gesäumt war von beschnittenen Bäumen und stattlichen weißen Botschaften, mit Säulen, Fahnen und Eisenzäunen. Durch gepflasterte Gassen gelangten wir in den Holland Park, wo Pfauen frei herumstolzierten und der duftende Rosengarten in voller Blüte stand. Sabrina sagte, Pfauen seien grausame Vögel. Sie kannte die Namen der einheimischen Bäume und der modischen Hunde, die an der Leine ausgeführt wurden, und sie zeigte mir, wo Paul McCartney und Richard Branson wohnten.

Wir gingen an dem Spielplatz vorbei, auf dem sie als Kind immer gespielt hatte, und waren fast schon in der Kensington High Street, als sie plötzlich ihre Aufmerksamkeit mir zuwandte.

Seit Sabrina aufgetaucht war, hatte ich kaum etwas gesagt. Mein Gedächtnis war eifrig damit beschäftigt gewesen, ihren unablässigen Monolog aufzunehmen und die Vielzahl der neuen Eindrücke zu verarbeiten. Aber jetzt wollte Sabrina wissen, wie eine Kanadierin auf den Gedanken kam, ausgerechnet in London leben und arbeiten zu wollen, in einer extrem stressigen, konkurrierenden, testosterongetriebenen Arbeitswelt, die hierarchisch, ausbeuterisch und unterbezahlt war. Gute Frage. Ihrer Meinung nach war professionelles Kochen eine Form von Wahnsinn, ein Ungleichgewicht, wie alle singulären Besessenheiten. Entweder gedieh man aufgrund von Kräften der Natur in seiner eigenen Umgebung, oder man wurde zum Sklaven einer erdrückenden, missbräuchlichen Industrie. Und darüber wusste sie alles. Warum also suchte jemand sich *freiwillig* so ein Leben aus? War es meine Berufung? Trieb mich etwas, eine große Köchin zu werden?

Nun, was sollte ich sagen? Ich strebte sicher nicht nach Mittelmäßigkeit, und Kochen war meine Leidenschaft, aber ich konnte nicht mit voller Aufrichtigkeit behaupten, eine »große« Köchin zu werden, das sei mein einziges Ziel. Wo blieb ich dabei? Das Sammeln von Erfahrungen und meine kulinarischen Fähigkeiten dienten mir doch eher als Pass zum Reisen und zum Kennenlernen der Welt. Man hatte mir gesagt, London stünde vor einer kulinarischen Renaissance, und Gastro Pubs boomten. Außerdem sprach man in London Englisch (mein Französisch reichte für eine Küche in Frankreich nicht aus), und England lag ziemlich zentral. Aber plötzlich überschattete eine Wolke des Zweifels und der düsteren Vorahnung meine Stimmung und trübte meine Motive. In der Zwischenzeit war Sabrina ein hellgrauer Regenschirm ins Auge gefallen.

Manchmal überrasche ich Bernie mit einem äußerst scharfen Schnipsen der Münze, was ihm ein gurgelndes Stöhnen entlockt, das sich an den Zimmerwänden festzukrallen scheint. Ich verkrampfe mich im Augenblick der Berührung immer, aber dann ist es vorbei, und ich kann nur beobachten und darauf warten, dass er sich wieder erholt – was überraschend schnell geht. Er ist unverwüstlich und nimmt nichts übel. Er ist nicht ärgerlich auf mich, im Gegenteil, er bezahlt und ermutigt mich, wenn ich ihn seine Hilflosigkeit bei der Vorbereitung für seine Lust spüren lasse.

Mein Probetag begann im sogenannten »Kerker«, der Vorbereitungsküche im Keller eines bekannten Restaurants. Man steckte mich zu einem hektischen, pickeligen Jungen von zwanzig Jahren, dem ich den halben Tag lang zuschauen und assistieren sollte. Um elf Uhr rührte er hastig Senfmayonnaise zusammen, während ich Korianderblättchen abzupfte und Zitronen ausdrückte. Er war viel zu konfus, um mir irgendetwas erklären zu können, und murmelte ständig nur leise vor sich hin: »Es ist viel zu viel zu tun, es ist unmöglich, unmöglich.« Kaum hatte er ein wenig Mayonnaise in ein Förmchen gelöffelt, ergriff er das Tablett, auf dem zwölf Förmchen und ein Glas Wasser standen, und eilte davon, um den Küchenchef zu suchen. Ich legte mein Messer weg und lief ihm nach.

Es war 11:07 Uhr, als wir den Küchenchef fanden. Er warf einen Blick auf die Uhr.

»Wie spät ist es, Michael?«, fragte er mit gespielter Neugier. Seine Stimme klang drohend.

»Elf Uhr sechs, Chef. Es tut mir leid, Chef, ich habe versucht… Ich musste…«

»Du kommst zu spät! Du kommst zu spät! Hör auf, dich zu entschuldigen, Michael. Das ist so langweilig. Irgendetwas ist bei dir immer los, irgendetwas geschieht immer. Aber nie bist du schuld, nicht wahr? Du bist nutzlos und langsam. Alle anderen erscheinen pünktlich zum Abschmecken. Heute wart ihr zu zweit, und du hast es trotzdem nicht geschafft, dich zu organisieren. Ich will keine Entschuldigungen hören. Morgen will ich dich um Punkt zehn Uhr dreißig sehen. Verstanden?«

»Ja, Chef.«

Der Küchenchef war Mitte dreißig, auf eine jungenhafte Art attraktiv, hatte lange Wimpern und war groß. Er hatte braune, kluge Augen und eine gigantische Nase, aber ich konnte noch nicht einschätzen, ob er ein Künstler, ein Perfektionist oder einfach nur ein Tyrann war.

Er nahm sich Zeit und machte ein Schauspiel daraus, den Inhalt jedes Töpfchens zu probieren. Er hielt sich den ersten Löffel unter die Nase, roch daran, musterte ihn, blickte Michael an, blickte mich an und schob dann den Löffel in den Mund. Er schmatzte mit seiner Zunge gegen seinen Gaumen und kaute langsam. Seine Miene war undurchschaubar, bis er sich den Mund mit einem Schluck Wasser ausgespült und es ausgespuckt hatte. Dann verzerrten sich seine Züge vor absolutem Ekel. »Das ist keine Guacamole. Das ist widerlich! Viel zu viel

Knoblauch. Bring das in Ordnung. Gib noch ein oder zwei Avocados hinzu. Was soll das heißen, es sind keine Avocados mehr da? Idiot! Dann besorg welche.«

Und so ging es weiter, bis er alle zwölf Töpfchen probiert und kritisiert hatte. Wir hatten nur noch neunzehn Minuten Zeit, um eine neue Pflaumensauce zu machen, eine Aushilfe zu bestechen, damit er Avocados kaufte, an die Vinaigrette Zitrone und Zitronenschale zu geben, mehr Zimt in die Suppe zu rühren, Oliven zu entkernen, Salat zu putzen, Petersilie zu hacken, das Fleisch von einem Dutzend gekochter Entenbeine für den Salat auszulösen, einen Bierteig zu machen und uns oben in der Küche einzurichten, bevor der Mittagsbetrieb begann. Unmöglich, unmöglich, dachte ich.

Um 12:39 Uhr gab es oben in der Service-Küche einen donnernden Krach, einen Schlag an die Fliesenwände und ein schreckliches Gebrüll – mitten im Service brüllte der Chef. »Dunce, du nutzloses Mädchen. Schneller, beweg dich, bring es raus, acht Sekunden, *Scotty*, pass auf die verdammte Suppe auf, wo ist das Kartoffelgratin? Ich brauche drei von diesen Scheißrisotti. Nicht morgen, nicht nächste Woche, ich will sie jetzt. Auf der Stelle.« Er stampfte mit den Füßen, klatschte in die Hände, schlug die Faust gegen die Wand. »Sofort, verdammt noch mal!«

Ich war geschockt von der Feindseligkeit und Gewalttätigkeit der Szene, aber besonders verwirrte mich das Ziel der heftigen Tirade des Küchenchefs. Meiner Meinung nach war der geschmeidige schottische Junge bei den warmen Vorspeisen ein wahrer Pantomime an Anmut und Körperbeherrschung. Geschickt wie ein Tänzer wendete er Crêpes mit der linken Hand, schwenkte mit der rechten breite Bohnen und Pinienkerne in brauner Butter, bediente die Fritteuse, rührte in der Suppe und warf einen prüfenden Blick in den Backofen darunter und den Salamander darüber. Bestellungen und Beleidigungen flogen hin und her, im Raum war es heiß, und es ging um Tempo und Konzentration, und lediglich eine pochende blaue Vene auf seiner Stirn verriet seine Anspannung.

»Beeil dich. Sauce daneben. Blöder Idiot! Sauce daneben! Du hast ein Gedächtnis wie ein Goldfisch.«

Zwei Stunden lang trieb der Chefkoch den Service mit Beleidigungen und Beschimpfungen vorwärts. Er verzog das Gesicht, runzelte die Stirn und heulte, als ob er Schmerzen hätte, aber als der Service vorüber war, beendete er auch die Vorführung, als sei der Vorhang gefallen. »Gute Arbeit, Leute.« Augenzwinkernd schüttelte er jedem die Hand. Einem Kellner stupste er in die Rippen, und alle lachten befreit auf. Dann wurden die Kochstationen aufgeräumt, das Essen eingepackt, die Flächen abgewischt, und die Spüler kamen aus dem Kerker, um Töpfe und Pfannen einzusammeln, die Herde zu reinigen und den Fußboden aufzuwischen.

In der Zwischenzeit beobachtete ich voller Mitgefühl den Schotten, der fröhlich pfeifend seinen Platz sauber machte. Ich wollte etwas zu ihm sagen, ihm das Lob vermitteln, das er meiner Meinung nach verdiente, oder ihn trösten, weil er so beschimpft worden war. Ich wartete, bis er auf dem Weg nach unten an mir vorbeikam, und dann tippte ich ihm auf die Schulter. Als er sich umdrehte, fragte ich ihn, ob alles in Ordnung sei. Verwirrt und misstrauisch blickte er mich an.

»Weil der Chef dich so angeschrien hat. Du hast eine solche Behandlung wirklich nicht verdient.«

Ich gebe zu, dass die Worte nicht allzu geschickt gewählt waren, und er hat sie vielleicht als herablassend oder einfach auch nur seltsam empfunden. Zuerst blickte er mich ungläubig an, verzog dann jedoch sarkastisch das Gesicht. Anscheinend fand er mich naiv, dumm oder beides, und er wies mich zurecht.

»Machst du Witze? Ich habe jedes Wort verdient. Wir alle! Ich könnte niemanden als Chef respektieren, der mich nicht in den Arsch tritt. Er ist einer der Besten, vergiss das bloß nicht.«

Mit diesen Worten drehte er sich auf dem Absatz herum und verschwand nach unten, während mir vor Verlegenheit heiß wurde. Ich hatte die Psychologie des Spiels missverstanden. Die Angst, die Intensität, die strenge Disziplin und der verbale Missbrauch stimulierten den Schotten. Er war in seinem Element, im Gegensatz zu mir. Ich verstand nicht, warum eine Küche so brutal geführt werden musste. Was war mit der zarten Verzückung über das Essen? Ich fragte mich, ob ich mich in dieser Höllenküche und ihrer Tyrannei jemals wohlfühlen würde. Aber wenn der Schotte recht hatte, wenn er wirklich ein großartiger Koch war und ich etwas bei ihm lernen konnte, dann sollte ich mir vielleicht ein dickeres Fell zulegen.

Als ich zum Holland Park zurückkam, lag Sabrina auf dem Sofa und las ein Buch mit dem Titel *Spiritueller IQ*. Sie trug einen Wintermantel, eine Wollmütze und einen Schal, obwohl es mitten im Sommer war. »Ich schwitze eine Erkältung aus«, erklärte sie, ohne den Blick von der Seite zu heben. Mir war ein bisschen übel, deshalb setzte ich mich auf den Stuhl ihr gegenüber und erzählte ihr von meinem Probetag. Möglicherweise übertrieb ich den Sadismus des Küchenchefs und die Unterwerfung des Personals, um ihr Mitgefühl zu wecken. Vielleicht hoffte ich ja auch, dass sie mich überreden würde, den Job nicht anzunehmen. Deshalb war ich völlig überrascht, als sie das Buch sinken ließ und erwiderte:

»Du musst diesen wahnsinnigen Koch und seine brutalen Methoden beobachten, damit du lernen kannst, wie man nicht führen sollte. Nimm die Küche als psychologische Studie über Macht und Disziplin.«

Du hast leicht reden, dachte ich. Aber es war auch eine interessante Anregung. Und ich konnte ihre Worte wie eine Rüstung auf diesem Küchenschlachtfeld tragen.

Bernie fordert mich auf, ihn so fest, wie ich kann, und so oft, wie es geht, in den Magen zu schlagen und zu treten. Es ist eine extreme Forderung, und doch benimmt er sich, als böte er mir etwas Süßes an oder eine Gelegenheit, meine gewalttätige Natur auszuleben und Erlösung zu finden. Sicher will er, dass ich Freude daran habe, aber in Wahrheit trete oder schlage ich ihn nie so fest, wie ich kann, deshalb empfinde ich auch keine süße Erleichterung. Das ist mein Beruf, und Bernie steht unter meinem Schutz. Außerdem ist Gewalttätigkeit ohne ernsthafte Provokation und einen Adrenalinstoß eine kontrollierte, beabsichtigte Anstrengung, eine Art umgekehrte sportliche Betätigung. Aber um der Fantasie oder auch der Authentizität willen, lasse ich ihn in dem Glauben, es gefiele mir, während er Lust empfindet, weil er fit ist und mir mental widersteht.

Weil seine Augen verbunden sind, weiß er nie genau, wann der nächste Schlag kommt. Er hört, wie ich aufstehe, spürt, wie ich vor ihm stehe, und weiß, dass es jetzt passiert. Ich fahre spielerisch mit meinem bestrumpften Fuß über seinen Bauch, als ob ich die Wassertemperatur testen würde, und er spannt unwillkürlich die Bauchmuskeln an. Also warte ich ein wenig, bis er sich wieder entspannt, und dann trete ich mit der Ferse fest zu. Ich kann meine Kraft nur an seiner Reaktion messen, mich konzentrieren und versuchen… ja, was? Einen Ausgleich zu schaffen? Strebe ich nach dem Schlag der Superlative, der ihm zwar ohne Risiko, aber auch effektiv die Luft raubt?

Ganz gleich jedoch, wie machtlos Bernie in physischer Hinsicht ist, in seinem Verhalten wird er sich nie unterwerfen. Die Natur des Spiels ist ein Triumph, der immer wieder erprobt wird. Oberflächlich betrachtet ist es harmloser Wagemut, aber darunter spüre ich Verzweiflung und Angst. Das Grinsen, das über Bernies Gesicht huscht, wenn er sich keuchend von einem Erstickungsanfall erholt, ist fast pervers. Es scheint zu sagen: »Ganz egal, wie ich aussehe, gefesselt, geknebelt, nach Luft ringend, blutend, ganz egal, wie kontrolliert, zerstörerisch, einzigartig und teuer; spiel mit dieser Täuschung und nimm daran teil.«

Genau das tue ich, und Bernies Penis bleibt zwei Stunden lang erigiert.

Neun Monate lang war das Restaurant mein Masochismus. Ich war eine Maschine, ein Fließbandarbeiter, eine Gefangene. Ich arbeitete Sechzehn-Stunden-Schichten – das taten wir alle, um unseren armseligen Lohn durch Überstunden aufzubessern. Die Angst und die Anspannung, der Adrenalinstoß des Services, das Durchhaltevermögen, das Tempo und die Kraft, die man brauchte, um den Tag zu überstehen, wurden ein anstrengendes Ziel in sich. Man hat keine Zeit, die unzähligen Wunder und Essenslüste zu feiern, wenn man in drei Minuten vierzehn Mal Tomaten und Mozzarella, zwei Entensalate und vier Caesar-Salate fertig machen muss – nicht zu viel Dressing, auf jeden acht Croutons, einer ohne Dressing, sechs gemischte Salate und ein Beef Tatar. Also, Kapern hacken, Dijon-Senf aus dem Kühlschrank, Worcestersauce, Salz, Pfeffer, ich brauche Tabasco, wo ist der Tabasco? Ich kann den verfluchten Tabasco nicht finden!

Wenn es um Konsistenz und Menge geht, hat man keinen Raum, um zu improvisieren und nach Lust und Laune vorzugehen. Wir maßen ab, wogen ab und portionierten den Artischockensalat in Styroportassen, dreißig, vierzig auf einmal, rissen dann die Klarsichtfolie herunter und stürzten ihn in der letzten Sekunde auf den Teller.

Ich fand es demütigend, vor meinen männlichen Kollegen angebrüllt und von ihnen deswegen geneckt zu werden. Das erinnerte mich an meine Kindheit und die endlosen Neckereien meiner drei Brüder. Ich hasste es, abends um zehn mit schweren Augenlidern und leerem Magen das Fleisch von zehn Lammkeulen abzulösen. Ich wollte Zeit und Geld haben, um London erforschen zu können. Ich wollte meinen Interessen nachgehen, durch die Markthallen streifen, die besten Fish & Chips aufspüren, gutes Sushi finden, frisch gerösteten Kaffee und Läden mit gesunden Nahrungsmitteln. Ich wollte Curry an der Brick Lane essen, bei Selfridges Austern schlürfen und bei Fortnum & Mason's meinen High Tea einnehmen. Ich wollte im Spitalfields Market auf Schatzsuche gehen, und entlang der bunten, schmalen Häuser an der Portobello Road nach Hause schlendern. Ich wollte durch die Parks spazieren, mich im Gewirr der Straßen in der Innenstadt verirren, Kunstgalerien und Museen besuchen, Ballettunterricht nehmen, auf elegante Dinner Partys gehen, mir jeden Morgen selbst das Frühstück zubereiten, fotografieren, malen und kunsthandwerklich gestalten, Briefe und E-Mails schreiben, den Nachmittag im Lesesaal des British Museum verbringen und mit der U-Bahn die einzelnen Strecken von Anfang bis Ende abfahren.

Im Restaurant gab es dreimal täglich Personalessen für die Kellner, Spüler und die Köche. Wenn man an jenem Tag Essensdienst hatte, so musste man Frühstück für zwölf Köche und drei Spüler, Mittagessen für etwa dreißig Angestellte und Abendessen für mindestens vierzig Leute zubereiten. Außer mir empfanden alle den Essensdienst als unwillkommene Unterbrechung und zusätzliche Pflicht auf der sowieso schon unmöglichen Tagesliste. In der Folge gab es Baked Beans aus der Dose, billiges Weißbrot, das fünfzehn Sekunden lang unter den Salamander gehalten wurde, Würstchen, Speck und Rührei zum Frühstück und das monate-, sogar jahrelang jeden einzelnen Tag in der Woche. Gelegentlich waren die Eier pochiert, oder es gab noch gedünstete Pilze, Blutwurst oder gegrillte Tomaten. Meinen Kollegen war das egal. Im Gegenteil, das war genau der Treibstoff, den sie morgens brauchten. Und ich stand allein da. Ich konnte nicht verstehen, warum Köche, die den ganzen Tag über herrliche, qualitativ einwandfreie Gerichte für Fremde kochten, ihre eigenen Mahlzeiten nicht ebenso sorgfältig zubereiteten.

Als ich mit dem Frühstück an der Reihe war, machte ich daher ein Büfett mit geschmortem Gemüse mit Ahornsirup und frischen Kräutern; Porridge mit wilden Beeren, Rosinen, Walnüssen und Kürbiskernen; geschmolzenen Käse, Tomaten, Zitrone und körnigen Senf auf Toast; Pfannkuchen mit Joghurt, Pinto-Bohnen, Salsa oder Kaiserschmarren. Und es gab einen Aufschrei. Der masochistische Schotte war der Lauteste von allen. »Geschmortes Gemüse? *Beeren*? Wo zum Teufel ist das Fleisch? Was ist hier eigentlich los? Beim Kochen geht es um Schmerzen und Durchhaltevermögen. Was kommt als Nächstes? Keine Doppelschichten mehr? Sojamilch zum Kaffee?«

Ich fand ihn lächerlich mit seiner Philosophie, dass ein gutes Ergebnis nur unter Schmerzen zustande kommt, und machte mir von da an jeden Morgen mein eigenes Frühstück – schließlich war das Frühstück meine Lieblingsmahlzeit. Ich gehörte nicht zu den Männern, fühlte mich dadurch aber auch nicht mehr als Frau. Es war buchstäblich unmöglich, sich attraktiv und feminin zu fühlen, oder auch intelligent und selbstbewusst, während man gescholten wurde, weil man die Butter hatte anbrennen lassen, und während man in heller Aufregung herumrannte, mit einer hässlichen Kappe auf dem Kopf, einer schmutzigen Schürze über der karierten Männerhose aus Polyester und der dicken Kochjacke, Salatblätter und die Überreste einer Kirschtomate unter den Schuhen – bleich, verschwitzt, schmierig und erschöpft.

Wenn ich um halb eins in der Nacht von einer Doppelschicht nach Hause kam, empfing mich Sabrina, um mich zu bemuttern und zu verwöhnen. Als ich den Job hatte, mieteten wir gemeinsam eine Wohnung mit zwei Schlafzimmern im Norden von London, aber sie war düster und feucht und lag in einer tristen Umgebung: Reihe um Reihe, Straße um verlassene Straße mit weißen Stuckhäusern, bevor man auch nur auf das kleinste Anzeichen einer Hauptstraße mit beleuchteten Cafés, Kebab-Läden und Curry-Restaurants stieß. Es gab einen Teppichladen, einen Alkoholladen, einen Sportpub, ein Internet-Café, und ich fand es viel deprimierender, als mir damals klar war.

Sabrina hatte die Wohnung eines Nachmittags entdeckt, als ich bei der Arbeit war, und sich eingeredet, man könne sie mit ein bisschen Fantasie und zweihundert Pfund in einen Zen-Tempel oder ein Künstler-Loft verwandeln. Ich hatte nicht so viel Geld übrig, und Sabrina besaß gar nichts, trotzdem machte sie sich entschlossen daran, den verschimmelten Teppich und das Linoleum herauszureißen, die Tapete von den Wänden zu lösen, Wandfarbe auszusuchen, Do-it-yourself-Ratgeber zu lesen und Wohnzeitschriften durchzublättern. In meiner freien Zeit war ich körperlich und emotional zu sehr erschöpft, um genügend Enthusiasmus für Nordischgrau, Bambus und Cappuccino-Farbmuster, Ikea-Kataloge, Feng-Shui-Experimente und Make-up-Sitzungen (weil, wie Sabrina sagte, mit Make-up jeder besser aussah) aufzubringen. Es dauerte nicht lange, und sie verwechselte meine Erschöpfung mit Ablehnung und kritisierte mich.

»Sieh dich doch an. Du siehst furchtbar aus. Du bist ein *Sklave*. Warum fährst du dich selber gegen die Wand? Du gehst nie aus. Du lächelst nie. Du hast Angst zuzugeben, dass der Job nichts für dich ist. Du hast Angst zu kündigen, weil du glaubst, du wärst ein Versager … und weil du nicht weißt, was du machen sollst, wenn du nicht kochst. Gott, denk mal ein bisschen größer. Mach deinen eigenen Laden auf. Ich könnte dir helfen. Wir könnten *biscotti* an die Cafés hier verkaufen oder das Catering für Partys in Steves Musikstudio übernehmen. Steve hat Verbindungen. Hör auf, dich einzuschränken. Hör auf, dich fertigzumachen!«

Bei unserer letzten Auseinandersetzung ging es um einen Füller. Wir waren bei Heal's, und sie lieh sich meinen Kolbenfüller, damit sie gleich eine Liste schreiben konnte, wenn sie ihre Wunschobjekte entdeckte. Wir trennten uns und durchstreiften unterschiedliche Gänge, aber als wir uns an den verboten teuren Tellern, Untertellern und Tassen wiedertrafen, bemerkte ich, dass sie meinen Füller nicht mehr in der Hand hielt. Sie kicherte ein bisschen und erwiderte schulterzuckend, dass sie ihn fallen gelassen habe, aber nicht mehr wüsste, wo. »In Ordnung, kauf mir einfach einen neuen«, sagte ich, und ich würde es jederzeit wieder sagen.

»Es war ein Missgeschick, du blöde Kuh. Du brauchst mich nicht auszuschimpfen, mich zu bestrafen und mich zu behandeln wie ein Kind. Es reicht dir wohl nicht, dass es mir leidtut, du willst mir auch noch auf die Finger hauen, damit ich mich schäme.«

Keinen Tag zu früh trennte ich mich nach sechs Monaten von diesem Londoner Psychodrama und zog zu meinen Freunden in Holland Park, bevor ich in eine Wohngemeinschaft in Brixton wechselte, die in *Time Out* annonciert gewesen war. Und nachdem ich mich neun Monate im Restaurant herumgeschlagen hatte, befreite ich mich auch davon.

11:42 Uhr vormittags: Bernies Zehen sind grau und blutleer, und ich beobachte die fortschreitende Verfärbung eines Daumens, der mittlerweile pflaumenfarben ist. Es ist ein irritierender Anblick, aber als ich ihn frage, versichert er mir, es sei alles in bester Ordnung. Er ist sogar ein wenig verärgert, dass ich überhaupt frage. Mozarts »Serenade für Bläser« verklingt langsam, und auch das schrille Geräusch des Spielzeugautos draußen hat aufgehört.

Ich ersticke ihn, und ich schlage ihn, aber gestreichelt habe ich ihn noch nie. Ich berühre ihn nie zärtlich oder genital. Ich spreche nie verführerisch mit ihm. Ich mache ihn nie darauf aufmerksam, dass meine Scham entweder auf sein Gesicht gepresst ist oder knapp darüber schwebt. Wir reden nie über seine Erektion, seine Masturbation oder den unvermeidlichen Orgasmus – nicht während der Sitzung und auch nicht danach. Das Thema Sex steht für uns einfach nicht zur Debatte. Er ist nicht hier, um seine sexuellen Neigungen zu analysieren, sondern um sie zu befriedigen. Er möchte, dass es spielerisch und witzig geschieht. Unsere gemeinsame Zeit soll geprägt sein von Humor und Kameradschaft. Ich bin nicht das sexuelle Objekt. Und doch hat er seltsamerweise seine Erektion verloren, als ich versucht habe, ihm Nase und Mund mit den Handflächen zuzuhalten, ihn mit einem Kissen zu ersticken und ihn mit bloßen Händen zu würgen. Also muss ich daraus schließen, dass es ihn nur erregt, wenn ich auf seinem Gesicht sitze.

Ich suchte nach Alternativen für den Restaurantjob und stieß dabei auf eine Anzeige, in der ein Assistent eines privaten Kochs gesucht wurde. Von da an bereitete ich fünf Mal in der Woche Abendessen und am Samstag Brunch zu für einen drahtigen achtundzwanzigjährigen Millionär und seine dünne, anämische Frau. Wir verbrachten unsere Tage damit, ein einzelnes, untadeliges, von französischer Küche inspiriertes Meisterstück für *ihn* zu kreieren, Mr. M., den jungen Genießer, und ein salzarmes, kohlehydratarmes, zuckerfreies, organisches, weizenfreies Mahl ohne Milchprodukte und rotes Fleisch für *sie* zuzubereiten. »Wenn möglich«, flehte sie uns in jammerndem Tonfall an, »etwas, das auch schmeckt.«

Jerome war Elsässer und hatte seit seinem fünfzehnten Lebensjahr in der Küche gearbeitet. Jetzt, mit fünfundzwanzig, war er ein überzeugter Anhänger der klassischen französischen Küche, deshalb stellten diese Einschränkungen eine unüberwindliche Barriere für ihn dar. Und ich wurde nur aus diesem Grund engagiert, weil man schließlich für das bisschen Arbeit keine zwei ausgebildeten Köche brauchte. Nachdem er sich meinen Lebenslauf angeschaut und sich mit mir unterhalten hatte, hatte Jerome den Eindruck, ich sei eine kulinarische Außenseiterin: Ich war eine Frau, ich hatte in keiner Küche länger als neun Monate gearbeitet und außerdem in keinem einzigen Restaurant mit Michelin-Stern. Er hingegen hatte in Mr. M.'s Lieblingslokal, einem Drei-Sterne-Restaurant, gearbeitet, bevor er sich dazu bereiterklärt hatte, in dessen Haus für ihn zu kochen. Ich hatte alle möglichen ethnischen Küchen ausprobiert, malaysisch, Cajun, französisch, japanisch, vegan und mediterran, hatte ein Jahr lang meinen eigenen Catering-Service mit Bäckerei betrieben und erklärte ihm, ich sei an internationaler, vegetarischer und nährstoffreicher Küche interessiert. Ich weiß noch, dass ich viel zu lange darauf herumgeritten bin, dass man als Dessert eingelegte Wassermelonenschale und karamellisierte Tomaten servieren könne.

»*C'est fou, Suzanne*. Beim Kochen gibt es nichts Neues. *Nichts.* Es ist alles schon da gewesen, und wenn etwas funktioniert, hat es immer schon funktioniert. Bei Geschmackskombinationen gibt es keine *Innovation*. Das, was Sie da schildern, sind Kinkerlitzchen.«

Seine Perspektive und seine Lebenserfahrung waren ein wenig beschränkt, aber er war jung, attraktiv, voller Energie und sehr warmherzig. Er stellte mich ein, weil er glaubte, ich würde nichts anderes finden und der Job würde zu mir passen. Außerdem gefiel ich ihm. Er fand mich seltsam amüsant und glaubte, gut mit mir auskommen zu können.

Außer dem Abendessen für das Ehepaar bereiteten wir auch das Mittagessen für die neun Angestellten zu, einen Gärtner, ein Zimmermädchen, eine ältere Haushälterin, zwei Bodyguards, einen Chauffeur, einen Butler und uns selbst. Das Personal, das Haus und das Unternehmen waren Mr. M. erst kürzlich zugefallen. Im vorigen Winter war Mr. M. senior gestorben, und jetzt befanden wir uns im Trauerjahr des jungen Paares.

In dem Haus war nicht mit einem einzigen Adrenalinstoß zu rechnen. Ich brauchte nicht mehr mit voller Blase zu arbeiten, nur um wach zu bleiben. Nie wurde ich bestraft, angeschrien oder bis aufs Blut gedemütigt. Wir arbeiteten neun, manchmal zehn Stunden am Tag, verdienten mehr als im Restaurant und betrachteten uns als Glückspilze. Wir hatten Zeit, die Tomaten im Backofen bei neunzig Grad Celsius über Nacht zehn Stunden zu trocknen. Wir kochten Wildfonds zwei Tage lang ein, reduzierten unsere Saucen stundenlang, bis der winzige, kostbare Rest, der von der ursprünglichen Menge übrig blieb, einen intensiven Geschmack hatte und wie Honig auf die beiden Eistabletts rann, die dann eingefroren wurden.

Zweimal pro Woche backten wir eine Brioche und einen Kuchen, blätterten Kochbücher durch, die wir bei unseren ausgedehnten Einkaufsbummeln mit Chauffeur gekauft hatten, und versuchten uns in verschiedenen Kochtechniken. Da ich mich nur um Mrs. M. zu kümmern hatte, probierte ich Gemüsesäfte, spielte mit Getränken und Elixieren, mit alten Getreidesorten und Algen, während Jerome sich wie besessen Gedanken um die Foie gras pâté machte. Jeden dritten Tag arbeitete er aufs Neue daran, bis er mit der Struktur, der Temperatur der Bain-marie und der Farbe absolut zufrieden war. Dabei war ihm gleichgültig, dass die meisten der butterigen, diabetischen Lebern der zwangsgemästeten Gänse danach weggeworfen oder an das Personal und deren Familien verfüttert wurden. Jerome bestellte sogar einen zweiten Tiefkühler, um die Masse der misslungenen Experimente lagern zu können. Weiter konzentrierte er sich auf Cassoulets, selbst gemachte Pasta und Kuchen, Zucker-Design und Eiscremes. Für ihn war das Jahr bei Mr. M. eine Kostümprobe für sein eigenes Bed & Breakfast in Frankreich, das er im Jahr darauf eröffnen wollte.

Meines Wissens gab es kein Budget, was bedeutete, dass wir die Speisekammer und die Schränke mit den feinsten Sachen füllen konnten: erstgepresstes Olivenöl von einem kleinen spanischen Hain, das wie Zitronen und Wiesen schmeckte; französische Valrhona Schokolade, die zehn englische Pfund die Tafel kostete, nur zum Backen; Balsamessig, der dreißig Jahre lang im Holzfass gereift war und wie Sirup vom Löffel floss. Wenn es die Saison für weiße Trüffel war, wurde ein ganzes Holzfass der teuren Pilze per Flugzeug geliefert, und wir legten Dutzende davon in die Behälter mit dem Arborio-Reis. Zehn Tage lang, so lange halten sich die Schätze nach dem Ausgraben, gab es Trüffel mit Rührei, Kartoffelpüree mit Trüffeln, gebackene Kartoffeln mit Trüffeln, Trüffel-Eiscreme, Trüffel-Risotto, Trüffelklöße, Pâté aus Foie gras und Trüffeln. Und trotzdem wurden sechs der kostbaren Pilze (im Wert von etwa tausend Pfund) schimmelig, bevor sie verzehrt werden konnten.

Eines Tages wurde eine Flasche Wein geliefert, die Jerome entgegennahm, und er erzählte, der Wein sei hundert Jahre alt (wahrscheinlich ungenießbar) und koste achtzehntausend Pfund. Wir rupften die Vögel, die Mr. M. geschossen hatte, Feigen wurden aus der Türkei eingeflogen, der Fisch war selten und gefährdet, das spanische Schwein war nur mit Eicheln gefüttert worden, der Käse kam aus der Molkerei eines Freundes in Frankreich. Selbst das französische Meersalz war etwas Besonderes.

Es war sicher ein Privileg, von dem Besten, das man für Geld kaufen konnte, umgeben zu sein, und zuerst war es auch ein wenig merkwürdig und fantastisch. Aber nach einem Monat wurde ich unruhig. Ich litt unter der Stille und hatte viel zu viel Zeit. Einmal jedoch, aber nur ein einziges Mal bei den seltenen Gelegenheiten, wenn Mrs. M. aus dem Haus ging, machte die grämliche portugiesische Haushälterin, die Mr. M. schon als Jungen gekannt und den verstorbenen Mr. M. sehr gern gehabt hatte, mit mir eine Blitzführung durchs Haus. Ich hätte es schrecklich gerne stundenlang und ausführlich erforscht. Ich hätte mir gerne ihre Bücher und ihre Fotoalben angeschaut, wollte sehen, in welcher Bettwäsche sie schliefen, wie ihre Dusche aussah, welche Bilder an den Wänden hingen. Was für Spielzeuge verbargen sie in ihren Schubladen, welche Seife benutzten sie, wie organisierte er seine Anzüge und Schuhe? Leider wurde das ganze Haus mit Video überwacht, aber ich sah eine Halle in Gold und Burgunderrot, geprägte Tapeten, türkische Teppiche und eine Treppe in einen üppig dekorierten Salon mit einem weißen Flügel darin. Ich kann mich noch an die Wandvertäfelung erinnern, an eine schwarze Lackvase auf einem Marmorpodest, und ein goldgerahmtes Porträt des verstorbenen Mr. M.: strenge Augen, eine scharfe Nase und schlaffe Wangen. Da war ein pinkfarbener Kristallleuchter, ein Indoor-Swimmingpool und eine Sauna und schimmernde türkisfarbene Fliesen.

An den Abenden in der Woche, wenn ihr Yoga-Lehrer und sein *personal trainer* weg waren, duschten die beiden, zogen sich an und setzten sich in das untere Esszimmer neben der Küche. Dann trat zum ersten Mal an diesem Tag der Butler mit den struppigen Haaren in Aktion. Das junge Paar saß immer nebeneinander, wie Zwerge an einem Ende eines langen Mahagonitischs, ein Telefon neben seinem Gedeck. Nachdem unsere Tageskreationen serviert worden waren, dauerte es nur noch Minuten, bis das Telefon in der Küche klingelte und Jerome eifrig aufsprang, um die Kritik entgegenzunehmen.

Sechs Tage in der Woche lief ich zwanzig Minuten von der U-Bahn in Hampstead durch einen Ort in North London: exklusiv, baumbestanden und charmant. Ich entdeckte verführerische Läden, ging durch schmale Gassen, und dann schlängelte sich die Straße über Hügel, und ab und zu kam man an einer prachtvollen, halb verborgenen Villa vorbei. Ich atmete tief die Luft ein, die bemerkenswert leichter, frischer und duftender war. Ich träumte von dieser Pracht, von reichen und exquisiten Dingen – und war gleichzeitig gequält. Eine gewisse Lebensqualität umfing mich und entglitt mir doch wieder. Ich wollte Zeit und Geld, um schönes Essen zuzubereiten, elegante Dinnerpartys zu geben, Bücher zu sammeln, von hübschem Geschirr zu essen, mehr über Wein zu lernen und mein Heim mit Holz und Samt, warmen Farben, gefundenen Schätzen, Pflanzen und frischen Blumen einzurichten. Stattdessen war ich Dienerin bei einem Millionär. Ich stellte deprimierende Berechnungen an und zählte die Opfer, die ich für eine Karriere, die mich nicht vollständig erfüllte, gebracht hatte und weiterhin bringen würde. Wenn ich am Tor ankam und dem Mann in dem winzigen Häuschen zuwinkte, dessen Aufgabe es war, während seiner neunstündigen Schicht die Privatstraße zu bewachen, wurde ich jedes Mal deprimiert.

Bis heute höre ich, wie Jerome mir nachrief: »Was willst du denn jetzt machen, Suzanne? *Qu'est-ce que tu fais maintenant?*« Er machte sich Sorgen um mich. Er mochte mich. Er wollte nur mein Bestes, aber er wusste einfach nicht, was das war. Wie sein Leben aussehen würde, hatte er schon immer gewusst. Ich hatte ein schlechtes Gewissen, weil er versucht hatte, mir zu helfen, weil er versucht hatte, mir Begeisterung für Knochenmark-Sandwiches und süß gebutterte Organe zu entlocken, und ich habe ihn enttäuscht. Aber ich ließ mir von ihm nicht einreden, dass ich verloren war; es gab so viel zu tun. Alles Mögliche konnte passieren. Irgendetwas *musste* passieren. Das Leben ist lang und kurz zugleich. Es dehnt sich aus und zieht sich zusammen. Es atmet. Es ist eine Implosion von Möglichkeiten. Ich weiß noch, dass ich Jerome entschlossen den Rücken zugewandt habe. Ich habe ihn ganz bewusst ausgeblendet. Und ich weiß noch, dass ich zum Abschied gewinkt habe, als wolle ich meinen Beruf auswischen. Und dann traten mir ohne Vorwarnung auf einmal Tränen in die Augen und überfluteten meine Gedanken. Es war dumm, unvorsichtig, impulsiv und unklug: Ich sprang, ohne zu wissen, wohin. Aber das Gefühl hielt nicht vor – irgendwann musste ich schließlich landen –, und in diesem Moment der Schwerelosigkeit badete ich im hellen Licht, eine sanfte Brise fuhr mir durch die Haare, und ich fühlte mich strahlend frei.

Ich beginne heute, wie ich immer mit Bernie beginne – mit guten Absichten. Ich achte darauf, mich in einer Stimmung zu befinden, in der Langeweile nichts zu suchen hat, damit ich die Zeit gut nutze. Das ist die Herausforderung bei Bernie: zu vermeiden, über die Zeit nachzudenken, sich zu entspannen, das Seltsame an der Situation zu genießen und der Musik zu lauschen. Ich versuche es, aber es gelingt mir niemals ganz. Die Aktivitäten wiederholen sich immer wieder, und deshalb gewöhne ich mich daran. Andererseits ist es gefährlich, wenn ich mich müßigen Tagträumen hingebe. Und dann dieses ewige Schnipsen; manchmal komme ich mir vor wie eine Schlag-Schnips-Erstick-Maschine.

2

Warum

Es begann mit einer Lüge. Ich sollte Angel mittags um zwölf vom Bahnhof aus anrufen, und dort wollte sie mich abholen kommen und mich an einen so diskreten Ort bringen, dass er noch nicht einmal eine Hausnummer hatte. Ich hatte mir viel Zeit genommen, um zu einer U-Bahn-Station in North London zu gelangen, die ich noch nie benutzt hatte, und war deshalb vierzehn Minuten zu früh. Es war irgendwann gegen Ende des Winters, aber ich kann mich noch gut erinnern, dass es fast schon ein Frühlingstag war. Die Luft war mild und belebend. Blassgelbes Licht brach durch eine dunkle Wolke, malte Muster auf die Blätter der Bäume und legte Balken über den Bahnsteig. Ich fand, es war ein typisches Licht für London. Ein Kind warf Erdnussschalen auf die Gleise, ein schwangerer Teenager rauchte, und zu meinen Füßen pickten Tauben, aber ich saß auf einer Bank am Außengleis und ignorierte sie alle. Ich konzentrierte mich auf ein lackiertes, blaues Keramikdach, das vielleicht hundert Meter von den Gleisen entfernt durch das Laub schimmerte. Mit bewusster teleskopischer Anstrengung konnte ich das exotische Dach, einen Flecken blauen Himmel und ein paar Blätter so lange gemeinsam wahrnehmen, um mir vorzustellen, es sei das Haus eines Bauern in Malaysia oder ein bescheidener Tempel auf dem Land in Japan. Lange genug, um mir einzureden, es sei Frühling und ich sei woanders. Und ehrlich gesagt hätte ich auch gar nicht erklären können, worin der Unterschied bestand, so zu tun, als sei ich dort, oder hier zu sein. Also saß ich da und träumte vor mich hin. Als ich Angel schließlich um Viertel nach zwölf anrief, klang ihre Stimme am Telefon alarmierend scharf.

Nachdem ich im Herrenhaus gekündigt und das professionelle Kochen aufgegeben hatte, galt meine Sorge zunächst dem Geld. Ich bewarb mich um einen Job bei einer großen Buchhandelskette, aber sie antworteten mir gar nicht erst. Eric, der Mann meiner Freundin in der schmalen Sozialwohnung in Holland Park, wo ich zuerst mit Sabrina wohnte und in die ich nach Sabrina zurückkehrte, war Bauunternehmer, und er brauchte immer zusätzliche Hilfskräfte.

Also arbeitete ich halbtags auf verschiedenen Baustellen und außerdem noch in einem Lokal, bestehend aus Saftbar/Buchhandlung/Café, in Brixton. Der Besitzer stellte mich ein, damit ich ihm dabei half, die Küche aufzubauen und die Speisekarte zu überarbeiten. Er zahlte mir fünf Pfund pro Stunde, übernahm keinen einzigen meiner Vorschläge, und schließlich kam heraus, dass er eigentlich nur jemanden brauchte, der während des Hochbetriebs am Wochenende Saft servierte. Eines Sonntags kamen meine Mitbewohner zu Besuch, während ich dort arbeitete. Ich trat zu ihnen, um mich mit ihnen zu unterhalten, und wurde deshalb vom Chef öffentlich zur Rede gestellt. Ich fühlte mich gedemütigt; es stimmte alles nicht: Da war ich den weiten Weg aus Kanada gekommen, weil ich Herausforderungen und einen weiten Horizont ersehnte und Abenteuer erleben wollte, und jetzt hielt ich einen Bananen-Wassermelonen-Smoothie in der Hand und musste mich von einem sexuell frustrierten Mann anbrüllen lassen.

Auf den Baustellen befand ich mich in einer vertrauten Zwangslage: als einzige Frau unter Männern. Ich versuchte, mich wie eine von ihnen zu verhalten, während ich die Bodenbretter einer staubigen Wohnung strich, Radio hörte und den Witzen der Kerle lauschte, aber in Wirklichkeit war ich nur ein Tourist in ihrer Welt. Jeden Tag gingen wir in der Mittagspause in den Pub, und ich aß Fish & Chips, leerte wie die anderen zwei Pints Guinness und machte mich danach benommen und leicht betrunken wieder an die Arbeit.

Einer meiner Kollegen war zierlich und hatte etwas von Peter Pan. Er war Schauspieler, manisch-depressiv, ein Fantast und Schwafler, der früher einmal Jockey gewesen war und jetzt ab und zu als Schreiner arbeitete. Ob in der Mittagspause oder während der Arbeit, er erzählte immer die fantastischsten Geschichten: wie er Teppiche aus Saudi-Arabien geschmuggelt hatte; wie sich seine Familie verschworen hatte, um ihn in die Psychiatrie zu sperren; über die Verlogenheit der Ärzte; seine geniale Flucht aus der geschlossenen Anstalt; eine Geschäftsidee, für die er ein Kräuterrezept seiner Ururgroßmutter nutzen wollte. Einmal, während ich die Bodendielen strich und er auf der Leiter stand und irgendwelche Kabel anschloss, brüstete er sich damit, wie er einmal eine Toga-Party gegeben hatte, aus der eine legendäre Orgie geworden sei. Statt Einladungen habe er ein Passwort verwendet; Hunderte seien gekommen. Er habe ein Lagerhaus in Ladbroke Grove gemietet, Eintritt verlangt, hauptsächlich für Alkohol, und ein Vermögen gemacht.

»Das kann ich auch. Ich habe so etwas sogar schon gemacht«, erwiderte ich schulterzuckend. »Ich habe eine Orgie in Montreal organisiert.« In meinen wirren Haaren war weiße Lackfarbe, mein Overall stank nach Terpentin und war voller Sägemehl, aber ich wählte genau diesen Moment, um ihn zu verblüffen. »Ich hatte eine ganze Menge Liebhaber; du wärst überrascht. Ich war in Peepshows, habe einen Freund, der Internet-Pornographie macht, und ich habe früher mit einer Frau zusammengewohnt, die Domina geworden ist.« Er kniff seine grauen Augen hinter den Brillengläsern zusammen. »Hm. Ich verstehe. Erzähl mir davon. Erzähl mir von der Domina.«

Eve war eigentlich die Freundin einer Freundin. Wir waren zusammen an der Universität gewesen, und im Sommer nach ihrem Examen brauchte sie ein Zimmer. Sie war Amerikanerin und wollte erst im Herbst wieder zurück nach New York gehen. Obwohl draußen wunderbares Wetter herrschte, hielt sie sich den ganzen Tag über in ihrem Zimmer auf und las. Sie rauchte Kette, redete mit heiserer Respektlosigkeit wie ein Schnellfeuergewehr und hatte keine Geduld mit dem, was sie als »trägen Verstand« bezeichnete. Nur wenn jemand wirklich verletzlich war, dann schien sich ihre Distanziertheit zu wandeln, und sie wurde auf einmal liebevoll, mütterlich und fürsorglich. Sie war erst einundzwanzig Jahre alt, aber in ihren langen schwarzen Haaren zeigten sich schon erste graue Strähnen. Die Augen hinter ihrer Brille waren klein und altklug, und ihre Haare fielen ihr ständig ins Gesicht. Ich hatte immer das Gefühl, sie nie wirklich zu sehen, so als ob sie einem ständig entschlüpfte. Trotz ihres unscheinbaren Äußeren – weite Pullover, dunkle Farben und unauffällige Kleidung – hatte sie eine starke, feminine Ausstrahlung. Ich lernte sie nie wirklich kennen, und letztendlich beließ ich es auch dabei. Ich wollte das Rätsel Eve erhalten.

In jenem Herbst kehrte Eve nach New York zurück, und ich besuchte die Kochschule. Sechs Monate später hörte ich von unserer gemeinsamen Freundin, dass Eve tagsüber in einer Literaturagentur arbeitete und nachts als Domina. Ich hatte von beiden Jobs nur eine vage Vorstellung, aber da es um Eve ging, interessierte es mich. Vor allem faszinierte mich der Gedanke, dass sie ein Doppelleben führte.

Als ich einmal in New York war, traf ich mich mit Eve in ihrer Mittagspause. Wir saßen auf der Treppe vor dem Brownstone, in dem sich die Agentur befand, tranken Cappuccino und aßen sensationelle Croissants mit Schokolade und Süßkirschen. Unsere Unterhaltung drehte sich fast nur ums Essen: Blumenkohl mit Trüffeln, geröstete Rote Bete und gegrillte Grapefruit, Berge von Kürbispüree mit Salbei, brauner Butter und Ahornsirup. Ich arbeitete in einem »Fusion«-Restaurant, das der Mafia gehörte, und sie hatte ständig Geschäftsessen mit Autoren und Verlegern in den besten Restaurants der Stadt. Später unterhielten wir uns über unsichere Autoren, kommerziell eingestellte Verleger und Egomanen, aber dass sie als Domina arbeitete, streiften wir nicht ein Mal.

Eine Bande lärmender Mädchen im Teenageralter kam drohend auf uns zu. Weil wir oben auf der Treppe saßen, konnten wir gar nicht anders, als ihnen entgegenzublicken. Sie blieben stehen, und die Anführerin, ein Mädchen von vielleicht dreizehn Jahren, in einem Trainingsanzug und auffälligen Sneakers, verschränkte die Arme vor der Brust, reckte angriffslustig ihr Kinn vor und rief: »Was starrt ihr uns so an?«

Ich schnaubte. Mein erster Impuls war es, sie zurechtzuweisen, um unseren Stolz zu verteidigen. Gerade wollte ich ihr sagen, dass sie sich bloß nichts einbilden sollte, weil wir sie keineswegs angeschaut hätten, da griff Eve mit einem diplomatischen Meisterstreich ein. Freundlich lächelnd erwiderte sie dem Mädchen: »Wir haben gerade deine Schuhe bewundert.«

Das Gesicht des Kindes erstarrte, verzog sich aber dann zu einem stolzen Lächeln. »Danke, sie sind neu.« Mit diesen Worten machte sich die Kinderbande wieder auf den Weg. Ich blickte ihnen nach, wobei ich insgeheim Eves soziale Kompetenz bewunderte.

Ein paar Tage nachdem ich Eve und ihre Tätigkeit als Domina erwähnt hatte, hielt Peter Pan mir eine hellgrüne Anzeige in der Größe einer Postkarte unter die Nase. Er hatte sie in einer Telefonzelle in der Innenstadt entdeckt. Ich starrte auf die Illustration: eine üppige Rothaarige in Stilettos, die eine Brille und den Hut einer Lehrerin trug, schwang die Peitsche über einem Mann, der sich, die Hose um die Knöchel, über einen Schreibtisch beugte. Wenn man nach strenger Strafe verlangte, die fachgerecht ausgeführt wurde, sollte man die angegebene Handynummer anrufen. »War das Eve? Könntest du das sein?«, fragte Peter. Und da überlegte ich zum ersten Mal, es zu tun.

Ich brachte Domination ins Gespräch, als ich mich auf einer Party mit einem Fremden unterhielt, der mit dem Pornofilm prahlte, den er gerade gedreht hatte. Er gab mir den Namen eines Fetisch-Kontaktmagazins. Ich kaufte es und studierte die Anzeigen von etwa fünfzig Herrinnen. Sieben, die mich interessierten, kamen in die engere Wahl, und ich wollte sie anrufen und mich als Lehrling anbieten. Sieben Mal hinterließ ich eine Nachricht auf einem Anrufbeantworter, und dann wartete ich ab.

Als ich fünf Tage später von der Arbeit nach Hause kam, hatte eine meiner Mitbewohnerinnen einen Zettel auf dem großen blauen Kühlschrank für mich hinterlassen. Mit rotem Textmarker hatte sie darauf geschrieben: Angel wegen Domination anrufen. Ich kann mich noch gut an das große, spitze A erinnern. Und ich weiß noch, dass mir das Wort Domination wie die Skyline von Manhattan oder Chinatown vorkam, ehe mir die Bedeutung der Nachricht aufging. Zuerst war ich ein wenig enttäuscht, weil ich das Gefühl hatte, die geheime Tür ginge viel zu leicht auf, aber dann wurde mir klar, dass ich auf etwas verführerisches Unbekanntes zusteuerte, und Freude und Angst stiegen in mir auf.

Angels Anzeige war elegant und verlockend. Mich zogen ihre Schlichtheit und meine eigenen Assoziationen zu den Begriffen Geist, Körper, bizarr und Kontrolle an. Bei der Anzeige war kein Foto, und ich hatte keine Ahnung, wie Angel aussah oder was sie anhaben würde, wenn sie mich vom Bahnhof abholte. Aber ein paar Minuten später war sie da, und es gab keinen Zweifel, dass sie es war.

Sie sah aus wie die Hexe im Märchen oder wie eine Krähe, mit ihrer spitzen Nase, ihrem bleichen Gesicht und ihren langen schwarzen Haaren mit kobaltblauen Strähnen. Sie trug einen waldgrünen Rock, der ihr bis zu den Knöcheln reichte, und war spindeldürr. Die Nägel ihrer kleinen, runzeligen Finger waren schwarz lackiert, und ihr schwarzer, zerklüfteter Mund wirkte Furcht erregend. Sie sah sehr »gothic« und unnahbar aus. Als sie direkt vor mir stand, sah ich, was ich aus der Ferne nicht hatte erkennen können: Sie hatte wunderschöne, scheu blickende Augen und ganz lange Wimpern wie ein kleines Mädchen. Einen Moment lang sah ich doppelt, als ob Gegenwart und Zukunft kollidierten.

Meine Verspätung schien sie so zu verärgern, dass ich aus einem kindlichen Impuls heraus eine Lügengeschichte erfand. Ich erzählte umständlich von einer Freundin mit Diabetes, die heute früh in einem Café in Brixton einen Zuckerschock gehabt habe. Ich berichtete, wie ein Orangensaft sie gerettet hatte, und wie durcheinander ich war, und dass ich deshalb in den falschen Zug gestiegen sei und in Camden umsteigen musste. Einen Moment lang genoss ich meine raffinierte Erfindung, bis ich merkte, dass sie überhaupt nicht darauf reagierte. Sie strafte mich mit Schweigen, während sie mich durch die orthodoxe jüdische Vorstadt führte und dann durch ein hohes Holztor, das in eine graue Steinmauer eingelassen war. Auf der lackierten Holzplatte an der Tür stand »The Cottage«, und so sah es von außen auch aus.

Drinnen war es unglaublich klein: ein Empfangsbereich zwischen zwei winzigen Räumen, dem Kerker und dem medizinischen Raum, außerdem eine Toilette. Allerdings war die Decke sehr hoch, und wenn die gepolsterte Tür des Kerkers geschlossen war, bekam der Raum eine unterirdische Abgeschiedenheit. Auf Augenhöhe hingen an einer rot gestrichenen Wand beeindruckend viele Peitschen, Ketten und andere Instrumente: Augenbinden, verschiedene Knebel, Ledergürtel, Holzpaddel, Gummipeitschen, Rosshaarpeitschen, Handschellen, Fußschellen, Rohrstöcke, Reitgerten, Halsbänder, Hundeleinen, Wildlederpeitschen und Ruten. Angel erklärte mir jedes einzelne Gerät und nannte es mit Namen.

Es gab eine schwarze Lederbank, die extra für körperliche Züchtigung gebaut worden war, eine schmiedeeiserne Kammer, die aussah wie ein stehender Sarg, und einen Bondage-Stuhl, der auch als Thron diente. Auf einem Handwagen befanden sich Nippelklemmen, Schwanzringe, Vorrichtungen für Penis-Bondage, Gewichte für die Genitalien und Daumenschrauben. Auf einem langen Regal steckten Kapuzen und Perücken auf Styroporköpfen, und auf dem Boden stand eine Holztruhe voll mit Stricken. Ich entdeckte eine Lötlampe und Babyöl, einen Kopfkäfig aus Metall, der aussah wie ein

Vogelkäfig, einen zerschlissenen Pantoffel, eine Feder, einen hölzernen Küchenlöffel und eine Sicherheitsnadel. Es gab Kästen voll mit Wäscheklammern, Lederschnüren, Gummibändern, Reißzwecken, Kondomen, Latexhandschuhen, feuchten Tüchern und Papiertüchern.

Im medizinischen Raum sah es aus wie in jeder Arztpraxis: weiß, steril und chromfunkelnd. Das Herzstück war ein mit weißem Leder bezogener Gynäkologenstuhl, und an einer Wand lehnte eine zusammenklappbare Untersuchungsliege. Es gab einen Infusionsständer, an dem ein Beutel mit Salzlösung, medizinische Gesichtsmasken, ein Klistier und eine Gasmaske hingen.

Bei genauerer Betrachtung entdeckte ich Töpfchen mit Medikamenten und Salben, Schachteln mit Nadeln, Spritzen, Tupfern, Garn, Katheter und Verbänden. Auf einem Regal lagen chirurgische Geräte: Skalpelle, medizinische Scheren, ein Speculum, ein Stethoskop und zahnmedizinische Geräte. Es gab auch ein Regal für elektrische Vorrichtungen: Drähte und Anhängsel für den Penis, die Hoden, das Rektum, die Nippel und die Harnröhre. Es gab ein elektrisches Speculum, ein elektrisches Windrad und eine Drahtbürste. Auf einem anderen Regal lagen Dildos, Vibratoren und Analstopfen in jeder Form, Länge, Dicke und Farbe, aufgereiht wie Spielzeugsoldaten. Die eine Wand war völlig verspiegelt, an der anderen hingen medizinische Poster; Zeichnungen des Innenohrs, der weiblichen Fortpflanzungsorgane, des endokrinen Systems.

Anschließend gingen wir wieder in den Kerker, und Angel erklärte mir Klötze und Säulen und eine Vorrichtung, mit der man Penis und Testikel zusammendrücken konnte – oder auch Finger und Zehen. Sie hielt eine blonde und eine brünette Rosshaarpeitsche in jeder Hand und forderte mich auf, sie anzufassen, um sie zu vergleichen. Schließlich sagte sie süßlich: »Beug dich vor, dann zeige ich dir den Unterschied.« Ich überlegte kurz, fand es dann aber logisch, dass ich am eigenen Leib spüren sollte, wie sich all diese Instrumente anfühlten. Ich wollte mich gerade vorbeugen, aber sie hielt mich lachend davon ab und erklärte, sie habe doch nur einen Scherz gemacht. Und dann entschuldigte sie sich dafür, dass sie mich so mit Informationen überhäuft hatte.

Wir setzten uns in den Empfangsbereich, sie auf einen hohen Stuhl, und ich auf einen peinlich niedrigen Hocker, und sie redete völlig nüchtern über ihre Arbeit als Domina. Auf der einen Seite wollte sie mir den Job so schmackhaft wie möglich machen, konnte jedoch andererseits auch einige der weniger attraktiven Seiten nicht verschweigen. Sie lockte mich mit übertriebenen finanziellen Aussichten – zweitausend Pfund pro Woche, wenn ich bereit war, viel zu arbeiten –, bestand jedoch darauf, dass Geld nie mein einziges Motiv sein dürfe. »Du musst Freude an dem haben, was du tust; das ist das Wichtigste. Und entgegen dem Anschein musst du Männer mögen, wenn du deine Arbeit gut machen willst. Du wirst sie äußerst bedürftig und verletzlich erleben, und sie dürfen dir nicht gleichgültig sein. Du bist da, um ihre Wünsche zu erfüllen, und sie bezahlen dir viel Geld für einen aufmerksamen Service. Manche von ihnen werden dich dafür verehren, aber vergiss nie, dass sie von vornherein dazu neigen. Sie kennen dich nicht. Du spielst eine Rolle. Es darf dir nicht zu Kopf steigen. Nimm es nicht zu ernst. Es ist ein Spiel. Es ist ein Job. Sorg dafür, dass du Freude daran hast, und dann wird es dir gut gehen. Und führe ein Leben außerhalb des Kerkers, spar dein Geld, geh anderen Interessen nach und denk immer daran, du brauchst nichts zu tun, bei dem du kein gutes Gefühl hast.«

Sie meinte, Fantasie, Empfindsamkeit, Intelligenz und Eloquenz seien die Attribute einer erfolgreichen Domina.

Ausdrücklich wies sie darauf hin, dass »Sex« und andere »persönliche Dienste« auf keinen Fall angeboten würden. »Sie brauchen dich nie zu berühren, aber für gewöhnlich sind sie umso dankbarer, je mehr du sie anfasst. Fünfundneunzig Prozent aller Kunden erwarten, dass sie am Ende der Sitzung kommen. Wenn es dir nichts ausmacht, kannst du es ihnen mit der Hand besorgen, aber du kannst es sie auch selber machen lassen, wenn dir das lieber ist. Es ist leicht zu erraten, was sie normalerweise vorziehen, aber das ist deine Entscheidung. Benutz deine Intuition, folg deinem Instinkt, beobachte und improvisiere. Es ist schwer, das jemandem beizubringen.«

Ich war dankbar für ihre Anleitung. Wir sprachen über die Unterschiede zwischen Demütigung, Verlegenheit und Erniedrigung. Was ist ein Fetisch? Was ist Domination? Wer hat in der Sitzung wirklich die Macht? Was ist der Unterschied zwischen Cross-Dressing, Transvestismus und verstärkter Feminisierung? Sie brachte mir professionelle Begriffe und Abkürzungen bei wie »hard sports«, CBT, T&T und »Golden Showers«. Sie warnte mich davor, dass ich regelmäßig Kontakt haben würde mit stinkenden, schwitzenden Körpern, Sperma, Blut, Kot, Urin, Mundgeruch, Hautkrankheiten, Schuppen und anderem, und ich müsse mich darauf einstellen, dass es eine anstrengende, erschöpfende, erstaunlich harte Arbeit sei.

Meine Aufgabe sollte zunächst darin bestehen, die zwanzig bis sechzig Anrufe pro Tag entgegenzunehmen, damit ich ein Gefühl dafür bekam, was gewünscht wurde. Wir gingen die Preise durch, die Wegbeschreibung, falls die Kunden mit dem Auto kamen, das System des Terminkalenders und die Dienstleistungen, die angeboten wurden: Fantasie, Fetisch, Rollenspiel, Erniedrigung, Domination, Bondage, Folter, Aufhängen, medizinische und

Schul-Szenarien, Feminisierung und Elektroschocks. Ich musste lernen, Kunden vorzubereiten und Zeitverschwendung von echter Absicht zu unterscheiden. Um mich mit der Ausrüstung vertraut zu machen, konnte ich an Denise, dem Hausmädchen, üben und auch an einigen von Angels Sitzungen teilnehmen. Sie lieh mir ein paar Romane, einen Stapel S&M-Magazine, ein Handbuch zum Fesseln, ein paar Essays über Sadomasochismus und einen Dokumentarfilm über ein Verlies in New York, den sie auf Video hatte.

Schließlich blickte sie mich prüfend an und fragte: »Warum willst du eigentlich Domina werden?« Die Antwort lag nicht auf der Hand, weder für sie noch für mich. Warum wollte ich tatsächlich Domina werden? Ich hatte keine sadistischen Neigungen, wie Angel sie zugab. Ich hatte noch nicht einmal Fantasien, in denen der Missbrauch und die Folter von Männern vorkamen, und ich konnte auch nicht im Brustton der Überzeugung von mir behaupten, eine dominante Frau zu sein. Trotzdem faszinierte mich das, was ich bis jetzt gesehen und gehört hatte, und ich war weder angewidert noch eingeschüchtert. Aber sie erwartete eine Antwort auf ihre Frage … Und mir fiel keine ein. Ich hatte mir einfach noch nie Gedanken darüber gemacht. Stattdessen dachte ich: »Warum« ist eine blöde Frage. Um sie zu beantworten, muss man weit ausholen. Wie und wo soll ich denn anfangen, Fakten und Fiktion zu unterscheiden, die Zufälle, Einflüsse und Umstände, die mich hierhergebracht haben?

Außerdem konnte man das doch bei allem fragen. Warum mag ich eine gummiartige Struktur, Saures und sehr scharfes Essen? Warum zucke ich schon bei dem Gedanken an Salz in meinem Kaffee zusammen und muss beim Anblick von fast flüssigem Eiweiß würgen? Der Geruch von leicht ranziger Butter, der Anblick von

Blut oder jemandem meinen Finger in den Arsch zu schieben, macht mir nichts aus. Und ich weiß nicht, warum ich bei dem Duft von gebratenen Zwiebeln, grüner Minze und frischem Thymian wehmütig an imaginäre, glückliche Zeiten denken muss.

Sie wollte wissen: Hat es was mit den Menschen zu tun, die ich gekannt habe, mit meiner Familie, damit, wie ich aufgewachsen bin, habe ich schon immer so empfunden? Ja, vielleicht. Möglich. Ich habe Zwillingsbrüder, spielt das auch eine Rolle? Meine Mutter war dominant. Sie war eine starke Raucherin, aufbrausend, laut und unverschämt. Sie machte gerne Witze, lachte, brüllte uns an. Wir waren zu siebt, und sie kochte nur widerstrebend für uns. Sie saß lieber auf der Veranda, trank Pulverkaffee mit Süßstoff und las ein Buch.

Ich habe drei Brüder und eine viel ältere Schwester, und sie neckten mich ständig. Sie lachten und quälten mich, hängten mich an den Knöcheln über das obere Treppengeländer und rangen mit mir, bis ich am Boden lag. Es war chaotisch und unruhig, intellektuell und gereizt; eine Familie von Schreihälsen, Besserwissern, Leuten, die vor Lachen brüllten, Spiele spielten und sich Streiche ausdachten. Wenn es nicht so laut und durcheinander gewesen wäre, hätte ich mich in meiner Kindheit sicher nicht ständig hinter Büchern vergraben. Dort lernte ich viele Menschen kennen, bestand zahllose Abenteuer und reiste durch die Welt. Sollte ich ihr sagen, wie gerne ich lese? Dass mich Menschen, Charaktere, das Absurde, das in jedem lauert, faszinierten? Sollte ich ihr erzählen, dass ich nach Montreal gezogen bin und Philosophie studiert habe? Dass es wie eine Offenbarung für mich war, als ich Plato und die Theorie der Ideale gelesen habe, dass ich besessen war von Aristoteles und der Ästhetik, dem Konzept der Schönheit?

Ich folgte den Spielen der Logik, erfüllt von Nietzsches Moralphilosophie. Ich weiß noch, dass ich schlaflose Nächte an meinem Schreibtisch verbrachte, den Kopf auf den Händen aufgestützt, und angestrengt nachdachte, um das Geist/Körper Problem zu lösen. Wie kann ein Gedanke meinen Arm bewegen? Oder warum lief mir beim Anblick von in Honig getränkten Feigen auf einem Teller das Wasser im Mund zusammen? Einer meiner Professoren warnte mich sogar, ich entwickele eine zu große Leidenschaft für die Philosophie, im Gegensatz zu meinen Kommilitonen, die sie nur als Mittel zum Zweck ansahen, damit sie ihr Examen machen konnten.

Vielleicht sollte ich Angel von Montreal erzählen, von der sexuellen Freizügigkeit, von der Subkultur von Künstlern, Anarchisten, Musikern und Bohemiens – es gibt viele Piercings und Tattoos und nur wenig Tabus. Dann fiel mir Harvey Ealing Bennett III. ein, der blauäugige Bäcker, der aus seiner Milliardärsfamilie geflohen war. Er war Transvestit, ein meisterhafter Geschichtenerzähler, und er verletzte sich selbst. Dazu setzte er sich mit einem Freund zusammen, und sie schnitten sich mit Rasierklingen in die Schultern, langsam und tief. Anschließend streuten sie Salz in die Wunden, damit die Narben auseinanderklafften und anschwollen.

Ich habe eine Freundin, die ich kenne, seitdem ich sechs oder sieben Jahre alt war. Als wir in der Universität waren, schrieb sie Storys für Porno-Magazine, und jetzt schreibt sie erotische Literatur. Ich bin mal mit einem Jungen ausgegangen, der einen Cartoon zeichnete, dem er den Titel *Pervert* gab. Er stand auf sexuelle Rollenspiele und Videos, besaß zweiundfünfzig Paar Turnschuhe und liebte es, wenn seine Frauen im Bett weiße Kniestrümpfe trugen. Und dann war da natürlich noch Eve, die ich wegen ihrer Anmut und ihrer Macht, ihres geheimen sexuellen Lebens, ihres Doppellebens, ihrer multiplen Gesichter bewunderte. Und ich war einmal in einem Filmkurs, in dem wir Lacan, Fetischismus, alternative Pornographie und den männlichen Blick behandelten – das interessierte mich.

Die Arbeit in der Küche – das war wohl auch ein Teil der Antwort. Ich sollte Angel von sadistischen Küchenchefs erzählen, davon, dass man ständig mit Männern zusammenarbeitet, von denen man herumgeschubst und gedemütigt wird. Und wie aus Schmerz, Gewalttätigkeit, Disziplin und einem sicheren Umgang mit den Instrumenten der Branche etwas Köstliches und Schönes entstehen kann.

In der Villa zu arbeiten weckte in mir das Interesse für Domination. In London zu leben trieb mich in den Kerker. London: So attraktiv, so verführerisch, so grandios und aufregend, und doch scheint alles hinter einer Maske, hinter einer Tür und gemäß gesellschaftlichen Regeln zu geschehen.

Ich bin Kanadierin, ledig, anonym. Ich möchte Geld verdienen und etwas erleben. Ich habe ein brennendes Verlangen danach, alles in mich aufzunehmen. Ich dachte daran, wie sehr sich Sex und Essen ähneln: visuell und strukturell, in Verlangen, Geschmack und Appetit. Sind sie nicht beide der beste Weg, um einander kennenzulernen?

Nach einer sehr langen Pause, in der Angel mich geduldig wartend anblickte, sagte ich schließlich, ohne genau zu wissen, warum, ich sei neugierig, ich wolle lernen, ich glaubte, gut darin zu sein. Und dann fügte ich hinzu, ich wolle genug Geld sparen, um eines Tages in der Stadt eine Porridge Bar aufzumachen, denn Porridge sei unterbewertet, und erstaunlicherweise sei noch niemand auf die Idee gekommen, ihn in einer Bar anzubieten.

Neun Minuten lang habe ich kein Wort gesagt. Ich habe die Zeiger der Uhr beobachtet und immer und immer wieder seine Nippel geschnipst. Ich habe mich über sein Gesicht gehockt, mich daraufgesetzt und bin in der letzten Sekunde wieder aufgesprungen. Vielleicht stört ihn die Stille nicht, aber ich habe das Gefühl, etwas sagen zu müssen, mich für ihn zu interessieren, ihn zu unterhalten.

»Bernie, ich kenne jemanden, der seinen Atem sechs Minuten lang anhalten kann. Das meine ich ernst, ich würde dich nie anlügen. Ich selber kann die Luft ungefähr eine Minute lang anhalten, aber mir ist aufgefallen, dass du es nicht länger als vierzig Sekunden schaffst. Ich habe die Zeit gestoppt. Anscheinend habe ich es dir zu leicht gemacht. Also setze ich jetzt das Ziel auf fünfzig Sekunden, und vorher, nicht eine Sekunde früher, werde ich mich nicht erheben.«

»Dagegen kann ich nichts machen«, erwidert er, um mich anzuspornen. Und selbst wenn, er würde nur mit den Schultern zucken.

»Ja, Bernie, da hast du absolut recht, du kannst nichts dagegen machen.«

Und dann lasse ich mich mit Nachdruck auf sein Gesicht plumpsen. Ich rücke mich zurecht, um ihm möglichst wirkungsvoll die Luft abzudrücken. Dann präge ich mir die genaue Position des Sekundenzeigers auf der Uhr ein, und wende mich seinen Nippeln zu, um sie im Takt zur Musik zu schnipsen. Dabei betrachte ich mich selbst im Spiegel, der auch mal wieder geputzt werden könnte. Im Raum ist es staubig, in der Ecke liegt eine Kondomhülle, und Kerzenwachs ist auf den Boden getropft, das mit einem Werkzeug aus dem medizinischen Raum weggekratzt werden muss. Ich denke an das Thunfisch-Sandwich, das ich in der Tasche habe; zu Hause im Kühl-

schrank steht noch ein Rest brauner Reis, den ich mit Kräutern und Austernsauce warm machen kann...

Graphisch stelle ich mir Bernies Lust als eine Reihe von Gipfeln und Tälern der Verzweiflung vor. Ich glaube, ich kann mir sogar seine Euphorie und die entsetzte Erregung seines Erstickens vorstellen. Die Frage ist nur, ob es den Preis wert ist, den er zu zahlen bereit ist: progressive Hirnschädigung. Risiko von Schlaganfall oder Tod und schätzungsweise ein Drittel seines Gehalts.

Unwillkürlich fantasiere ich über seinen Tod. Danach durchwühle ich seine Taschen, öffne sein Portemonnaie und finde das fehlende Teilchen zu Bernies Puzzle, die Pointe eines langen, komplizierten Witzes; ein gefaltetes Stück Papier, ein Foto, ein Talisman, eine getrocknete Blume. Manchmal fantasiere ich auch, dass ich keine Schuld empfinde und in aller Ruhe seinen Körper im Todeskampf betrachte und pedantisch alle Konsequenzen durchdenke. Ich habe mir eine Verteidigung für das Gericht und eine weitere für mein Gewissen überlegt. Soll ich Angel mit hineinziehen? Soll ich ihn durch den Garten in ihr Haus schleppen und das Szenario verändern? Mir einen ausgezeichneten Anwalt besorgen? Lügen oder die Wahrheit sagen?

Sein Brustkorb zieht sich zusammen, und ich wende meine Aufmerksamkeit wieder ihm zu. Es sind erst 32 Sekunden vergangen, 33, 34, 35, aber ich spüre, wie er nervös wird. Ich schnipse seine Nippel und achte auf ein zweites Zeichen, ein Zucken oder ein Beben, das mir sagt, er kommt an seine Grenzen. 38, 39, 40 Sekunden, und mein Herzschlag, das rasche Schnipsen mit den Münzen und die Musik markieren den Höhepunkt. Einundvierzig Sekunden, und ich gerate in ein Dilemma. Soll ich weitermachen oder aufhören? Ich stelle mir vor, dass er sich genau diese letzten Sekunden, 42, ersehnt,

43, und dass jede Sekunde mächtiger und lustvoller ist als die letzte. 44 Sekunden, 45, und dann eine morbide Vorahnung… Sofort springe ich angstvoll auf. Sein erster keuchender Atemzug ist so grandios, dass man ihm unseren Erfolg anmerkt. Es ist, als beobachte man einen Mann, der gerade geträumt hat, er sei ertrunken.

Und dann lüge ich. Ich behaupte, wir hätten die Fünfzig-Sekunden-Marke erreicht, da er mir sonst auf die Schliche käme. »Na, das war doch leicht, oder? Beim nächsten Mal können wir es ja mit einundfünfzig, nein, dreiundfünfzig Sekunden…« Noch bevor ich den Satz beendet habe, überrasche ich ihn damit, dass ich mich erneut auf sein Gesicht sinken lasse.

3

Wahrheit

Drei Tage nach unserem ersten Treffen führte Angel mich durch ihren Garten, der zwischen dem Cottage und ihrem nachgemachten Tudor-Eckhaus lag. Wir betraten das Haus durch die Küche, in der es nach Katzenpisse, Katzenfutter, saurer Milch und Abfall stank. In der Spüle stapelte sich das schmutzige Geschirr seit mindestens einer Woche, und überall klebten getrocknete Speisereste. Ich unterdrückte meinen Schock und meinen Ekel, aber es machte mich nervös, dass sie überhaupt nicht verlegen wirkte und keine Anstalten machte, sich zu entschuldigen. Ich folgte ihr durch das dunkle Haus, eine staubige Treppe hinauf in ein rot gestrichenes Schlafzimmer, wo das Hausmädchen Denise vor einem Schminktisch saß und Kleber auf eine falsche Augenwimper auftrug, die er zwischen Daumen und Zeigefinger balancierte. Bei unserem Eintritt stand er hastig auf und verlor dabei die falsche Wimpernreihe. Und dann sah ich das Transvestiten-Hausmädchen das erste Mal von vorn.

Er trug eine blonde Lockenperücke, die ein wenig schräg auf seinem Kopf saß, ein rosa Haarband, das in dem Gewirr von Locken fast verschwand, und hatte übertrieben viel glitzernden blauen Lidschatten aufgelegt. Ein Auge war bereits von falschen Wimpern umrahmt. Gekleidet war er in eine schwarze Hausmädchentracht aus Vinyl, weiße Netzstrümpfe und schwarze, hochhackige Sandalen. Der Gesamteindruck wäre erheiternd gewesen, wenn nicht diese glasige Melancholie in seinen ernsten grauen Augen gestanden hätte und die Demut gewesen wäre, mit der er knickste und flüsterte: »Hallo, Herrin.« Es war das erste Mal, das mich jemand so unterwürfig ansprach, obwohl der geliehene Rock wenig schmeichelhaft an mir herunterhing, meine Stiefel nicht richtig passten und ich heftiges Lampenfieber hatte. Blitzartig gingen mir alle möglichen Reaktionen auf seine Begrüßung durch den Kopf, aber heraus kam nur ein klägliches »Hallo«.

Es erleichterte mich, dass Angel Denise befahl, sich wieder an den Schminktisch zu setzen, während sie mir ihre »Verwandlungsgarderobe« zeigte. Ich weiß noch, dass sie ihm den Rücken zuwandte und nur ich sehen konnte, wie er ihr ab und zu verstohlen einen Blick zuwarf, während er irgendetwas mit den Händen machte.

Angel zeigte mir Büstenhalter, Silicon-Brustpolster, Seidenslips, ein pinkfarbenes Satin-Baby-Doll in Männergröße, ein silbern besticktes Abendkleid, das Tutu einer Ballerina, ein tief ausgeschnittenes rotes Kleid mit Spaghettiträgern und eine Reitausrüstung. In der Zwischenzeit warf Denise ihr immer wieder Blicke zu und... lackierte sich die Fingernägel, wie ich jetzt erkennen konnte. Das hatte er also gemacht. Angel zeigte mir Federboas, eine Kollektion von Lederhandschuhen und Strumpfgürtel. Sie dehnte gerade ein Kleid mit Leopardenmuster, um mir zu beweisen, dass es genau das Richtige für Männerfiguren war, als sie plötzlich herumfuhr und Denise anschnauzte: »Was machst du da mit meinem Nagellack? Habe ich dir etwa erlaubt, dir die Nägel zu lackieren?«

Wie hatte sie gemerkt, was er hinter ihrem Rücken tat? Gespielt zerknirscht senkte er den Kopf, wobei ihm die Perücke über die Augen rutschte, und murmelte eine Entschuldigung.

»Du siehst nicht so aus, als ob es dir leidtäte. Sieht er so aus, als ob es ihm leidtäte, Herrin?«, fragte sie mich. Ich schüttelte den Kopf. »Wir glauben nicht, dass es dir leidtut«, fuhr sie fort. »*Wir* glauben, dass du es absichtlich getan hast, weil du weißt, was ich davon halte, wenn du dir die Nägel lackierst. Gib mir den Nagellackentferner. Auf der Stelle!« Gebieterisch klatschte sie in die Hände.

»Oh, aber Herrin, bitte. Bitte erlauben Sie mir, den Lack abzumachen.«

Sie riss ihm die Flasche aus der Hand und versteckte sie hinter ihrem Rücken. »Ich hole jetzt deinen Putzeimer. Die Herrin wird dir dabei helfen, dein Make-up zu vervollständigen. Diese Flasche nehme ich mit. Wenn in zwei Stunden unten nicht alles blitzblank sauber ist, dann kannst du mit deinen roten Fingernägeln in der U-Bahn nach Hause fahren, damit es alle sehen können. Das wird eine deiner Bestrafungen sein. Du fährst doch mit öffentlichen Verkehrsmitteln, oder? Ja, das habe ich mir gedacht. Gut, dann gehe ich jetzt.«

Mit diesen Worten ließ sie mich mit ihm allein.

Jetzt hatte ich die Chance, eine Rolle zu spielen und diejenige zu sein, die ich sein wollte – aber wer *war* das? Was wollte ich ihm zu sehen geben? Und was erwartete *er* von mir? Das war zu viel Wahl und Freiheit. Also lehnte ich mich erst einmal an die Wand, die Hände hinter dem Rücken, und blickte ihn kühl an. Allerdings hätte ich beinahe gelächelt, als ich seine offensichtliche Verwirrung sah. Er war hin und her gerissen zwischen Erleichterung, weil Angel gegangen war, und Misstrauen – ich war ihm schließlich immer noch ein Rätsel. Furchtsam und mutig zugleich machte er einen Schritt auf mich zu, blieb aber sofort wieder stehen, um erst einmal meine Reaktion abzuschätzen. Da nichts passierte, machte er noch einen und noch einen Schritt auf mich zu. Immer noch tat oder sagte ich nichts, einfach deshalb, weil ich nicht wusste, was ich tun oder sagen sollte. Beim dritten Schritt brach er das Schweigen und begann, mich mit Fragen zu bombardieren.

»Woher kommen Sie, wenn ich fragen darf, weil Ihr Akzent, er klingt amerikanisch ... Sind Sie aus Kanada? Oh, Entschuldigung. Habe ich Sie jetzt beleidigt? Wie lange leben Sie schon in London? Gefällt es Ihnen hier? Wie lebt es sich denn so in Kanada? Kennen Sie Herrin Angel schon lange? Sie ist so nett, nicht wahr?«

Ich wusste nicht genau, ob er mir diese Fragen stellen durfte oder ob er damit seine Grenzen übertrat. War das ein Test? Und fand er sie wirklich nett? War das alles nur ein Spiel? Aber irgendetwas musste ich sagen. Ich hätte lügen oder ihn zurechtweisen können, aber es fiel mir leichter, die Wahrheit zu sagen und mitzuspielen.

»Ich bin Kanadierin, und ich bin nicht beleidigt. Ich bin seit anderthalb Jahren in London, und ich liebe und hasse es. Angel habe ich gerade erst kennengelernt, und wir schminken Sie jetzt besser fertig, ehe sie zurückkommt.«

Ich trug rosafarbenen Lippenstift auf die dünnen Lippen des Dreiundvierzigjährigen auf und gab Rouge auf seine blassen Wangen. Während ich mit der Wimperntusche und den falschen Wimpern kämpfte, erzählte er mir, dass er mit seiner gebrechlichen Mutter zusammenlebe und es sein Hobby sei, Tieraquarelle, vor allem Eichhörnchen, zu malen. Er arbeitete seit acht Monaten für Herrin Angel, wann immer er von seiner Mutter wegkam, was ihm anscheinend nicht so oft gelang, wie ihm lieb war, höchstens ein Mal im Monat. Er konnte es sich nicht leisten, sie von der Behindertenrente zu bezahlen, deshalb versuchte er, sich hier nützlich zu machen. Während er munter drauflosplapperte, wurde mir klar, dass meine Unerfahrenheit auf seinem Gesicht nur zu deutlich zu sehen war. Ich trug kein Make-up, ganz zu schweigen davon, dass ich noch nie einen Mann geschminkt hatte, der nicht stillhielt. Es war wesentlich schwieriger, als ich gedacht hatte.

Als Angel hereinkam, sah ich, dass sie beim Anblick meiner Schminkkünste zusammenzuckte. Trotzdem fragte sie als Erstes: »Hat Denise dich verärgert, als ich weg war?«

Ich öffnete meinen Mund, um »Nein« zu sagen, was die Wahrheit war, als Denise unhöflich dazwischentrompetete: »O nein, nein, nein, Herrin, ich habe sie nicht verärgert, kein bisschen, ich schwöre es.« Und dann warf er mir ein verschwörerisches Lächeln zu, das meiner Meinung nach zu weit ging. Ich drehte mich zu ihm und fragte spitz: »Woher willst du denn wissen, ob du mich verärgert hast oder nicht?« Wenn ich nicht Herrin gespielt hätte, hätte ich das natürlich nicht gesagt.

In diesem Moment bemerkte ich, wie Angel Denise beschützte. Sein Gesicht errötete unter dem Rouge, Tränen traten ihm in die Augen, und seine Unterlippe begann zu beben. Er glaubte, ich hätte ihn ausgetrickst oder ihn betrogen, was ja nicht stimmte, aber er wimmerte angstvoll, und Angel ermahnte ihn sanft, sich an die Arbeit zu machen, weil wir in zwei Stunden *beide* überprüfen würden, ob auch alles sauber wäre. Also schlich Denise davon, einen Staubwedel in der einen Hand, einen Putzeimer in der anderen.

11:55 Uhr. Da er nichts sieht und sich nicht bewegen kann, ist sein Gehör besonders scharf. Ich weiß, dass er hört, wie ich mein Sandwich auspacke und es esse, während ich auf seinem Gesicht sitze, obwohl ich mich be-

mühe, so leise wie möglich zu sein. Er hat es zwar nie ausdrücklich gesagt, aber ich weiß, dass es nicht zu dem Service gehört, für den er bezahlt, wenn ich ihn verlasse, weil ich draußen eine Zigarette rauchen will – was ich auch tue, damit die zwei Stunden nicht so lang sind –, oder einfach aufstehe, um meine Beine zu strecken. Es ist ziemlich schwer, das Hocken, Aufspringen und Schnipsen zwei geistlose Stunden lang zu koordinieren. Ich habe mir Kissen unter die Knie gelegt, verlagere immer wieder das Gewicht und verändere meine Position, aber das plötzliche Absinken und Sitzen sowie das Aufspringen in der letzten Sekunde tut trotzdem weh. In Wahrheit leide ich mit ihm, will aber nicht, dass er es weiß. Wenn er es wüsste, würde es ihn möglicherweise von seiner Fantasie ablenken, denn in dieser Fantasie bin ich unverletzbar und genieße es sehr, Bernie zu schlagen, zu quälen und zu ersticken.

Als ich meinen ersten Einlauf machte, stellte ich fest, dass der Kunde ohne Kleider viel dicker aussah. Ich war mir seiner Nacktheit sehr bewusst und stellte mir vor, dass ich an seiner Stelle äußerst verlegen wäre, während er gar nicht auf solche Gedanken zu kommen schien. In dieser Form war ich einem Körper noch nie nahe gekommen. Sein Bauch hing in einer großen Falte über seinem Geschlecht, seine Zehennägel waren gelblich und zerklüftet, auf den Schultern hatte er Sommersprossen. Er trug ein goldenes Kreuz um den Hals, seine Ellbogen waren mit einem Ekzem oder Psoriasis bedeckt, und er verströmte einen leicht salzigen Geruch.

Ich sagte ihm, er solle sich auf die Untersuchungsliege auf die Seite legen und die Knie an die Brust ziehen, aber er verstand die Anweisungen nicht, deshalb schob ich meine Hand unter seine rundlichen Knie und drückte sie an die richtige Stelle. Ich hatte einmal zugeschaut, wie Angel einen Einlauf auf genau die gleiche Art vorgenommen hatte, obwohl ich keine Ahnung hatte, ob es auch medizinisch die beste Position dafür war. Vielleicht war es ja nur ihr persönlicher Stil. Als er wie ein Fötus zusammengekrümmt dalag, wirkte er sehr verletzlich, und in diesem Moment wurde mir klar, dass so einfache Dinge wie körperliche Stellung, Nacktheit, mein Blick, meine Kleidung und die Umgebung gewaltige Konsequenzen haben. Ich sah und spürte noch etwas anderes: Die Kluft zwischen dem, was die Herrin empfindet, und dem, was der Kunde fühlt.

Ich füllte das Klistier mit fünfhundert Milliliter lauwarmem Wasser, zog einen Latexhandschuh an, rieb das Ende des Schlauchs mit Fett ein und führte es in seinen Anus ein. Er keuchte auf, als der Schlauch in ihn eindrang, aber ich glaube eher aus Überraschung und einem Gefühl der Verletzung – das Endstück war noch nicht einmal so dick wie ein Finger. Ich konzentrierte mich völlig auf die technische Seite der Aufgabe und versuchte, alles richtig zu machen. Mit einer Hand hielt ich den Beutel hoch, und mit der anderen legte ich den Hebel unten am Endstück um und sah zu, wie das Wasser durch den klaren Plastikschlauch in seinen Darm floss. Er hielt sich den Bauch und stöhnte. Nach etwa neunzig Sekunden war der Beutel leer, ich schloss den Hahn und zog den Schlauch heraus.

Dann legte ich das Gerät in einen Eimer, und befahl dem Kunden, sich auf den Rücken zu drehen. Zu meiner Überraschung hatte er eine Erektion. Es war ein seltsames Gefühl, vor einem erregten Mann zu stehen, da mir zum einen die Ursache für seine Erregung ein Rätsel blieb, und ich zum anderen selbst überhaupt nichts empfand. Aber ich ließ mir nichts anmerken und war sogar ein bisschen geschmeichelt und ermutigt durch seinen steifen Penis. Immerhin bedeutete das, dass ich alles richtig machte. Allerdings war ich mir nicht ganz schlüssig darüber, wie es jetzt weitergehen sollte. Sollte ich mich über ihn lustig machen oder ihn verspotten? Ihn bestrafen oder ihn einfach ignorieren? Da ich es nicht wusste, sagte ich gar nichts, sondern tat etwas, das ich Angel abgeschaut hatte: Ich drückte ihm die Hand auf den aufgetriebenen Bauch und blickte ihm dabei in die Augen. Er wirkte verängstigt, schien aber glücklich darüber zu sein.

»Ich lege Wert auf peinliche Sauberkeit«, sagte ich zu ihm. »Ich mag es, wenn alles perfekt sauber ist. Kein Schmutz. Nicht ein einziger verschütteter Tropfen oder Fleck. Ich glaube, das ist so ungefähr das Einzige, was mich böse macht. Schmutz.« Und dann lächelte ich ihn an und drückte noch stärker auf seinen Bauch. Eigentlich hatte ich keine Ahnung, wie lange jemand einen Einlauf bei sich behalten konnte; es konnten fünf Minuten, es konnten aber auch fünfundzwanzig Minuten sein – und was passierte dann? Ich hatte nicht daran gedacht, Angel zu fragen. Konnte der Darm reißen? An welchem Punkt würde er auch entgegen meinem Willen zur Toilette stürmen? Oder würde er warten, bis es zu spät wäre? Nach drei Minuten begann er zu wimmern. Nach sechs Minuten flehte er mich an, ihn zur Toilette gehen zu lassen. »Noch nicht«, erwiderte ich. Ich pokerte. Ich verstärkte den Druck auf seinen Bauch, und wir warteten. Nach acht Minuten begann er, sich voller Panik zu winden. Zumindest tat er so. Aber nach neun Minuten klangen seine verzweifelten Bitten aufrichtiger und stimmten mit meiner Vision von einem geplatzten Kolon überein. Ich nahm meine Hand weg, und er rannte zur Toilette.

Draußen zündete ich mir eine Zigarette an und dachte darüber nach, dass ich gerade einen korpulenten, fünfundfünfzigjährigen Mann mit Wasser gequält hatte. Es war ganz einfach gewesen, ihm einen Einlauf zu verabreichen, und er hatte eine Erektion bekommen. Und was würde passieren, wenn ich jemandem erzählen würde, was ich gerade in diesem kleinen, weißen Raum getan hatte? Wie würde mein Anteil daran beim Erzählen verzerrt werden? Wem würde ich es überhaupt erzählen? Ich würde nach der Arbeit nach Hause gehen, in ein vierstöckiges viktorianisches Haus, das wir das Brixton-Massiv nannten. Dort lebte ich zusammen mit einem jungen englischen Diplomaten, einer Radiomoderatorin und Puppenspielerin, einer einundzwanzigjährigen japanischen Geigerin, die bei Yehudi Menuhin studiert hatte, und einem Schauspieler und Drehbuchautor. Es war Mittwoch. Heute war unser Scrabble-Abend. Also würde ich sie wahrscheinlich während des Spiels mit den Höhepunkten meines Tages ablenken …

Natsukos Zimmer lag direkt unter meinem, und ich wachte jeden Morgen davon auf, dass die Klänge ihrer Violine durch die breiten Spalten in meinen Fußbodendielen drangen. Wenn sie eine Pause machte, bereitete ich ihr mein berühmtes Porridge zu, und dann lieh sie mir ihren Körper, damit ich Bondage üben konnte. In der riesigen Gemeinschaftsküche im obersten Stockwerk des Hauses band ich sie an den Stützbalken mitten im Zimmer. Sie kannten mich als kanadische Köchin, Teilzeit-Bauarbeiterin, Saftmischerin, begeisterte Spielerin, ordentliche Wohnungsgenossin – und jetzt auch noch als Domina, die Anekdoten aus einer geheimnisvollen sexuellen Welt mitbrachte. Und beim Erzählen würden diese namenlosen Dinge, die sich hinter verschlossenen Türen im Cottage zugetragen hatten, in der Fantasie meiner

Zuhörer alle möglichen Adjektive, Geschmacksrichtungen und Strukturen bekommen.

Ich wartete draußen in der Abenddämmerung der Vorstadt auf das Geräusch des Wassers in der Toilette. Es roch nach Familien und Abendessen, feuchter Luft und Moos, und ich atmete den Duft tief ein. Auf einmal hatte ich Sehnsucht nach Kanada. Ich weiß noch, dass ich in den dunkelblauen Himmel blickte und dachte: Hier in dieser Lücke zwischen den Welten sieht mich niemand. Und dann hörte ich die Toilettenspülung rauschen und ging wieder hinein. Er stand mitten im medizinischen Raum und sah einfältig und schlaff aus. Zuerst sah ich ihn, und dann überschwemmte mich der Gestank von der Toilette. Er hatte vergessen, die Tür zuzumachen. Wenn ich erfahrener gewesen wäre, hätte ich gewusst, wie ich es gegen ihn verwenden konnte, um ihn noch weiter zu demütigen, aber so tat ich, als hätte ich nichts gerochen, und war die ganze Sitzung über gereizt.

11:37 Uhr vormittags. Bernie hatte sich gerade ausgezogen und lag nackt auf dem Fliesenboden, den Kopf auf einem Gummikissen. Als ich ins Zimmer trat, traf mich der scharfe Geruch seines Schweißes wie eine Faust. Er schien nicht zu merken, wie er stank und wie sehr mich das abstieß. Und ich habe bis heute nichts davon erwähnt. Aber innerhalb weniger Minuten wurde ich gegen den Geruch immun, und bald machten mir die Bäche von Rotz und Speichel, die aus seinem Mund und seiner Nase auf meinen Gummirock liefen, nichts mehr aus.

4

Scham

Im Cottage wurde über die Stammkunden pedantisch Buch geführt. Neue Kunden mussten erst einmal einen vierseitigen Fragebogen ausfüllen, in dem sie all ihre Vorlieben, Abneigungen, die Schmerzschwelle, die sie selbst wahrnahmen, und ihre Fantasien aufführten. Am Ende jeder Sitzung musste die Herrin einen handgeschriebenen Bericht mit Datum anfertigen, in dem sie genau beschrieb, was während der Sitzung passiert war, welche Ausrüstung benutzt worden war, was funktioniert hatte, was nicht und warum. Am Ende standen Vorschläge und Anregungen für zukünftige Sitzungen.

In Adams Akte stand: Genießt Bondage und Schmerz in hohem Maße. Im Fragebogen hatte er unter Nippeltortur Zwicken, Nippelklemmen, Elektroschocks und Nadeln angekreuzt. Bei Schwanz und Eiern hatte er Bondage, Schwanzringe, Nadeln, Elektroschocks, Klemmen, Gewichte, Quetschen, Ziehen, Zerren angegeben. Bei Analspiel kreuzte er Dildos, Elektroschocks, Stopfen, Vibratoren, Anschnalldildos und Analtortur an. Bei körperlicher Züchtigung bevorzugte er Bastinade – das Auspeitschen der Fußsohlen.

Am 17. Juli hatte Olivia, die nicht mehr im Cottage arbeitete, ihm den Schwanz gebunden, ihm Nippelklemmen angesteckt, seine Nippel und seinen Schwanz unter Strom gesetzt, Gewichte an seine Eier gehängt und einen mit Stacheln besetzten Dildo zur Analtortur verwendet. Sie schrieb »am Ende Handerleichterung«, was bedeutete, dass sie ihn am Ende der Sitzung masturbieren musste. Aber den Dialog oder ein Rezept für den Verlauf der Sitzung hatte sie natürlich nicht wiedergegeben.

Am 25. März hatte Angel berichtet, dass er ohnmächtig geworden war, als er auf dem Fiberglas-Dildo saß, der auf den Bondagestuhl geschraubt war, aber sie berichtete nicht, wie sie mit dem beängstigenden Zwischenfall umgegangen war. Hatten sie die Sitzung danach fortgeführt? Hat sie ihm sein Geld zurückgegeben? Was tue ich, wenn es einen medizinischen Notfall im Kerker gibt? Darauf gab es in den Akten keine Antwort.

In den Unterlagen stand, dass Adam es mochte, wenn der Schmerz sinnlich und langsam aufgebaut wurde. Im Fragebogen lehnte er Beißen, Kneifen, Kratzen und heißes Wachs ab. Scharfe und plötzliche Schmerzen mochte er nicht. Keinen verbalen Missbrauch, keine Demütigung und keine roten Stellen, die länger als ein paar Stunden auf der Haut zu sehen waren.

Am 13. Mai schrieb Vivian, die ebenfalls nicht mehr im Cottage arbeitete: verträgt ein mittleres Maß an Schmerzen an Nippeln und Genitalien. Sehr empfindliche Nippel. Nicht unterwürfig, aber höflich.

Was mich am meisten schockierte, war jedoch das, was nicht in der Akte stand. Auf dem lachsfarbenen Umschlag der Mappe stand lediglich: Adam/Masochist. Beim Punkt körperliche Beschreibung hieß es im Fragebogen: groß, schlank, fit, attraktiv, Mitte dreißig, dunkle Haare, grüne Augen. Aber wir wollen hier ganz genau sein: seine Augen sind manchmal gletscherblau, manchmal aquamarin und manchmal wie der weiße Schaum einer Welle, die sich bricht. Es waren die unglaublichsten Augen, die ich jemals gesehen habe. Und ich war sofort in Gefahr. Ich konnte den Blick nicht davon wenden, obwohl mein Instinkt mich warnte.

Seine Worte waren schwerfällig und eindeutig, aber er war kein großer Redner – was mir angesichts seiner Augen, die eine deutliche Sprache sprachen, nur logisch erschien. Zuerst fielen mir seine vollen, fast weiblichen Lippen nicht auf: die schmalere Unterlippe und der herzförmige Schwung der Oberlippe. Die Form seines Mundes mit den hochgezogenen Mundwinkeln, seine selbstbewusste Kieferpartie und sein Kinn gehörten zu den Schätzen, die ich erst später entdeckte. Beim ersten Mal öffnete ich die Tür, um einen scheuen, höflichen, nicht unterwürfigen Masochisten zu begrüßen, und blickte stattdessen in die blauen Augen der Schönheit.

Er stellte seine Aktentasche ab, schlüpfte aus seinen Schuhen und folgte mir in den medizinischen Raum. Ich fragte ihn, ob er etwas Besonderes erforschen oder mir etwas sagen wollte, bevor wir begannen, aber er meinte, das überließe er völlig mir. Dann reichte er mir hundertfünfzig Pfund, was für eine Anfängerin viel für eine Stunde war, und als ich ihn allein ließ, damit er sich ausziehen konnte, hatte ich das Gefühl, ich müsse Wunder vollbringen.

Ich flüchtete nach draußen, wo mich hinter der grauen Steinmauer, dem hohen Holztor und den wild wuchernden Sträuchern niemand aus der Nachbarschaft sehen konnte, und setzte mich auf die schmale Holztreppe. Ich trug ein enges Latexkleid und schenkelhohe Stiefel, in denen ich mich nur schwer bücken konnte, aber ich musste mich einfach erden. Ich zündete mir eine Zigarette an und versuchte, mich zu sammeln. Komisch, ich hatte versucht, mich auf alles Mögliche vorzubereiten, auf das Ungewöhnliche, Bizarre, Grässliche und Perverse, aber es wäre mir nie in den Sinn gekommen, dass ich Probleme mit großer körperlicher Anziehungskraft bekommen könnte.

Ich dachte daran, wie Adam sich jetzt allein auszog, sich darauf vorbereitete, sich der Gnade einer jungen Frau auszuliefern, die seinen Schmerz, seine Lust und seinen Orgasmus sehen würde. Ich stellte mir vor, dass er diese wenigen Minuten schrecklich erregend fand. Schließlich kannte er mich nicht, wusste nicht, zu was ich fähig war, was er erleiden musste. Und auf der anderen Seite stand ich und musste so tun, als sei er nicht der erste Masochist, den ich quälte, und zudem noch einer, der so gut aussah.

Wir hatten fünfundfünfzig Minuten zusammen. Als ich die Tür zum medizinischen Raum öffnete, stand er nackt im Halbprofil da und betrachtete ein medizinisches Poster zu Fettleibigkeit. Ich habe schon mindestens tausend nackte Körper gesehen, vielleicht sogar mehr, wenn ich dieses Buch zu Ende geschrieben habe, aber sein Körper war ideal, eine Offenbarung in Form eines Mannes.

Ja, er war hinreißend, aber es erstaunte mich doch, dass ich von seiner männlichen Perfektion so hingerissen war. Seine Schultern, das Schlüsselbein und der obere Rippenbogen waren unglaublich breit und gut definiert, und seine langen, geschmeidigen Gliedmaßen waren wie mit dem Pinsel eines Künstlers hingezaubert. Ich folgte einer dicken Vene an der Innenseite seines Arms und empfand den beinahe unwiderstehlichen Drang, meine Finger zumindest halb um seine Handgelenke zu schließen. Er hatte riesige Hände, trug einen Ehering, und seine Fingernägel waren bis auf die Kuppen abgekaut. Unruhe erfüllte mich; es reichte mir nicht, nur zu schauen, ich wollte mit seiner Schönheit etwas *tun.*

Ich sagte ihm, er solle sich auf den gynäkologischen Stuhl legen. Dann schnallte ich seine Knöchel, seinen

Brustkorb, seine Oberarme und Oberschenkel, seinen Bauch, seine Handgelenke und seinen Hals fest. Die gesamte Prozedur dauerte etwa vier Minuten. Als Nächstes legte ich einen Schnürsenkel um sein Skrotum und um jedes Testikel, den ich mit einem Knoten um die Penisspitze befestigte. Das waren mindestens drei ungeschickte Minuten, denn genitale Bondage hatte ich noch nicht richtig geübt. Verlegen griff ich nach einem Paar Nippelklemmen. Mir war durchaus bewusst, wie steif und unsicher ich mit ihm umging. Ob man es mir wohl ansieht?, dachte ich, als ich seinen bohrenden Blick auf mir spürte. Wie mochte ich aussehen? Was sah er? Ich befestigte die Nippelklemme an seinem Nippel, und er zuckte zusammen. Als ich die andere ebenfalls befestigte, grunzte er. Glücklich klang er nicht gerade. Und ich dachte: Was für eine Art von Schmerz will dieser Masochist? Wie wird es gemacht? Was ist der Trick? Was ist das Rezept für ein raffiniertes, erotisches Dessert aus ehrlichem Schmerz?

Die Sitzung ging jetzt schon seit elf Minuten, und noch keiner von uns hatte etwas gesagt. Ich behielt seine eindrucksvolle Erektion im Auge, weil sie mich beruhigte und mich glauben ließ, die geheimnisvolle Kraft seiner masochistischen Natur sorge schon ganz allein für die Lust, ungeachtet meiner Unerfahrenheit und Unsicherheit. Ich zog an den Klemmen, weil es mir etwas zu tun gab und weil ich aus den Unterlagen wusste, dass er Schmerz an den Nippeln mochte. Während ich zupfte und drehte, sah ich, wie sich die Fältchen um seine zusammengekniffenen Augen vertieften und er die Lippen immer fester zusammenpresste. Er sah aus wie eine Karikatur des Schmerzes.

Plötzlich wusste ich mit Gewissheit, dass er das, was er wollte oder brauchte, von mir nicht bekommen konnte. Ich wollte ihm etwas Außergewöhnliches geben, eine

Plattform für seine Schönheit, aber ich wusste nicht, was oder wie. Was sollte ich sagen? Was sollte ich tun?

Je mehr ich die Situation analysierte, desto paralysierter wurde ich. Was für eine Geldverschwendung und auch eine Schande, dafür bezahlt zu werden, dass ich ihn kontrollierte, obwohl es schmerzhaft und enttäuschend offensichtlich war, dass ich es nicht konnte. Am liebsten hätte ich aufgegeben und die Sitzung beendet. Ich brauchte das nicht zu tun. Niemand zwang mich dazu. Ich war nur eigensinnig und wollte mir nicht eingestehen, dass es über meine Kräfte ging. Aber schließlich nahm ich mich zusammen und sagte mir, dass schlechte Sitzungen im Anfang unvermeidlich waren. Hatte ich wirklich erwartet, alle Feinheiten und die komplexe Psychologie hinter erotischem Schmerz und Sadomasochismus nach einem halben Dutzend Sitzungen schon zu verstehen? Also machte ich tapfer weiter und versuchte alles Mögliche, um meine Feuertaufe zu bestehen.

Ich zog einen Latexhandschuh an, gab Gleitmittel auf meinen Finger und schob ihm ihn in den Anus. Sollte ich sanft oder grob sein? Wieder stellte sich die Frage, was ein Masochist will. Ich zog ein Kondom über einen Gummistopfen, bestrich es mit Gleitmittel und steckte es ihm in den Anus. Das war doch was, und ich glaube, er war auch einverstanden. Schließlich steckten auch seine Nippel in Nippelklemmen, und sein Penis und seine Eier waren so fest geschnürt, dass sie glänzten und die Venen am Schaft deutlich hervortraten – und das war doch auch schon mal was. Und selbst wenn ich nichts weiter getan hätte, als ihn nackt und mit gespreizten Armen und Beinen festzubinden, so war auch das etwas. Aber jetzt steckte zudem noch ein Stopfen in seinem Arsch, und ich musste noch weitere neununddreißig Minuten ausfüllen.

Also beschloss ich auf der Stelle, ihn unter Strom zu setzen.

Ich vergeudete einige Minuten, mindestens im Gegenwert von zehn Pfund, um die Kabel und Befestigungen zu entwirren, den Trafo aufzustellen und seinen Blicken auszuweichen. Zuerst einmal musste ich die Nippelklemmen entfernen. Er stöhnte missbilligend auf, als ich die Erste abzog, sodass ich richtige Angst davor hatte, ihm auch noch die zweite wegzunehmen. Aber ich tat es trotzdem, und er stöhnte noch missbilligender. Als Nächstes befestigte ich einen Metallring um seine Testikel und schloss ihn am Trafo an. Schließlich verkabelte ich auch seine Nippel, stellte eine niedrige Frequenz ein und legte den Schalter um.

Nichts geschah. Ich erhöhte die Spannung minimal und dachte, dass der Trafo vielleicht kaputt wäre. Aber das Lämpchen brannte. Die Stille im Raum war überwältigend, und ich spürte, wie mir unter meinem Latexkleid der Schweiß ausbrach. Ich drehte den Strom immer höher, bis er schließlich zuckte und ein unbeeindrucktes Grunzen von sich gab. Aber es funktionierte immerhin. Jetzt geschah wenigstens etwas. Ich schaltete höher, und auch mein Pulsschlag beschleunigte sich. Aber als ich einen Blick auf seinen Penis warf, sah ich das unmissverständliche Zeichen für mein Versagen – sein Schwanz schrumpfte! Verzweifelt drehte ich den Strom noch höher, und plötzlich brach ein wildes, verächtliches »Nein!« aus ihm hervor.

Es war furchterregend. *Er* war furchterregend. Ich war außer mir vor Entsetzen. Ich kannte ihn nicht und wusste nicht, zu was er fähig war. Sofort schaltete ich den Strom aus und löste hastig die Lederriemen um seinen Hals, seine Handgelenke und seinen Brustkorb. All das passierte in rasender Eile, und während ich seine Beine befreite, riss er sich die Klemmen von den Nippeln, entfernte den Ring um seine Eier und zog sich schließlich sogar selbst den Analstopfen heraus. Ich hatte noch nicht einmal Zeit, meine Scham, meinen Schock und meine Angst zu verbergen. Ich lief einfach aus dem Zimmer und zog die Tür hinter mir zu.

Ich wusste ganz genau, dass es einzig und allein meine Schuld war, dass ich meine Schwäche gezeigt hatte. Er war frustriert, vielleicht war es ihm auch peinlich. Mit schamrotem Gesicht schlich ich zurück in den medizinischen Raum und reichte ihm die Hälfte seines Geldes zurück. Er knöpfte gerade sein Hemd zu und blickte noch nicht einmal auf; er wedelte lediglich mit der Hand, um das Geld zurückzuweisen, sodass ich meine Schuld nicht verringern konnte. Und dann beging ich den ultimativen Fauxpas, indem ich sagte, es täte mir leid. Voll eisiger Verachtung blickte er mich an. »Nehmen Sie es bloß nicht persönlich«, fuhr er mich an. Aber genau das tat ich, und ich wollte, dass er ging. Er sollte gehen – und nie mehr wiederkommen!

5

Willkommen

Ich erkenne am Quietschen des Tores, wenn er da ist. Ich hole tief Luft, und wenn ich ausatme, klopft es an der Tür. Ich kenne ihn nicht, und es hat keinen Sinn, sich zu viel vorzustellen. Ich kann nur hoffen, dass er nicht zu gut aussieht. Er soll höflich, engagiert und aufnahmefähig sein. In mir kann er meinetwegen Schönheit, Macht und Intelligenz sehen; er kann sehen, was er sehen will. Hoffentlich ist er nicht zu passiv oder zu fantasielos, und auch nicht zu leicht entflammt. Ich möchte genau das in ihm erkennen, was er von mir braucht. Wir wollen uns zusammentun und dann sehen, wohin wir kommen.

Ich erkenne dich zuerst an deinen Augen. Ich achte auf Tempo und Diskretion, mit der du eintrittst und die Tür schließt. Ich betrachte deine Kleidung, rieche deinen Duft, schaue auf die Hände, deine Augenbrauen und deinen Adamsapfel. Ich schätze dein Alter, deine Größe, dein Gewicht; überlege, ob es sich um Selbstliebe oder Hass handelt, und bitte dich, dir die Schuhe auszuziehen. Zuerst schaue ich auf deine Schuhe, dann auf die Form deiner Füße. Im Empfangsraum sitzt du auf einem peinlich niedrigen Hocker, und ich trete lässig an den hohen Stuhl und drehe mich dann zu dir um. Ich setze mich, schlage die Beine übereinander, ergreife den Kugelschreiber und genieße das sekundenlange Schweigen. Mit dem Klemmbrett und einem leeren Fragebogen auf dem Schoß richte ich mich behaglich in meiner Rolle ein. Du schockierst mich nicht. Ich kenne keine Tabus. Ich bin eine Professionelle. In diesen heiligen Hallen hier wird Diskretion gewahrt und nichts verurteilt. Du siehst ja, dass ich aufmerksam und voller Mitgefühl bin, und ich möchte mehr wissen.

Wer ist er? Er ist zweiundsechzig, achtundvierzig, Anfang dreißig, Ende fünfzig, Mitte zwanzig. Er ist erst siebzehn und will ein Halsband tragen und gezwungen werden, demütigende und erniedrigende Dinge zu tun. Er ist pensioniert. Wie er selbst zugibt, ist er zu alt für so etwas. Er ist zum ersten Mal bei einer Domina. Er hat aufgehört zu zählen, bei wie vielen Herrinnen er schon gewesen ist. Er kommt einmal alle vierzehn Tage, einmal pro Woche, einmal pro Monat oder wenn er gerade keinen Film dreht. Es ist ein Geschenk zum Geburtstag, für schlimme Tage oder Feiertage. Er ist alleinstehend und einsam, verheiratet und einsam, verlobt und zufrieden, »praktisch geschieden« oder kürzlich verwitwet. Er trägt einen Anzug. Er trägt einen sehr schönen Anzug. Er verdient seinen Lebensunterhalt als Chauffeur. Er ist Philosophie-Professor und begeisterter Bergsteiger und bekennt, seine Frau wahnsinnig zu lieben – und er ist achtundsiebzig. Und er möchte beherrscht und gefoltert werden von einer raffinierten Sadistin. Er ist ein weichlicher Tierarzt mit fruchtigem Atem und welligen Haaren, der eine Maske, einen Tank mit Lachgas und einen Beutel Äther mitbringt, damit er seinen ersten Zahnarztbesuch, der zugleich auch seine erste erotische Erfahrung war, nachspielen kann. Es gibt Zahnärzte, Chemiker und auch Geschäftsleute. Er bringt mir Haydn-CDs, Bildbände, Schweizer Schokolade und hässliche Blumen vom Kiosk an der U-Bahn-Station mit. Er kauft mir Schuhe, Strümpfe, Feigen und Kräutertees. Sein Unternehmen baut Kräne. Er produziert Grußkarten. Er ist Schreiner, Landbesitzer, Mieter,

Makler, Gärtner und Anwalt. Er ist reich. Er ist arm. Er ist fit, er ist fett, er hat schlechten Atem, aber ein gesundes Auftreten. Er ist der Typ in der braunen Hose und dem karierten Hemd, der in der U-Bahn den *Evening Standard* liest, während er nach Hause fährt, wo seine verklemmte Frau mit Brathühnchen und einem Glas Weißwein vor dem Breitwandfernseher auf ihn wartet. Und Sie kämen im Leben nicht darauf, was er für Vorlieben hat.

Es ist so verführerisch zu behaupten, er sei jedermann. Er ist nett, charmant, liebenswürdig überdreht. Er ist einsam, neurotisch, furchtsam und posttraumatisch. Er ist unausgeglichen und wagemutig. Er weiß, dass es ein Spiel ist. Er weiß, was ihm gefällt. Er hat keine Angst, danach zu streben. Seine Bedürfnisse sind ganz einfach und zugleich hochkompliziert. Er hat einen unsteten Blick, seine Augäpfel sind gelb verfärbt, und er runzelt nachdenklich die Stirn. Er hat eine Narbe, eine seltsame Wunde, einen Leberfleck, einen Tick, einen Anflug von Schwäche.

Ich frage ihn, für was er sich interessiert. »Was möchten Sie gerne ausprobieren?« Und er sagt: Einläufe mit warmem Wasser, von einer kühlen Schwester in Latex verabreicht. Er sagt Angora, hübsche Füße, die Eier quetschen, brutales Auspeitschen, Bondage und Teasing. Er möchte gezüchtigt werden, sodass man die Striemen sieht, damit er eine Trophäe, eine Erinnerung an seine Qual hat. Er möchte durch die Stäbe eines Käfigs auf meinen glänzenden Catsuit und meine schenkelhohen Stiefel schauen. Er möchte die enge Umarmung von Latex auf seiner Haut spüren. Er mag den Geruch von Gummi, das Kratzen von Nägeln, das Klicken hoher Absätze, das Gekicher von Frauen. Er möchte, dass ich hautfarbene Strümpfe trage, Seidenstrümpfe mit Naht, glänzende schwarze Büstenhalter, eine Militäruniform, einen bleistiftengen Rock, eine Examensrobe, ein Cape, dass ich ihn höhnisch auslache und verspotte. Er möchte, dass ich liebevoll und grausam bin, nur liebevoll, einfach nur grausam. Er will mich hinterhältig und sexy, geheimnisvoll, irre, psychopathisch, suggestiv, intuitiv.

Er will bestimmte Wörter hören, die ich immer wieder sagen muss: wertlos, Wichser, egoistisch, Nutte, Sex, Weichling, Schwanz, Schwanzlutscher, Uhr, Arsch, ficken, Schwuchtel, böser Junge, immer wieder. Und ich muss sie immer wieder sagen.

Er bezahlt mich dafür, dass ich ihm ins Gesicht schlage und auf seinen Schwanz spucke, ihn züchtige, über seine Genitalien lache und seine Männlichkeit verstümmele. Er will getestet, herausgefordert, erniedrigt, penetriert und an seine Grenzen getrieben werden. Er will Stimulation, Transformation und Transzendenz. Werde ich ihm Tomaten, Dildos oder Nylonstrümpfe in den Arsch schieben? Werde ich Nägel durch sein Skrotum schlagen? Ihm eine Gehirnwäsche verpassen, damit er mir all sein Geld gibt? Ihn zum Weinen bringen? Ihn dazu bringen, dass er mir die Füße leckt? Nähe ich seine Vorhaut zusammen, rasiere ihm die Brust, steche Nadeln durch seine Nippel, hänge ihn an den Füßen auf und schocke ihn durch gegensätzliche Empfindungen? Ja, die Antwort darauf lautet: Ja. Ich nicke, als ob ich das alles schon einmal gemacht hätte.

Er will auf alle erdenklichen Arten dominiert werden. Er will sich unterwerfen. Er will überwältigt und mit Empfindungen bombardiert werden. Er will ein Sklave sein, in einen Schrank eingesperrt werden, nichts hören, nichts sehen können, voller Angst vor seinem Schicksal. Er will gefesselt und geknebelt werden, will einen Strumpf über den Kopf gezogen bekommen. Er bringt Brennnesseln mit und will, dass sie an seinen Genitalien gerieben werden, und dann will er in Klebeband oder Verbandsmull eingepackt werden und sich darauf setzen müssen. Er will, dass ich ihm beibringe, wie eine Dame zu gehen und zu sprechen, sich wie eine Dame zu kleiden, sich aber wie eine Nutte zu benehmen. Was verstehe ich schon davon? Anscheinend mehr, als ich geglaubt habe.

Wenn er gefesselt und geneckt werden will, meint er, dass ich sexy sein soll, ein wenig Haut aufblitzen lassen soll, seine Lust binden soll. Er meint, ich soll mit seinem Penis spielen. Er will meine Lust. Er will seine Lust. Er weiß nicht, was er will. Er will, dass ich erfinderisch, fantasievoll, glaubwürdig und liebevoll vorgehe. Es geht nicht um das, *was* ich tue, sondern darum, *wie* ich es tue. Ich könnte ihn mit einem Löffel quälen oder ihm einen Furcht erregenden Vorschlag machen, sodass er innerlich vor Angst bebt. Er will etwas Besonderes, etwas Außergewöhnliches. Es soll neu sein, anders, irgendwie frech und subversiv. Ein oder zwei Stunden Zeit, um seine Fantasie zu realisieren. Eine Stunde exklusiver Aufmerksamkeit ohne Gewissensbisse. Adrenalin. Ein Orgasmus. Er will sich selbst vergessen, jemand anderer sein, die Kontrolle abgeben. Er will ins Extrem gehen. Er *ist* extrem. Er will den Druck loswerden, seinem Verlangen nachgeben. Er will leiden, will für seinen Schmerz belohnt werden, und er will seine Grenzen kennenlernen. Er will, er will, er will …

Wie ein Hund, der mit dem Schwanz wedelt, kommt Bernie an. Aber kurz bevor er eintritt, bleibt er komisch entschlossen auf der Schwelle stehen. Er wirkt unsicher, also lächele ich ihn an. In diesem Augenblick des Zögerns ist er am aufrichtigsten und rührendsten.

»Schnell, Bernie, mach die Tür zu, schnell.« Er weiß,

dass er die Schuhe ausziehen muss. Danach findet ein kleines Ritual statt: Er beugt sich vor, zeigt auf sie und sagt, »Bleibt, Schuhe, bleibt!«, als ob er seinen Hunden einen Befehl erteilen würde. Dann strahlt er mich mit gespieltem Stolz an und sagt: »Siehst du, sie gehorchen mir aufs Wort.« Er ist süß und verspielt, ich weiß, aber ich muss unwillkürlich zwischen den Zeilen lesen; in wenigen Minuten wird er entweder der gehorsame Hund oder der unerbittliche Trainer sein. Vielleicht macht er sich über sich selbst lustig, oder aber er parodiert meine vorgetäuschte Macht. Seine Jovialität ist ansteckend, und ich spiele bereitwillig mit. »Wow, das ist wirklich beeindruckend. Du hast deine Schuhe echt gut abgerichtet.« Gut gelaunt betreten wir durch die gepolsterte Tür den Kerker.

Er legt seinen Mantel ab und reicht mir ein Bündel Banknoten, das immer in einer durchsichtigen Plastiktüte steckt. Ich habe ihn nie gefragt, warum er das macht. Kurz bevor ich ihn allein lasse, damit er sich ausziehen kann, frage ich ihn, ob er mir irgendetwas sagen möchte, bevor wir anfangen. Er nimmt die Frage äußerst misstrauisch auf, legt den Kopf schräg, runzelt die Stirn und kneift die Augen zusammen, als hätte ich etwas Unangenehmes vorgeschlagen. Seine Reaktion irritiert mich, zumal ich ihm diese Frage schon mindestens fünfzig Mal gestellt habe. Ich hätte uns beiden diese winzige Irritation ersparen können, indem ich einfach nicht gefragt hätte, aber dazu bin ich auch zu widerspenstig. Bei den seltenen Gelegenheiten, wenn er einen Wunsch äußert, sagt er eher: »Du kannst mir heute wirklich lange die Luft nehmen.« Er sagt es, als sei es eine ganz neue Eingebung, das Besondere an diesem Tag, und ich erstarre instinktiv vor Ablehnung – ich gehe doch schon so weit, wie ich gehen kann. Was verlangt er von mir? Vielleicht spricht *er es ja auch nur laut aus, um die Erregung zu vergrößern, und ich sollte spielerisch darauf antworten und zum Beispiel erwidern: »Du sagst es, Bernie, du nimmst mir die Worte aus dem Mund. Heute ist der Tag, da werde ich dich zum Äußersten treiben.« Und dann sollte ich einfach so vorgehen wie immer.*

Bradley wirkte auf mich so wie jemand, der mit vollem Mund spricht und ohne es zu merken, Schmutzspuren auf dem sauberen Fußboden hinterlässt. Mit weinerlicher Stimme bat er mich, ihn nicht zu verletzen, anzuschreien oder zu demütigen. Seine Empfindsamkeit stand in lächerlichem Kontrast zu seiner riesenhaften Gestalt. Er war ungefähr dreißig Jahre alt und hatte verquollene Augen, die ihn so aussehen ließen, als habe er sein ganzes Leben lang geweint.

Wenn er sich auszog, warf er seine Armani-Jeans nachlässig in die Ecke, statt sie aufzuhängen, und er bezahlte mich für die Stunde, als kaufe er sich einen Hamburger.

Ich befahl ihm, näher zu treten, noch näher, und dann begann ich, ihm zu erklären, wie ich ihn anziehen und festbinden und mich mit ihm vergnügen würde. »Hörst du mir zu? Bist du bereit zu lernen? Kannst du genau das tun, was ich dir sage, nicht mehr und nicht weniger?« Aber er wollte nichts davon wissen. Sein polterndes Lachen war seine Art, mir mitzuteilen, dass Domination und Unterwerfung nichts für ihn waren. Ich stimmte in sein Lachen ein, um das Spiel mitspielen zu können. Er bezahlte für eine psycho-sinnliche Massage. Ich musste ihn in Damenwäsche zwängen, ihm eine Perücke aufsetzen, ihm Schuhe, Korsett und Strümpfe anziehen und ihn dann geknebelt und mit verbundenen Augen für den Rest der Stunde ans Bett fesseln.

Es war mühsam und komisch zugleich, ihn ins Korsett

zu packen, und ihm dabei zu helfen, die Strümpfe am Strumpfgürtel zu befestigen, aber wenn ich dann einen Nylonstrumpf um seinen kleinen Schwanz und die Eier wickelte, war er überraschend erregt. Wenn er sich zufällig im Spiegel sah – die lange, schwarze Perücke, das rote Satin-Korsett mit der schwarzen Spitze und seine riesigen, behaarten Schenkel in den Strümpfen, dann wandte er den Blick ab und kicherte mädchenhaft. Er war nicht interessiert daran, wie er aussah; es ging ihm darum, wie er sich fühlte. Vermutlich spürte er die seidige Stoffstruktur, das Prickeln der Verwandlung und die Vorfreude, gefesselt zu werden und sich hinzugeben. Ich fuhr mit den Fingern durch seine Brusthaare und zupfte an seinen Nippeln, aber er war so kitzelig, dass selbst die unschuldigste Liebkosung einen sinnlichen Start so gut wie unmöglich machte, weil er sofort anfing zu kichern.

Es war eine einsame, mechanische Stunde. Wenn ich ihm die Augen verbunden und ihn geknebelt hatte, führte ich ihn zu der Untersuchungsliege und schlüpfte aus meinen hochhackigen Schuhen. Auf Zehenspitzen huschte ich um ihn herum und begann, ihn zu fesseln. Ich führte den Strick von einem Handgelenk zum anderen, über seinen Brustkorb, bis ein Muster entstand, das ich verfolgte. Dabei ließ ich mir Zeit, denn etwas anderes gab es nicht zu tun. Mehr wollte er nicht. Wenn ich den Strick fester zog, schnurrte er zustimmend. Wenn ich mit der Hand einen Testikel oder die Innenseite seines Oberschenkels streifte, und mein Finger absichtlich oder zufällig um einen Nippel oder einen Zeh glitt, kicherte er unter seinem Knebel und zuckte. Ansonsten lag er völlig still da, und wenn nicht die Erektion gewesen wäre, hätte man meinen können, er schliefe.

Zehn Minuten bevor die Stunde um war, zog ich mir einen Latexhandschuh an, gab Babyöl darauf und masturbierte ihn. Das einzige Geräusch im Zimmer war das schmatzende Auf und Ab des Handschuhs auf dem glatten, beschnittenen Schwanz. Eine Sekunde lang dachte ich: Das ist billig. Eine Sekunde lang fühlte ich mich leer. Eine Sekunde lang fragte ich mich, ob ich nicht andere Sachen zu tun hatte … Aber dann kam er, immer noch stumm. Noch sieben Minuten bis zum Ende der Stunde, und ich wischte ihm mit einem Papiertuch den Bauch ab und begann, die Fesseln zu lösen. Als ich mich von ihm verabschiedete, ging ich nicht davon aus, ihn wiederzusehen.

Anfangs zog ich Bernie eine Lederhaube über den Kopf, die von hinten mit einem Reißverschluss, der bis über die Augen ging, geschlossen wurde. Ich wundere mich, dass er so lange geschwiegen hat, denn erst nach Monaten gestand er mir, der Reißverschluss schneide ihm unangenehm ins Gesicht, wenn ich auf ihm säße. Also nahmen wir stattdessen eine Gummikapuze, die nur hinten geschlossen wurde und Löcher für Mund und Nase hatte. Als ich jedoch die Haube am Ende der Sitzung abnahm, sah ich entsetzt, dass er in seinem eigenen Schweiß beinahe ertrank. Schließlich fanden wir die perfekte Abdichtung: Mein Lieblingsgummirock schwingt wie das Tutu einer Ballerina, hat aber im Schritt einen Zwickel, der sich genau auf die Nasenlöcher presst. Seitdem nehmen wir nur noch eine Augenbinde.

Deshalb traf es mich völlig unerwartet, als er eines Tages, nachdem er schon länger als ein Jahr zu mir gekommen war, auf meine Frage, ob er mir irgendetwas sagen wolle, bevor wir anfingen, erwiderte: »Ich möchte gerne etwas sehen.« Er meinte, er hätte darüber nachgedacht und glaubte, es könne sogar quälender sein, wenn er sähe, was auf ihn zukam (das heißt, meine Scham, mein

Absatz, meine Faust), während er es hilflos über sich ergehen lassen müsse. Einen Moment lang war ich beeindruckt; unter diesem Gesichtspunkt hatte ich es noch nicht betrachtet. Vielleicht wollte ich ja lieber, dass seine Augen verbunden waren, damit er nicht sah, wie ich zur Uhr und in den Spiegel blickte, wie ich mein Sandwich aß, und wie meine Scham sich hob und senkte. Zwei Stunden würden seine Augen auf mich gerichtet sein, und das ging mir zu weit in meine Privatsphäre hinein. Andererseits bat er mich nicht wirklich darum, er verlangte es, und schließlich bezahlte er mich von seinem hart verdienten Lehrergehalt für meine Dienste. Es stand mir nicht zu, mich zu weigern. Aber ich tat mein Bestes, um die Sitzung zu sabotieren. Ich nahm mir zu viel Zeit, um ihn festzubinden, verließ ein paar Mal das Zimmer, redete kaum mit ihm und ging nicht bis an die Grenzen. Zumindest unbewusst wollte ich, dass er Sehen mit einer schlechten Sitzung gleichsetzte. Und ich glaube, die Taktik funktionierte, weil wir seitdem wieder die Augenbinde benutzten und er sich nicht mehr beklagte.

Mit »Hosen-Dan« ist es immer das Gleiche. Er stürmt herein wie ein Wirbelwind, besorgt, zerzaust, hektisch. Er schwitzt. Ganze Bäche von Schweiß rinnen durch seine sandbraunen Haare. Er redet kurzatmig und wiederholt sich ständig. »Oh, hi, Anna, hi, Anna, hi, hi, wie geht es dir, hi, oh, Anna, wie geht es dir?«, sagt er, als ich ihm ein Glas Wasser reiche. »Oh, danke, danke, oh, Anna, danke, du hast daran gedacht, du bist so klug, du denkst immer an alles, o danke, du bist so nett, schön, dich zu sehen. Wie geht es dir?« Und er reicht mir achtzig Pfund in Zehnern und Fünfern und manchmal Münzen für eine zwanzigminütige Sitzung. Er beginnt schon, sich auszuziehen, bevor ich mich zum Gehen gewandt habe.

Der Name war ein Zufall. Wenn Mr. M. während meiner Zeit in der Villa einmal, selten genug, das Wort an mich richtete, nannte er mich statt Susan immer Susanna, und ich fand, es klang sexy. Ich sah mich selbst dabei als exotisches, dralles Hausmädchen.

Als Angel mich ganz am Anfang einmal bei einer ihrer Sitzungen zuschauen ließ, sagte sie plötzlich vor einem Kunden, der die Augen verbunden hatte: »Und das ist Herrin …« Fragend wandte sie sich zu mir. Der erste Name, der mir einfiel, war Susanna, und ich flüsterte ihn ihr ins Ohr. Sie hörte jedoch nur Anna, und dabei blieb es dann.

Warum ist Hosen-Dan immer so hektisch? Warum so durcheinander und panisch? Er ist Mitte fünfzig, trägt maßgeschneiderte Anzüge mit Nadelstreifen, Manschettenknöpfe, bei denen ich ihm am Ende einer Sitzung immer helfe, klassische Schuhe, gedeckte Seidenkrawatten. Darunter jedoch trägt er immer alberne Unterwäsche: Boxershorts mit Punkten oder leuchtenden Streifen, Papageien und Palmen oder auch Kussmündern, und noch albernere Socken mit Bart Simpson und Mickey Mouse. Er ist Engländer, war in Eton, und anscheinend wurde er dort von seinen Klassenkameraden geschlagen und gehänselt, wie jetzt wohl auch von seiner Frau und seinen Kollegen. Er ist Banker oder Stockbroker, ich weiß nicht mehr genau. Vielleicht habe ich es mir auch für ihn ausgedacht. Mit Gewissheit weiß ich nur, dass er nett ist und der personifizierte Stress. Auf jeden Fall ist er sehr sauber und nicht so sehr unterwürfig, sondern eher ungeheuer höflich. Ich mag seine Ticks, sein Tempo, seine nervöse Veranlagung, aber ich brauche ihn ja auch nur zwanzig Minuten lang zu ertragen. Ich wünschte, er würde am Ende der Sitzung schneller zum Orgasmus kommen. Er dehnt die zwanzig Minuten so lange wie möglich aus. Manchmal kommt er gar nicht, weil er sich so unter Druck setzt, und dann beginne ich Unsinn zu reden und wiederhole mich, bis er dann endlich, weitere siebenundzwanzig Minuten später, kommt.

Ich sehe in den medizinischen Raum mit einem Stuhl zurück, der genau die richtige Höhe hat, um ihn übers Knie zu legen. Er steht nackt da und hält sich die Hände vor die Genitalien, während ich mich hinsetze und ihn von oben bis unten mustere. Ich trage eine Nadelstreifenhose, ein Jackett und hohe Absätze. Und dann fangen wir sofort an, weil die Zeit drängt. Wie nach einem Drehbuch spielt sich praktisch immer dasselbe ab.

»Nun, da bist du ja schon wieder. Konntest mal wieder die Hände nicht bei dir behalten, was? Immer tatschst du die jungen Damen an. War es dieses Mal auch so? Böser Junge. Ich glaube, du hast einfach zu viel Testosteron. Du platzt ja förmlich, und es macht dir nur Probleme. Wir müssen endlich was daran tun.«

»Was wollen Sie denn dagegen tun? Wie meinen Sie das?«

»Hör auf, dich herauszureden, das hat hier keinen Zweck. Komm her. Komm her!«

»Was? Warum? Warum sollte ich?«

»Setz dich auf meinen Schoß.«

»Ich bin nicht Ihr Schoßhündchen. Nein, ich tue das nicht.«

Er tut es natürlich doch. Er sieht mich dabei an, und ich lasse ihn auf und ab hopsen.

»Ist das alles? Mehr wiegst du nicht?«

»Nein, nein, es ist nicht alles. Ich will Ihnen nicht wehtun.«

»Versuch es doch mal.«

Er verlagert sein Gewicht. »Ach komm, das kann doch noch nicht alles sein. Bist du so ein zartes kleines Ding?«

»Nein, sagen Sie das nicht. Das bin ich nicht.«

»Ach nein? Das hätte ich aber beinahe gedacht.«

»Machen Sie sich nicht lustig über mich.«

»Leg dich über mein Knie.«

»Nein.«

»Leg dich sofort über mein Knie!«

Gehorsam legt er sich hin, wobei er darauf achtet, dass sich sein Penis gegen meine Oberschenkel drückt.

»Und, wer trägt jetzt hier die Hosen?« Halbherzig beginne ich, ihm den Hintern zu versohlen, und er zappelt mit den Beinen, als wolle er mir entkommen. Ich schlinge mein rechtes Bein um ihn und halte ihn fest.

»Versuchst du etwa wegzukommen?«

»Ja.«

»Und das ist alles, was du zustande bringst? Du bist ja das reinste Mädchen.«

»Bin ich nicht!« Er wehrt sich und windet sich, aber ich drücke ihn nur noch fester herunter.

»Sie sind so stark. So stark wie ein Mann.«

»Ja, und von jetzt an kannst du mich ›Sir‹ nennen. Verstanden?«

»Ja, Sir.«

»Lauter.«

»Ja, Sir.«

»Sag es in deiner höchsten Mädchenstimme.«

»Ja, Sir.«

Ich schlage ihn weiter auf den Hintern, und er versucht immer weiter, sich loszuwinden.

»Anscheinend hat das bei dir keine Wirkung.«

Er hört auf, sich zu winden. »Doch, doch, Sir, doch. Ich werde brav sein, Sir. Es tut mir leid, Sir, ich werde jetzt brav sein.«

»Ich werde wohl drastischere Maßnahmen ergreifen müssen.«

»Wie meinen Sie das?«

»Steh auf.« Er rollt von meinem Schoß, kniet sich vor mich und drückt das Gesicht auf meine Beine.

»Nein, nein, Sir, ich benehme mich jetzt, Sir, ganz bestimmt«, sagt er melodramatisch mit erstickter Stimme. Dann hebt er den Kopf. »Lächeln Sie nicht so … warum lächeln Sie so? Nein, Sie sind so grausam. Was wollen Sie tun?« Erneut drückte er mir das Gesicht in den Schoß. Was hat er nur? Das macht er in jeder Sitzung.

»Nichts, was ich nicht schon mit anderen gemacht hätte. Ich werde dir ein für alle Mal das Handwerk legen. Kein tobendes Testosteron mehr, keinen Trotz mehr. Du wirst mir dankbar sein. Von jetzt an wird alles anders werden.«

»Wie meinen Sie das? Was wollen Sie mit mir machen?«

»Rede mich mit ›Sir‹ an.«

»Sir, Sir, was haben Sie vor, was wollen Sie …«

»Üb schon mal, ›Sir‹ mit höherer Stimme zu sagen.«

»Für was soll ich üben?«

»Leg dich auf die Untersuchungsliege. Ich befreie dich von deinen Eiern.«

»Kastr …«

»Ja, genau, ich werde dich kastrieren. Und ich werde dabei lächeln.«

»Das wagen Sie nicht.« Er streckt mir die Zunge heraus. Ich erwidere sein Lächeln und kneife ihn fest in die Eier.

»Aua! Das tut echt weh! Es tut mir leid, okay. Es tut mir leid. Aua, Sie haben aber einen festen Griff. Okay, okay. Sie sagen also, Sie haben schon einmal kastriert, Sie haben das schon einmal gemacht?«

»Unzählige Male.«

»Sie lügen.«

»Also: Es kann schnell und relativ schmerzlos gehen, oder langsam und quälend. Und ich glaube, ich weiß, wie ich vorgehen möchte.«

»Das tun Sie ja doch nicht.«

»Dreh dich zur Seite.« Ich halte sein Testikel in der Hand und drücke.

»Huste.«

»Nein, warum? Beim Arzt muss ich immer husten, wenn er meine Hoden untersucht. Warum müssen Sie sie denn untersuchen? Sie sind doch gar kein Arzt. Und schon gar nicht mein Arzt.«

»Ich will mich nur vergewissern, dass du operiert werden kannst. Und ich wollte noch ein letztes Mal hineinkneifen.«

»Nein, Sie sind ja ein Sadist.«

»Also die lange, schmerzhafte Operation, jetzt ist es entschieden. Huste. Gut. Mir kommt es so vor, als ob beide Eier vor Gesundheit platzen.«

»Sie genießen das ja richtig! Sie haben Freude daran, mich zu quälen!«

»Ja, das stimmt, ich genieße es. Und zwar genieße ich es deshalb, weil ich ganz genau weiß, dass ich das Richtige tue und dir einen Gefallen damit erweise. Dreh dich auf den Rücken.«

Er sagt »Nein«, dreht sich aber gehorsam um. »Wollen Sie mich zuerst rasieren?«

»Natürlich werde ich dich zuerst rasieren. Du sollst ganz glatt und seidig da unten sein.«

Und dann setze ich mich, unvermeidlicherweise ein wenig ungeschickt, auf ihn, hocke mit dem Gesicht in Richtung seiner Füße auf meinen Knien und halte ihm mein Hinterteil so nahe vors Gesicht, dass er es küssen kann. Ich habe auch an das Babyöl gedacht und beginne damit, es ihm über Penis und Hoden zu träufeln. Und dann kitzele und streichle ich das Schamhaar auf der linken Seite, wobei ich so tue, als ob ich rasieren würde. In Wirklichkeit jedoch findet er schon das sanfte Kitzeln höchst erregend und wohltuend.

»Zwingen Sie mich, Ihnen den Hintern zu küssen?«

»Ja, die ganze Zeit. Du fängst besser schon einmal an zu üben, damit du es auch richtig machst.«

»Wollen Sie damit sagen, dass ich Ihnen jeden Tag den Hintern küssen muss?«

»So oft, dass du die Streifen in meiner Hose zählen kannst und davon träumst, dass mein Hintern vor deinem Gesicht hängt.«

»Dann werde ich also jeden Tag bei Ihnen im Büro sein?«

»Jeden Morgen und jeden Nachmittag. Ich spüre nicht, dass du mich küsst, und was ist überhaupt mit ›Sir‹?«

»Sir, Sir, Sie haben so einen starken Hintern, Sir. Mehr Öl, Sir, mehr Öl.«

Es ist nie genug Öl. Ich gieße ihm noch mehr Babyöl auf Hoden und Penis, massiere es mit der einen Hand ein und masturbiere ihn mit der anderen. Er ist jetzt schon fünfundzwanzig Minuten hier, die Sitzung ist eigentlich vorbei.

»Oh, das ist gut, das ist perfekt. Was passiert danach mit mir? Wie wird sich alles verändern? Wie werden Sie mich anziehen? Ziehe ich dann andere Kleider an? Oh, das ist so gut, Anna, Sir. Und wenn ich ungezogen bin? Bestrafen Sie mich dann? Oh, das ist wirklich gut, Anna.«

»Ich ziehe dir ein rosa Rüschenkleid an und bringe dir höchstpersönlich bei, wie du ein gelehriges, unterwürfiges Geschöpf wirst. Wenn du erst einmal die Dinger los bist, bist du schon halbwegs so weit, aber mein Training wird dir noch den letzten Schliff verpassen.«

»Sie werden mich doch nicht mit dem Rohrstock schlagen, oder? Das würden Sie doch niemals tun.«

»Ach nein? Mit dem Rohrstock bestrafe ich alle bösen Mädchen. Ich werde dir das Spitzenhöschen herunterziehen, das ich extra für dich ausgesucht habe, und dann werde ich dir zehn, zwanzig Schläge mit dem Rohrstock auf den Hintern verpassen … wenn es sein muss, auch in der Öffentlichkeit.«

»Vor anderen, in der Öffentlichkeit? Das wagen Sie nicht!«

»Du glaubst, das wage ich nicht? Mit Freuden würde ich das tun!«

»Sie sind ein Sadist! Wie viele Schläge mit dem Rohrstock haben Sie denn schon gegeben?«

»Hunderte.«

»Das stimmt nicht. Ich glaube Ihnen nicht.«

»Gut. Steh auf und beug dich vor.«

»Nein, Sir, Sir! Ich will brav sein. Bitte, mehr Öl, Anna … sanfter auf der Seite, der Seite, ein bisschen höher … ja, so, so ist es schön, genau so, ich bin wirklich kurz davor … Sie gehen also mit mir nach draußen, gehen mit mir an die Öffentlichkeit, ja?«

»Sprich mich mit ›Sir‹ an.«

»Sir, oh, Sir, Sir, es kommt, es kommt, ich werde es los, ich werde alles los … aaah, oooh.«

»Bis auf den letzten Tropfen.« Und er ejakuliert. Dann reiche ich ihm ein paar Papiertaschentücher, und er bleibt einen Moment lang völlig erschöpft und ausgelaugt liegen. Kurz darauf jedoch sagt er schon wieder: »Oh, Anna, oh, Anna, wow, Anna, das war toll, wow. Es kam in der letzten Minute, was? Danke, Anna, ich fühle mich so viel besser. Es ist immer so schön bei Ihnen.«

Ich lasse ihn kurz allein, damit er sich sammeln kann. Wenn ich wieder ins Zimmer komme, frage ich ihn, ob er bei der Arbeit viel zu tun hat. Das ist immer der Fall, aber meistens ist er viel interessierter an dem, was ich tue. Über die Jahre habe ich ihm erzählt, wo ich in London lebe, wo ich in Schottland Ferien mache, dass ich Köchin bin, meine Lese- und Schreibgewohnheiten, was ich an der Universität studiert habe. Über sein Leben außerhalb des Cottages will er nicht sprechen, und zumindest ist er eine Zeitlang ruhig und entspannt. Aber bald ändert sich das wieder, und er wird aufgedrehter. Als er sich angezogen hat, geht er zur Tür, aber dort dreht er sich noch einmal um und blickt prüfend durch das Zimmer. Er steckt die Hände in die Taschen, zieht sie wieder heraus und vergewissert sich, dass er seine Uhr am Handgelenk hat, blickt mich an und schaut sich erneut im Raum um.

»Ich habe doch nichts vergessen, oder? Ich habe meine Brille, meinen Schirm. Habe ich überhaupt einen Schirm mitgebracht? Nein, oder? Nein. Ich glaube, ich habe jetzt alles. Okay.« Er macht einen weiteren Schritt auf die Tür zu und bleibt wieder stehen.

»Ich habe das Gefühl, etwas vergessen zu haben. Oder, Anna? Lassen Sie mich noch einmal nachsehen. Nein, ich glaube, ich habe alles.«

»Es ist alles in Ordnung, Dan, Sie haben alles. Sie haben nichts vergessen.«

»Okay, gut, danke. Vielen Dank. Es war wirklich toll bei Ihnen, Anna, wirklich wundervoll. Das meine ich ernst. Ich hoffe, Sie wissen, wie sehr ich Sie mag und respektiere. Wissen Sie das eigentlich? Bei Ihnen ist es immer so schön, dafür danke ich Ihnen. Gut. Also. Okay, passen Sie auf sich auf. Auf Wiedersehen.« Und dann küsst er mich auf die Wange, gibt mir einen Handkuss und eilt hektisch aus der Tür.

Er ruft mich zwei oder drei Mal im Monat an, für gewöhnlich gegen acht Uhr morgens oder noch früher und will dann am gleichen Abend um sechs, halb sieben oder sieben Uhr zu mir kommen. Auch am Telefon keucht er so nervös. »Hi, Anna, hi. Wie geht es Ihnen? Haben Sie die Hose? Oh, gut, ich wollte nur sichergehen.« Manchmal ruft er sogar einzig und allein an, um mich nach der Hose zu fragen, um sich zu vergewissern, dass ich sie noch habe, dass ich immer noch in London bin.

Es ist nur einmal passiert. Bernie war kaum durch die Tür getreten, als er mit entschlossener Miene verkündete, ich könne alles mit ihm machen, was ich wollte.

»Alles?«, fragte ich misstrauisch.

»Alles.« Er strahlte mich an.

»Was meinst du mit ›alles‹?«, fragte ich.

Mit der Ungeduld eines Mannes, der gleich die Nerven verliert, erwiderte er: »Ich meine, du kannst alles mit mir tun, was du willst, einfach alles.«

Es war eine lähmende, irritierende Forderung. Alles, was ich wollte? Das hatte man mir schon öfter gesagt, aber ich weiß, dass es so nicht stimmt, weil es streng genommen nie um das geht, was ich will. Ich »will« Bernie nicht ersticken und seine Nippel zwei Stunden lang mit Zehn-Pence-Münzen schnipsen. Und es ist auch nicht meine Lieblingsbeschäftigung, ihm einen Einlauf zu geben, und ihn mit verbundenen Augen an den Füßen aufzuhängen und seinen Kopf in einen Eimer mit Eiswasser zu tunken. Ich mache meinen Job, und es befriedigt mich, ihm seine Bedürfnisse zu erfüllen, aber tun, was ich will? Ha! Was würde er denn sagen, wenn ich ihn auffordern würde, mit mir stattdessen ein paar Bier im Pub zu trinken? Wenn ich von ihm verlangen würde, dass er das Wachs von den Fliesen kratzt, mir die Füße massiert, die Fragebögen sortiert, die Akten alphabetisch ordnet, die Schublade mit den Strümpfen aufräumt, mich für zwei Stunden bezahlt und nach einer Stunde wieder geht?

Es geht nicht um das, was ich will, und er meint auch nicht »alles«. Ich muss das Wort interpretieren. Es bedeutet: eine Erfahrung kreieren, etwas anderes zu machen, etwas, das ihm gefallen würde, wenn er es nur kennen würde. Und ich muss es wissen, denn ich bin eine Domina und darauf trainiert, die sexuellen Wünsche von Männern wie ihm zu dechiffrieren und umzusetzen. War ich nachlässig geworden? Ein Mann, den ich ins Herz geschlossen habe, ein Mann, der mir sein Leben anvertraut, bittet mich – nein, er bezahlt mich dafür –, alles mit ihm zu machen, was ich will, und es kommt mir vor wie eine lästige Pflicht. Und plötzlich wurde mir klar, wie komfortabel und bequem es gewesen war, genau zu wissen, was er wollte und was er von unseren Sitzungen erwartete. Und »alles« war etwas ganz anderes. Für was soll man sich da entscheiden?

Außerdem war ich schockiert. Nach all dieser Zeit hatte ich geglaubt, Bernie zu kennen. Ich war mir sicher gewesen, dass Nippel und Ersticken zu seiner Lust gehörten ... und jetzt eine Sitzung ohne diese Komponenten – das war außergewöhnlich! Was trieb ihn dazu? Neugier? Wollte er wissen, was andere empfanden? Oder war die Erfahrung völliger Unterwerfung dreihundert Pfund Erregung wert? Schließlich gelangte ich zu der Überzeugung, dass es nur gut sein konnte, wenn »alles« etwas weniger Lebensbedrohliches bedeutete – und fast alles war weniger lebensbedrohlich als Ersticken.

Also entschieden wir uns für »alles«.

6

Improvisation

Beginnen Sie mit einem einfachen Gericht, und kochen Sie es dann hundert Mal. Mit der Zeit und der Wiederholung werden Sie nicht nur immer gelassener und selbstbewusster, sondern Sie achten auch mehr auf Details und gewinnen so die Freiheit zu improvisieren. Sie erkennen es am Dampf, der die Scheiben beschlägt, daran, wie die Sauce vom Löffel tropft, an einem Aroma, an einem Knistern in der Pfanne. Jede Facette Ihres Könnens und Ihres Wissens wird angesprochen. Ihre Ästhetik, Genialität und Intuition werden auf die Probe gestellt. Zeitgefühl und Ordnung sind erforderlich, um täuschend einfache Spaghetti Bolognese zustande zu bringen.

Was für eine Jahreszeit ist es, wie ist die Stimmung, die Tageszeit? Wer wird mitessen? Sie haben gelernt, mit den Werkzeugen umzugehen, fein zu hacken, rasch, sicher und ohne Verschwendung von Zeit und Material zu arbeiten. Jede Sekunde zu nutzen. Sauber zu machen, während die Arbeit voranschreitet. Ständig treffen Sie Entscheidungen: Wann Sie schneiden müssen, statt zu hacken, wie dick, wie groß und wie klein etwas sein soll. Wie lange etwas kochen muss, weil Form und Größe unterschiedlich reagieren, und wann Sie den Herd ausschalten müssen.

Die Zwiebel: was für eine Sorte, wie kräftig, wie süß, wie viel? Und der Topf – welchen wollen Sie nehmen und warum? Die Pfanne wärmen Sie an, bevor Sie das Öl hineingeben.

Sie müssen ein Gefühl dafür entwickeln, wie viel Öl Sie in die Pfanne geben. Sie müssen die verschiedenen Öle, ihren Geschmack, ihren Rauchpunkt, wie schnell sie verbrennen, ihren Nährwert und ihren Fettgehalt kennen. Woran erkennen Sie, wann das Öl heiß genug ist? Daran, wie flüssig es ist, wenn Sie es in der Pfanne schwenken, daran, wie es das Licht reflektiert, oder indem Sie einen Holzlöffel hineinhalten. Wenn es dann in winzigen Bläschen um den Stiel brodelt, ist es heiß genug, um die Zwiebeln und die geriebenen Karotten hineinzugeben. Karotten geben der Sauce Süße, die die Säure der Tomaten und des Rotweins ausgleicht.

Wein, um Farbe zu geben und den Geschmack zu vertiefen. Sie müssen die Tomaten schälen. Schneiden Sie die Haut mit einem scharfen Messer ein, ritzen Sie ein X hinein und überbrühen Sie dann die Tomaten mit kochendem Wasser, ungefähr neun Sekunden lang oder so lange, bis sich die Haut zu lösen beginnt. Dann werden sie rasch in einer Schüssel mit Eiswasser abgeschreckt, geschält, geviertelt und grob gehackt. Geben Sie jetzt sofort Knoblauch hinzu oder später oder überhaupt nicht? Koscheres Salz oder Meersalz – was ist der Unterschied? Wann geben Sie das Salz hinzu, wie grob soll der Pfeffer gemahlen sein? Wenn Sie Rosmarin hinzugeben, Nelken oder Chili-Pfeffer, wie wirkt sich das letztendlich auf den Geschmack aus? Haben Sie die Sauce zuerst in Gedanken gekocht? Erinnert sie Sie an Ihre Kindheit? Die Zutaten sind simpel, aber die Entscheidungen, die Variationen, die Poesie und die Möglichkeiten sind endlos. Und man lernt, indem man sie zubereitet, immer und immer wieder.

Man kann nur gut werden, wenn man etwas immer wieder wiederholt, wenn man erst einmal die Grundlagen beherrscht: Wie man eine Peitsche benutzt, wie man mit einer Gerte umgeht, wie man einen Knoten festzieht, Stromkabel anschließt, Testikel verschnürt, Dildos einführt und einen Spannungsablauf kreiert, dann ist es an der Zeit, den Akt zu bearbeiten und zu verfeinern. Ich begann, meine Stimme zu trainieren, um sie verführerisch oder befehlend einzusetzen. Ich lernte, wie ich mit einem Flüstern einen Mann zum Beben bringen konnte, ihn im Dunkeln durch meinen Tonfall hypnotisieren konnte. Nur durch aufmerksame Beobachtung lernen Sie, wie weit Sie gehen können, wann Sie zurückweichen müssen und wie Sie den Kunden am besten erregen. Genau das Richtige zu treffen, das Gewürz, das die Mahlzeit perfekt macht – das macht den Reiz aus.

Ich lernte die Sprache der Dominanz, wurde dafür bezahlt, mit Wörtern zu spielen, und die grässlichsten, gemeinsten, schockierendsten Sätze drangen aus meinem Mund.

Die Macht der Worte. Die Macht des Schweigens. Die Eloquenz des Körpers. Ich konnte das Testikel eines gefesselten Mannes mit Augenbinde mit der Hitze streicheln, die mein Körper abstrahlte. Ich lernte, mit rätselhaftem Selbstbewusstsein durch das Zimmer zu gehen. Ich lauschte seinem Körper, las die Falten in seinem Gesicht, hörte die Angst in seiner Kehle, wartete auf ein beredtes Zeichen.

Wenn ich den Raum betrete, steht er entweder nackt da oder er kniet. So oder so drückt das etwas aus. Ist er unterwürfig, ein erfahrener Sklave, oder mangelt es ihm an Fantasie? Warum kniet er? Hat er eine Erektion? Blickt er mir in die Augen? Wie ist seine Ausstrahlung? Was spüre ich? Diese ersten Minuten sind voller Informationen und Eindrücke. Ich muss die Ebene bestimmen, ihn beruhigen und ihn dazu bringen, mir von Anfang an zu vertrauen. Alles hängt davon ab, was ich anhabe und wie selbstbewusst ich den Raum betrete. Wenn ich mich setze und die Beine übereinanderschlage, muss ich präsent sein. Ich spiele eine Rolle im Theater des Kerkers.

»Herunter mit dir. Leg dich so flach hin, wie du kannst.« Das ist einer der Sätze, mit denen ich die Sitzung Unterwerfung und Gehorsamstraining eröffne. Beim ersten Mal legt sich keiner wirklich richtig hin. Ich muss den Befehl schon mehrmals deutlich und mit Betonung auf das »Herunter« wiederholen, bis schließlich sein nackter Körper vollständig gegen den Boden gepresst ist, und er mit Nase und Mund das Desinfektionsmittel aufnimmt. In dieser Stellung ist er sichtlich im Nachteil, und ich werde zu der allmächtigen Stimme, die von oben auf ihn einströmt. Eine physische Pose berührt die Psyche; das muss er ebenfalls spüren.

Ich mustere seinen Männerkörper, den Schwung seiner Wirbelsäule, seinen festen Hintern, das Muster der Sommersprossen auf seinem Rücken. Vielleicht bewundere ich seine starken, eleganten Waden, seine breiten Schultern und seinen Mut zur Unterwerfung. Er hat ein Muttermal, eine schwammige Taille oder Schorf am Knöchel. Ich stelle mich vor. Ich sage ihm, ich nähme es sehr genau, ich sei eine Perfektionistin und verlange von ihm, dass er sich anstrenge und gehorche, zuhöre und lerne und genau das täte, was ich ihm befehlen würde, nicht mehr und nicht weniger. Ich sage: »Ich beobachte dich ständig, bewerte dich, achte auf den Beweis, dass du dir Mühe gibst. Selbst wenn du mich nicht sehen kannst, beobachte ich dich. Ich möchte, dass du dich sehr anstrengst, um zuzuhören, zu gehorchen und genau das zu tun, was ich dir befehle. Ich glaube an Strafe, und ich glaube an Belohnung. Wenn du dir Mühe gibst, wird es nicht unbemerkt bleiben. Wenn du jedoch weniger als hundert Prozent leistest, werde ich es ebenfalls bemerken. Magst du

Herausforderungen? Ohne Herausforderungen macht es keinen Spaß.«

Wenn er Schwanz- und Hodenfolter angekreuzt hat, beginne ich vielleicht, indem ich ihn anweise, die Hände hinter dem Rücken zu verschränken und dicht vor mich zu treten, noch dichter, und dann nehme ich seine Eier in die Hand, streichele sie ein wenig, ziehe vielleicht daran oder drücke sie.

»Was haben wir denn hier? Ach ja, Eier. Dann wollen wir doch mal ein wenig damit spielen.«

Und dann drücke und ziehe ich zunehmend stärker und teste, wie viel er aushalten kann. Ich behalte genau im Auge, wie er reagiert. Gelegentlich sage ich Sätze wie: »Ich habe häufig über Eier nachgedacht, und du kannst mir vielleicht helfen, die Frage zu beantworten: Wenn ich sie sehr fest zusammendrücke, also, so fest, wie ich kann, was meinst du? *Implodieren* oder *explodieren* sie dann?« Eine grausige Vorstellung.

Wenn er körperliche Züchtigung will, dehne ich die ersten Minuten endlos aus, lege ihn über die Prügelbank oder über meine Knie und beginne, seinen bloßen Hintern zu streicheln, ihn zu necken und aufzuwärmen. Meine Liebkosungen werden heftiger, ich klapse, knete und schlage in sanftem Stakkato. Wenn es zu Musik geschieht, vibriert der gesamte Raum. Die Schläge werden lauter, härter und schärfer; meine Hand brennt. Der Kunde ist das Instrument, auf dem ich spiele.

In den ersten sechs oder sieben Monaten las ich im Cottage nur Texte, die etwas mit der Arbeit zu tun hatten. Ich war ständig auf der Suche nach Weisheit und Anleitung. Ich arbeitete mich durch Fetisch-Magazine, Handbücher zum Fesseln, lesbische Geschichten, die Erzählungen von Masoch, Stanislawskis *Arbeit des Schauspielers an sich selbst* und *Arbeit des Schauspielers an der Rolle*, alte Fallstudien, die Krafft-Ebing vor einem Jahrhundert zusammengestellt hat, und natürlich erotische Literatur von de Sade und Bataille und von allen Philosophen, Psychologen und Autoren abweichenden sexuellen Verhaltens. Ich studierte sogar Modezeitschriften, um meine Make-up-Technik zu verbessern und las ein militärisches Folterhandbuch, das Angel übers Internet erworben hatte … bis ich schließlich vollgestopft war mit Theorien, Plattitüden, Vorschriften und Mythen.

Schließlich wurde mir klar, dass ich viel zu intellektuell an Domination, Sadomasochismus, Fantasie und Fetischismus heranging. Ich hatte doch privilegierten Zugang zu empirischem Material, ich brauchte nur auszuprobieren und eigene Erfahrungen zu sammeln. Danach las ich lediglich noch zu meinem Vergnügen und um in den einsamen Stunden in der Vorstadt Unterhaltung zu haben.

Ich schrieb im Kopf Hunderte von Briefen an Freunde und Familie und reduzierte meinen Zigarettenkonsum auf eine Zigarette, während mein Kunde sich auszog und ich mir überlegte, was ich mit ihm anstellen wollte, eine Zigarette, wenn er ging, und eine, wenn der Tag vorbei war. Ein oder zwei Mal pro Woche, wenn ich genug Zeit zwischen den Sitzungen hatte und meine Stimmung und das Wetter mitspielten, wischte ich mir den Lidstrich ab, zog meine Jeans über die Strümpfe und einen Pullover über die Korsage oder das Gummi-Top und lief zur Hauptstraße, um mir in Saul's Deli ein Falafel zu holen.

Bernie vertraut mir. Er verlässt sich darauf, dass ich ihn bis an die äußerste Grenze treibe und im richtigen Moment aufhöre. Er vertraut darauf, dass ich diesen Moment kenne – und genau da irrt er sich. Nur Bernie weiß um diesen gefährlichen Abgrund. Es gibt Tage, an denen ich das dringende Bedürfnis habe, das Unausgesprochene auszusprechen. Ich sage: »Bernie, lass uns ehrlich sein, du weißt genau, dass ich mir niemals sicher sein kann.« Oder ich mache morbide Witze darüber, wie schlecht es fürs Geschäft wäre, wenn er sterben würde.

Mindestens ein Jahr lang habe ich nur instinktiv gehandelt. Mein Wissen über Ersticken war empirisch, aus direkter Erfahrung entstanden. Deshalb war ich schockiert, als Angel mir vor Bernies Besuch an jenem Tag einen medizinischen Bericht über Strangulieren, Ersticken und Sauerstoffmangel zu lesen gab. Beim Ersticken ist es bereits zu spät, wenn das Problem offensichtlich wird. Und es konnte alles Mögliche schiefgehen. Die Wissenschaft ist hier völlig eindeutig: Es gibt keine sichere Art, einen Mann zu ersticken. Die Schere links neben mir war lediglich eine List, ein Vorwand. Ich weiß noch, dass es mir plötzlich übel wurde; ich hatte einen metallischen, bitteren Geschmack im Mund, und meine Schläfen pochten. Retroaktive Angst, dachte ich, weil wir Dutzende Male den Tod betrogen hatten. Ich musste damit aufhören. Er hatte um drei Uhr einen Termin, und ich wollte ihm sagen, wie ich mich fühlte.

15:02 Uhr: Er hatte kaum seinen Mantel ausgezogen, da wedelte ich ihm bereits mit dem medizinischen Bericht vor der Nase herum, aber er schob ihn einfach weg. Eigentlich war er sogar beleidigt. Er wusste das alles; kaum jemand kannte die Risiken des Erstickens besser als er. Und was ihn anging, so waren wir dem wirklich gefährlichen Abgrund niemals nahe gekommen. Es gelang ihm ganz gut, mir das Gefühl zu geben, sowohl meine Rolle als auch ihn zu verraten. Und er meinte, er sei vor allem deshalb Woche für Woche immer wieder zu mir gekommen, weil ich ihn nicht zu verurteilen schien, ihn nie zurechtgewiesen oder wegen seiner zweifellos gefährlichen Lust getadelt hatte. Spöttisch versicherte er mir, er habe keine Todessehnsucht, und ganz bestimmt habe er nicht die Absicht, in irgendeinem Cottage in der Vorstadt zu sterben. Und das glaubte ich ihm sogar.

Mir war klar, dass seine Bedürfnisse sein Denken verzerrten. Aber bei mir? Warum tat ich das, da ich doch wusste, was passieren konnte? Wusste ich es tatsächlich? Wie wollte ich den kühlen medizinischen Bericht mit unserer gemeinsamen Erfahrung in Zusammenhang bringen? Ich wusste zwar, dass es gefährlich war, aber wenn man einmal von wenigen Sekunden absah, fühlte es sich nicht gefährlich an. Vielleicht hatte es ja etwas damit zu tun, dass ich in dieser Woche sechzehn Männer hier gehabt hatte. Hatten vielleicht auch die dreihundert Pfund etwas damit zu tun? Wenn ich an Bernies Sitzungen dachte, dachte ich an zweiundsiebzigtausend Sekunden, hundertzwanzig Minuten voller Wiederholungen, Millionen von Schnipsern, an die Herausforderung, die Langeweile zu überwinden. Die Gefahr unserer Sitzung war nur eine ästhetische Überlegung. Wenn Bernie geht, ist er immer wie berauscht, euphorisch und völlig befriedigt. Er wäre sogar noch glücklicher, wenn er bleiben und über seine Erfahrungen reden könnte, aber ich bin so erleichtert, der Zeit wieder mal ein Schnippchen geschlagen zu haben, dass ich all meine morbiden Gedanken auf der Stelle vergesse. Schließlich waren es ja nur zwei Stunden, und es ist doch noch nie etwas passiert, und ich habe an einem Tag die Miete für den gesamten Monat verdient.

Eines ruhigen Abends im Mai sollte Bradley kommen. Ich fühlte mich besonders entspannt und konzentriert, und ich weiß noch, dass ich mir vornahm, *in* die Stunde einzutauchen und sie nicht nur hinter mich zu bringen. Und dieser Entschluss, diese leichte Veränderung der Einstellung, machte den Unterschied aus. Ich konzentrierte mich auf den Rhythmus seines Atems, achtete zugleich aber auch auf mein Tempo. Alles wurde größer, und es eröffnete sich mir eine subtilere Sprache. Ich versuchte, mir vorzustellen, ich sei er. Wie mochte es sein, gefesselt und mit verbundenen Augen nicht reagieren zu können, wenn man berührt wird, und nicht zu wissen, wann die nächste Berührung kommt? Und ich konnte tatsächlich die Lust nachempfinden, sich einfach zu entspannen und fallen zu lassen. Für mich war es eine Offenbarung, dass der einfache Akt des Fesselns einen solchen Reichtum an Möglichkeiten bot.

Als ich ihm die Augenbinde und den Knebel abnahm, erwartete ich etwas von ihm. Ich erwartete die Bestätigung, dass ein Band zwischen uns entstanden war, dass diese Sitzung anders gewesen war, tiefer und intimer, aber er sagte nichts und blieb so unpersönlich wie immer. Ich war verletzt, aber ich hatte doch das Gefühl, etwas gelernt zu haben.

Im Sommer kam Bradley immer in Tennisshorts und verschwitzten T-Shirts. Und an dem Tag, als er ein Falafel aß, das offensichtlich aus meinem Lieblingsdeli stammte, war das Eis zwischen uns gebrochen.

»Das Falafel hast du bei Saul's gekauft, nicht wahr? Ich liebe das Lokal. Sie haben das beste Falafel, das ich seit Israel gegessen habe.«

»Du warst in Israel?«

»Ja. Ich habe in einem Kibbuz in Israel gelebt und gearbeitet, als ich siebzehn war. Ich habe gefischt. Ich und vierzehn Männer.«

Nun, es stellte sich heraus, dass er genau diesen Kibbuz kannte; und er hatte enge Freunde in Israel. Seit Monaten kleidete ich ihn wie eine Frau, fesselte und masturbierte ihn, aber das war unser erstes Gespräch, das erste Mal, dass er hinter meine professionelle Fassade blickte, das erste Mal, dass ich mich ihm öffnete.

Die Sitzung hatte bereits fünfundzwanzig Minuten gedauert, als ich ihn zufällig mit den Schnüren meines Korsetts streifte. Er streckte die Hand aus und griff danach. Ich erstarrte. Er ließ gleich wieder los, hielt aber die Hand mit der Handfläche nach oben. Die Geste verwirrte mich. In den vorherigen Sitzungen hatte er nie versucht zu kommunizieren. Er hatte immer reagiert, aber niemals die Initiative ergriffen. Was wollte er mir sagen? Großzügig reichte ich ihm meine Hand, die er sofort überraschend fest ergriff. Die Geste berührte mich zutiefst, vor allem, wenn ich bedachte, wie viele Monate es gedauert hatte, ehe sie zustande gekommen war.

7

5. September

Ich habe ihn nie gefragt, warum. Warum hat er nach solch einer katastrophalen Sitzung noch einmal angerufen, und warum hat er zweihundertzweiundvierzig Tage damit gewartet? Zuerst glaubte ich, er habe sich geirrt, deshalb sagte ich ihm, Angel hielte keine Sitzungen mehr ab, nur noch ich – was stimmte. Aber er erwiderte, er wolle auch zu mir. Es war kurz nach zehn Uhr morgens, und ich hatte gerade zur Arbeit gehen wollen, als mein Telefon klingelte und eine Stimme sagte: »Hi, hier ist Adam.«

Und damit kam die Erinnerung zurück wie ein Schlag ins Gesicht: Adam, der Masochist. Adams Augen. Seit dieser abgebrochenen Sitzung waren mindestens hundertfünfzig verschiedene Männer bei mir gewesen, aber keiner war so schön gewesen wie er. Mir fiel sein explosives »Nein!« ein. Hatte es mir gegolten? Dem Augenblick? Oder begehrte er gegen seine Natur auf? Was war »Nein«? Es war ein Sturm hinter der ruhigen Fassade. Es war Gefahr, es war Schönheit … Und ich wusste, ich sollte besser die Finger davon lassen. Aber ich wusste auch, dass ich das nicht fertigbrächte. Ich hatte mich in den acht Monaten verändert. Dieses Mal würde ich selbstbewusster vorgehen; ich würde ihm alles geben, was er wollte, und mehr, als er sich vorstellen konnte. Er würde bedauern, wie er sich in der Vergangenheit benommen hatte. Er würde merken, dass er mich falsch eingeschätzt hatte. Ich würde ihm zeigen, zu was ich fähig war. Also gab ich ihm einen Termin um vier Uhr nachmittags am gleichen Tag.

Der Tag begann wie jeder andere. Um sieben Uhr wachte ich auf und las noch eine Dreiviertelstunde. Als ich aufstand, reckte ich die Arme hoch in die Luft, um mich zu strecken, beugte mich dann vor und presste die Handflächen sechzig, neunundfünfzig, achtundfünfzig, siebenundfünfzig Sekunden lang auf den Boden. Ich spürte, wie sich meine Sehnen dehnten, meine Waden brannten und mir das Blut in den Kopf schoss. Es war ein gutes Gefühl. Eine Freundin hat einmal zu mir gesagt, Stretching sei wie beschleunigtes Wachsen. Ich machte dreißig Sit-ups, zwanzig Ballett-Pliés, zehn in der ersten und zehn in der zweiten Position, und fünf Mal den Sonnengruß. Es dauerte noch nicht einmal zehn Minuten, aber es bewies mir, wie viel man in einer Minute, einer Stunde, einem Tag bewirken kann.

Ich trank meinen morgendlichen Gesundheitstrank aus grünem Tee, Aloe-Vera-Saft und warmem Wasser mit einem Spritzer Zitrone und hörte dabei Radio. Aber in Wirklichkeit sammelte ich Mut und versuchte, Zeit zu schinden. Aus genau diesem Grund fand ich Joggen so langweilig und musste mich jeden Tag regelrecht dazu zwingen. Es war meine Art, bewusst zu leiden, mich zu überwinden und gegen die Faulheit anzukämpfen.

Ich ging die gewundene Allee entlang, vorbei an den alten Akazienbäumen, den viktorianischen Häusern und den schmiedeeisernen Gittern. Hundert Mal hintereinander blinzelte ich rasch. Und dann taten mir die Augenlider weh. Ich konzentrierte mich auf weit entfernte Objekte: den blasser werdenden, weißen Kondensstreifen eines Flugzeugs, eine Kirchturmspitze aus Kupfer, ein

Vogel, der auf einem Schornstein saß. Und dann las ich alles in der Nähe, Straßenschilder, Autokennzeichen, Hausnummern… Auch mit meinen Augen machte ich Dehnübungen. Da ich in der Stadt lebte, war mein Blickfeld eingeengt – ich hatte alles immer dicht vor Augen: Texte, Monitore und die erweiterten Pupillen eines Kunden. Wann habe ich zuletzt in die Ferne geblickt und mir eine Landschaft angeschaut? Ich gehe viel zu sehr ins Detail. Als ich das lila gestrichene Haus, Nummer sechsundachtzig, erreicht hatte, begann ich, vier Sekunden lang einzuatmen, und dann vier Sekunden lang wieder auszuatmen. Einatmen, ausatmen… Und dann sechs, dann acht, bis ich am Parktor angekommen war und anfing zu joggen.

Ich lief an Rhododendronbüschen und einem schlammigen Teich mit Enten, kanadischen Gänsen und zwei Trauerweiden vorbei, bei dem ich mir vorstellte, es sei ein Sumpf in Louisiana. Aber schon bald gelangte ich an den Fuß des Hügels, und die Qual begann. Es spielte keine Rolle, dass ich die Strecke schon zweihundert Mal gelaufen war; es fiel mir jedes Mal schwer, der Anstieg war immer zu steil, und ich atmete nie richtig. Ich hielt den Kopf gesenkt und blickte auf meine Füße, denn wenn ich auf die Steigung geschaut hätte, hätte ich den Mut verloren. Mein Atem kam stoßweise, und ich fand keinen Rhythmus. Ich sollte wirklich nicht rauchen. Sätze, die ich meinen Kunden sagte, gingen mir durch den Kopf und quälten mich: »Ohne Herausforderung macht es keinen Spaß. Ich werde dich antreiben, ich werde dich für deine Lust leiden lassen.«

Selbst als ich die Holzbank sah, die auf dem Gipfel stand, machte sich nicht sofort Erleichterung breit. Ich lief an spielenden Hunden, Tennisplätzen und weiten Grünflächen vorbei. Ich joggte über den Punkt hinaus, wo man das Gefühl bekommt, ewig weiterlaufen zu können.

Nach fünfzehn Minuten war ich eher gelangweilt als müde. Ich hatte mein Ziel erreicht, war aus dem Haus gegangen und über den Hügel gelaufen. Das letzte Stück der Strecke kam mir überflüssig vor, aber es war auch ein Teil der Herausforderung: weiterzulaufen, obwohl ich keinen Nutzen mehr darin sah.

Schließlich blieb ich am Parktor stehen und erlaubte den Glückshormonen ein paar Minuten lang, sich in meinem Körper auszubreiten, bevor ich, gestärkt und von einem Gefühl des Triumphes erfüllt, nach Hause ging.

Ich duschte und bereitete dann meine Lieblingsmahlzeit des Tages zu. Es sind immer die gleichen Handgriffe. Ich nehme die Reste vom Vorabend aus dem Kühlschrank, um sie zu verwenden, setze den Wasserkessel auf, stelle eine Pfanne auf den Herd, einen Gemüsedämpfer, nehme eine Tasse aus dem Schrank und hole Filtertüte und Kaffee aus der Speisekammer. Bei diesem ökonomischen Tanz versuche ich, nicht eine einzige Bewegung zu viel zu machen. Das Wasser kocht, als ich ein Ei in die warme, eingeölte Pfanne aufschlage. Das Gemüse dampft, während ich Schalotten hacke, eine Zitrone aufschneide, Minze- und Petersilienblättchen abzupfe, Feta zerkrümele und Tomaten viertele.

Manchmal mache ich ein Foto von meinem Frühstück, weil es mir so schön vorkommt, in der Küche, neben dem Fenster, auf dem schokoladenbraunen Teller, vergoldet und garniert mit Sonnenlicht.

Im Umkreis von fünfzig Metern ist an der U-Bahn-Station in Brixton immer die Hölle los. Massen von stummen, ärgerlichen, murmelnden, kreischenden Leuten streben in alle Richtungen. Es ist das reinste Wespennest. Man kann nie in einer geraden Linie hineingehen, sondern muss sich seinen Weg suchen, Haken schlagen, ausweichen, anrempeln und selbst angerempelt werden. Es ist viel zu viel Spannung für so einen engen Raum. Mit einem einzigen Blick sah ich eine lederhäutige alte Frau, die vor einem Laden mit Tiefkühlkost saß, auf dem Kamm blies und sich im Takt dazu auf ihr geschwollenes Knie klopfte, einen Mann mit Dreadlocks, der Räucherstäbchen verkaufte und unablässig »Räucherstäbchen« rief, drei stämmige Männer, die Blumen verkauften, neben einem streitenden Paar und einem Zeitungsstand, und einen Koreaner mittleren Alters, der auf einem Frotteehandtuch Papierfächer und andere nutzlose Gegenstände zum Verkauf anbot. Jemand schrie »Batterien, zehn für ein Pfund«, und eine Predigerin mit flammend roten Haaren, ausgemergeltem Körper und fiebrigen Augen verkündete durch einen Lautsprecher, der nicht angeschlossen war: »Jesus wird Brixton retten.« Jungen zischten einem zu »Skunk, Skunk, Ganja, Marihuana«, eine junge Obdachlose streichelte ihren schlafenden Hund. Mütter und Kinderwagen, Stau an der Bushaltestelle, winzige T-Shirts, enge Jeans, komplizierte Frisuren, graue, unglückliche Gesichter und leere Augen.

Kaugummi klebte auf dem Bürgersteig und den Straßen, festgetreten von unzähligen Schuhen. Ich sah eine Mutter, die ihr Zweijähriges ins Gesicht schlug, eine Frau, die zum Bus rannte, rempelte mich an, sodass ich mit der Schulter einen Teenager rechts von mir streifte. Zwei Schritte weiter hörte ich, wie das Mädchen »Schlampe« hinter mir herzischte. Schlampe? *Schlampe?* Warum das? Und dann sagte sie zu ihrer Freundin, die neben ihr ging: »Die Schlampe ist mir gerade auf den Fuß getreten und hat sich noch nicht einmal entschuldigt.« Wut stieg in mir auf, aber ich unterdrückte den

Impuls, ihr eine feindselige Antwort zu geben. Ich bin eine Expertin darin, Männer einzuschüchtern und zu missbrauchen, und doch lasse ich mich von der unpersönlichen Provokation eines ungezogenen Teenagers irritieren. Frustriert und aufgebracht wirbelte ich herum und blickte sie wütend an. Und dann rannte ich los, die Treppe hinunter, drängte mich durch die Menge und sprang in einen Zug, der am Bahnsteig stand. Zum dritten Mal an diesem Morgen schlug mir das Herz bis zum Hals.

Morgens war es, unabhängig von der Jahreszeit, im Cottage immer kalt und feucht. Aber es gab keine Phantome, keine Überreste. Keine Schreie, die über Nacht in dem stehenden Sarg hängen geblieben waren. Kein Geruch nach Sperma. Das Cottage hatte alles vergessen, und ich ebenfalls. Ich schlüpfte aus meinen Schuhen, schaltete das Licht an, legte eine Ernest Ranglin CD auf und begann mit dem großen Hausputz. Ich kehrte den Fliesenboden in jedem Zimmer und auch den Gummibelag im Eingangsbereich, bevor ich einen Eimer mit heißem Wasser und Putzmittel füllte, mir Gummihandschuhe überstreifte und mich auf alle viere niederließ, um alles gründlich zu schrubben. Zwei Mal putzte ich das gesamte Cottage, und schließlich spülte ich die Böden mit klarem Wasser ab und trocknete sie mit Handtüchern. Ich machte sauber, um den Kopf klarzubekommen und mich auf den Arbeitstag vorzubereiten. Ich liebe es, sauber zu machen.

Ich legte meinen Ehrgeiz darein, mich jeden Tag schneller zu schminken, und brauchte mittlerweile nur noch vier Minuten. Ich konnte noch nie viel mit Make-up anfangen. Ich benutzte Wimperntusche, Eyeliner, Lippenstift und Rouge, sah aber eigentlich nicht viel anders aus als außerhalb des Kerkers. Während der Arbeit lag es an der Beleuchtung, an meinem Outfit, dem Kontext und meiner Körperhaltung, dass meine Erscheinung völlig anders wirkte.

Um zwei Minuten vor halb zwölf setzte ich mich mit einem neuen Fragebogen auf dem Klemmbrett in den Empfangsraum und wartete darauf, dass das Tor quietschte. Ein neuer Kunde namens Joe hatte einen Termin um 11:30 Uhr.

Um 11:32 wurde mir klar, dass mal wieder eine der irritierendsten Anomalien stattgefunden hatte – der Mann, der einen Termin bucht, ohne auch nur die geringste Absicht zu haben, ihn einzuhalten. Hatte er kalte Füße bekommen, oder holte er sich seinen Kick bereits dadurch, dass er den Terminkalender einer Domina durcheinanderbrachte? Hatte er vielleicht einen schrecklichen Unfall gehabt? Na ja, so etwas kam jedenfalls häufiger vor.

Um 11:36 Uhr war ich erleichtert. Das Geld war mir egal und auch die Tatsache, dass ich mich ganz umsonst umgezogen und auf den Termin eingestellt hatte; jetzt hatte ich über eine Stunde Zeit, um mich in Angels verwilderten Garten zu setzen und Daphne du Mauriers *Rebecca* zu Ende zu lesen, die mir als Jugendliche irgendwie entgangen war. Ich zog meine Stiefel aus, mein Stachelhalsband und meine Strümpfe, schlang mir einen Pullover um die Schultern und ging nach draußen.

Um 12:50 Uhr legte ich den Pullover beiseite, frischte mein Make-up auf, bürstete mir die Haare, zog meine Strümpfe, meine Stiefel, mein Halsband und einen schweren, schwarzen Mackintosh-Regenmantel aus Gummi an. Gideon hatte einen Termin um ein Uhr für eine Stunde.

Um elf Minuten nach eins stand ein klapperdürrer, fünfundsiebzigjähriger Mann mit dünnen rötlich braunen

Haaren, einer roten Nase und dem wettergegerbten Gesicht eines passionierten Gärtners nackt mitten im Kerker; die Rippen, die sich deutlich abzeichneten, hoben und senkten sich, seine trüben Augen waren tief in die Höhlen eingesunken; er passte gut zu seiner Fantasie und wirkte mit dem schweren Metallkragen um den Hals und den aneinandergeketteten Handgelenken und Knöcheln tatsächlich wie ein Sklave. An seinem Skrotum hingen viereinhalb Pfund schwere Bleigewichte. Mein Gummimantel streifte provokativ an seinem dünnen, zitternden Körper vorbei, während ich seine Nippel reizte und ihm sein Leben als mein Sklave schilderte.

»Ich werde dich niemals freilassen. Das weißt du doch, oder? Du musst für immer bei mir bleiben und hier als mein Sklave leben. Hast du jemals stehend in einem Käfig geschlafen? Bist du jemals bestraft worden, obwohl du gar nichts gemacht hast? Bist du jemals ausgepeitscht worden? Man kann so vieles machen, und wir haben so viel Zeit. Ich könnte dich meinen Freundinnen zeigen, damit sie sich mit dir vergnügen können – nicht alle sind so nett wie ich. Eine von ihnen ist sogar richtig bösartig, wenn sie erregt ist. Ha! Das würde ihnen bestimmt Spaß machen. Später. Wir haben ja genug Zeit. Vielleicht gehe ich sogar mit dir spazieren, wenn du außergewöhnlich brav warst.«

»Trage ich dann auch einen Mackintosh?«

»Genau den gleichen Mackintosh, absolut. Nur wird deiner deine Nacktheit verbergen und die schweren Ketten um deinen mickerigen Körper …«

»Ich bin jämmerlich, ich weiß. Es tut mir leid. Ich bin nur ein Sklave, sonst bin ich zu nichts nütze … Aber ich trage einen Mackintosh und du trägst einen Mackintosh, ja?«

»Und wir gehen im Regen spazieren. Du schleppst

dich hinter mir her, versuchst, mit mir Schritt zu halten, um mich nicht in Verlegenheit zu bringen.«

Gegen Ende der Sitzung redete ich zu viel, während er masturbierte, weil ich ihm helfen wollte, einen Orgasmus zu bekommen. Er möchte es so gerne, und es fällt ihm immer so schwer. Meistens hält er irgendwann inne und sagt: »Vergiss es, es passiert sowieso nichts, es ist sinnlos, es ist hoffnungslos.« Aber dann machte er doch wieder weiter, und ich auch, weil ich nicht wollte, dass er die Sitzung beendete, ohne zu kommen. Er sollte nicht enttäuscht weggehen.

»... und ich werde dich zwingen, im Stehen zu schlafen. Ich werde dich stunden- und tagelang in einem dunklen Schrank einsperren, und dann wirst du um jeden menschlichen Kontakt so froh sein, dass ich mit meinem Sklaven alles machen kann.« Endlich kam er in seine Hand, und ein paar Tropfen spritzten auf den Boden.

Acht Minuten nach zwei stand er angezogen vor dem Spiegel im medizinischen Raum und kämmte sich die Haare. Ärgerlich murmelte er vor sich hin: »Blöd. Idiotisch. Ich bin so ein verdammter Narr, was?«

Er wandte sich an mich. »Ich bin zu alt für so etwas, Anna. Weißt du, wie viel Geld ich zum Fenster hinausgeworfen habe, und was für jämmerliche Lügen ich in den letzten fünfzig Jahren meiner Frau erzählt habe? Du liebe Güte, ich habe keine Ahnung, warum ich das tue. Verdammter Fluch. Es ist pervers.« Er dreht sich zu mir herum. »Warum tust du es? Warum willst du unbedingt all diese schmutzigen Männer berühren? Und warum musst du so nett zu mir sein? Ich verstehe das nicht. Du bist doch intelligent. Warum verschwendest du deine Talente an alte Narren wie mich?«

Es war jedes Mal das Gleiche, und es gefiel mir nicht.

»Ich habe dir schon gesagt, wie ich darüber denke; deine Veranlagung ist ein Geschenk, es ist interessant und faszinierend. Okay, ich gebe zu, es ist teuer, aber ein Mal im Monat bedeuten fünf Pfund pro Tag, der Preis für ein U-Bahn-Ticket, und das ist relativ harmlos. Denk doch nur an die einzigartige Lust, die du bei einem Wort, der Fantasie der Versklavung, empfindest, oder wenn du den Regenmantel spürst, das Gewicht der Ketten. Es ist doch nicht deine Schuld; du hast dir deine Veranlagung nicht ausgesucht, und da sie nie weggegangen ist, kannst du sie genauso gut akzeptieren und genießen. Außerdem kommen viele ältere Männer zu mir, ebenso intelligent, gebildet, respektabel wie du, also bist du nicht allein. Und was mich angeht, mir macht es Freude, Lust zu geben und Fantasien zu ermöglichen. Und weil ich gut darin bin, verdiene ich auch gut damit. Was sollte ich denn deiner Meinung nach sonst machen?«

Ich sagte ihm nicht, dass er mir gerade eine richtig gute Sitzung verdorben hatte. Aber ich dachte mir, was soll das denn? Warum behält er seine Schuldgefühle und seine Scham nicht für sich? Warum hat er sich nach all den Jahrzehnten immer noch nicht mit diesen Gefühlen ausgesöhnt? Und warum versucht er, auch mich zu beschämen?

14:13 Uhr: Ich lag auf Händen und Knien und wischte das Sperma vom Kerkerboden auf.

14:17 Uhr: Ich aß im Garten ein Sandwich und nahm den Anruf eines Mannes entgegen, der Interesse an Kathetern und anderen medizinischen Prozeduren hatte.

14:30 Uhr: Ich öffnete einem Fremden namens Robert die Tür. Korpulent, blass, dünne, feminine Augenbrauen. Ich vermutete, dass er submissiv war, verweiblicht werden wollte, Anal-Spiele mochte, wahrscheinlich auch verbale Demütigungen, keinen Schmerz. Ich lag mit meinen Annahmen richtig.

15:38 Uhr: Robert war gegangen, aber ich konnte ihn immer noch an meinen Händen riechen. Es war schwieriger gewesen, als ich geglaubt hatte. Er sagte kaum etwas und reagierte nicht, war ziemlich schlaff. Die ganze Zeit über schaute er mich nur aus leeren Augen an, wartete darauf, dass ich ihm Lust bereitete, ohne etwas dafür zurückzugeben. Ich trug im Bericht ein, was wir in der Sitzung gemacht hatten, was funktioniert hatte und was nicht, fügte noch Vorschläge für die nächste Sitzung hinzu – weil er wahrscheinlich wiederkommen würde –, und dann legte ich den Bericht zusammen mit seinem Fragebogen ab.

Ich nahm Adams Akte aus dem Aktenschrank und dachte dabei zum ersten Mal seit dem Morgen an ihn. Ich stellte mich vor die Spiegelwand im medizinischen Raum, starrte mich an, erfand mich, wappnete mich. Ich sagte mir, ich sei schön, ich sei toll in meinem Job, ich sei nicht gleichgültig … und das müsste eigentlich ausreichen. Es ist ja nur eine Stunde, und er ist auch nur ein Mann, und Männer sind leicht zu befriedigen. Es wird Spaß machen. Ich werde die Zeit genießen. Es ist wie eine Aufführung. Es ist nichts. Es spielt keine Rolle. Ich hörte das Tor quietschen, und dann klopfte es fest an der Tür.

Er kam herein wie ein starker Windstoß und schloss rasch die Tür hinter sich. Er stellte seine Aktentasche ab und schnürte die Schnürsenkel seiner schwarzen Lederschuhe auf, die gerade frisch geputzt worden waren, aber fast auseinanderfielen. Ich führte ihn in den medizinischen Raum, und er nahm seinen Platz ein wie ein Jugendlicher, der auf Autorität gereizt reagiert. Kein besonders attraktives Benehmen, dachte ich, aber das ändert sich schon noch. Ich ließ mir nichts anmerken, obwohl mir das Herz bis zum Hals schlug.

Ich holte tief Luft und fragte mit einstudierter Beiläufigkeit: »Was möchtest du heute erforschen?«

»Das überlasse ich ganz dir.«

Mein nächster Satz war nicht geplant. Ich hatte das Problem noch nicht einmal formuliert, als die Lösung bereits meinen Mund verließ. »Ich möchte, dass du eine Kapuze trägst.«

»Das möchte ich lieber nicht«, sagte er.

Das muss man sich mal vorstellen: Drei Sekunden nachdem er alles mir überlassen wollte, machte er bereits einen Rückzieher.

»Mir wäre es wirklich lieber, wenn du am Anfang eine Kapuze tragen würdest. Ich nehme sie dir dann nach einer Weile ab.«

»Nein danke. Ich möchte lieber etwas sehen.«

»Vertrau mir«, flehte ich ihn an. »Ich nehme sie dir kurz darauf schon wieder ab, und es lohnt sich. Ich habe eine Idee, lass dich doch überraschen.« Er war zwar nicht besonders erfreut, willigte jedoch widerstrebend ein und reichte mir das Geld.

Während er sich auszog, stand ich draußen und versuchte, mich zu beruhigen. Andererseits sind aus Nervosität bei mir die besten Sitzungen entstanden, weil ich mich dann sehr konzentriert habe.

Als ich den medizinischen Raum wieder betrat, erwischte ich ihn dabei, wie er einen riesigen Dildo aus Weichplastik anfasste, der auf dem Regal stand. Bei meinem Eintreten drehte er sich um, aber ich vermied es, ihm in die Augen zu blicken, sondern griff sofort nach der Lederkapuze – die mit dem Reißverschluss über den Augen – und zog sie Adam über seinen hübschen Kopf. Ich band sie hinten zusammen, ergriff seine große Hand und führte ihn zum gynäkologischen Stuhl. Es erleichterte mich zutiefst, dass er nun gesichtslos war. Er war nur ein nackter Mann wie alle anderen, und ich hatte alle Macht und Freiheit. Ich konnte diesen Körper anschauen, berühren und ihn zum Klingen bringen. Es war ein melodischer Moment. Im Hintergrund ertönten leise Geigenklänge, und vor mir lag das schönste Instrument, festgeschnallt und in Schweigen gehüllt. Ich trat so dicht an ihn heran, dass meine Haare über seine Schulter fielen und ich hinter der Kapuze seinen Atem riechen konnte. Meine Augen glitten über die festen Ebenen seines Körpers und blieben an seinem riesigen männlichen Totempfahl hängen; sein Schwanz war jetzt das Lauteste im Raum.

Von außen betrachtet, tat ich nichts Spektakuläres: Ich beugte mich über seine Brust, nahm seinen linken Nippel zwischen die Lippen und übte Druck aus. Aber mit uns war etwas Spektakuläres geschehen. Eine elektrische, chemische Explosion. Woher kam das? Lag es an uns beiden, oder strahlte er etwas aus, das ich empfangen konnte? Oder reagierte er so auf mich? Ich leckte seine Nippel, saugte daran und biss schließlich hinein, und doch entfaltete sich zwischen uns der eloquenteste Dialog. Er streckte die Fingerspitzen aus, und da er ja gebunden war und nichts sehen konnte, streichelte er, was er finden konnte. Er fand mein Schultergelenk, die Spitzen meiner Haare, ein schlankes Handgelenk, und seine zarten Liebkosungen jagten mir heiße Schauer durch den Körper.

Und dann stellte ich einen Zusammenhang fest: Je fester ich zubiss, je mehr ich ihm wehtat, desto zärtlicher und leidenschaftlicher reagierte er.

Es kam ein Punkt, an dem ich das Gefühl hatte, nichts mehr falsch machen zu können. Ich band seinen Schwanz, drückte seine Eier, schob ihm einen Dildo in den Anus, aber ich kehrte doch immer wieder mit dem Mund zu seinen Nippeln zurück. Es war so ein simpler Akt, aber ich glaube nicht, dass er dies erwartet hatte. Die Nippel mit den Lippen zu berühren, ist wahrscheinlich den meisten Dominas viel zu intim. Aber der Mund ist ein perfektes Werkzeug. Gegen Ende der Sitzung zog ich ihm die Kapuze vom Kopf und starrte ihm in die Augen, während ich seine Nippel mit den Fingern drückte. Er masturbierte … Und dann kam er, mit großer Kraft, einem leisen Aufschrei und einem unterdrückten Schluchzen.

Kurz bevor er ging, kniete er sich hin, um seine Schuhe zuzubinden. Als er sich wieder zu seinen imposanten eins vierundneunzig aufrichtete, bemerkte ich, dass sein Hemd eine Spur zu eng und seine Hose ein wenig zu kurz war. Er wirkte linkisch in seiner Kleidung. Kam es mir nur so vor, weil ich wusste, was sich darunter verbarg? Mir ging durch den Kopf, dass er keine Ahnung hatte, wie schön er war und wie viel Macht ihm das verlieh. Vielleicht war ich eine von vielen, vielleicht aber auch die Einzige, die es erkannte. Keiner von uns hatte seit Beginn der Sitzung gelächelt, und wir hatten auch nicht mehr als ein Dutzend Worte gewechselt; wir gaben uns einfach nur die Hand, und dann machte ich die Tür hinter ihm zu. Ich fühlte mich gut. Triumphierend und erregt. Immer noch vibrierte der Stromstoß in mir, den er ausgelöst hatte. Es war neu, und doch wusste das Gefühl nicht, wohin es sollte.

Ich sitze auf Bernies Gesicht, schnipse seine Nippel im Takt zu Mozarts Die Hochzeit des Figaro *und betrachte die Frau im Spiegel. Wer ist sie? Natürlich – ich bin das. Aber gefällt mir, was ich sehe? Ja, es gefällt mir. Ich finde, die Rolle passt zu mir. Meine dunklen Augen sind mit Kajal umrandet, und meine schwarzen Haare schimmern bläulich im roten Licht des Kerkers. Ich trage ein stachelbesetztes Lederhalsband um meinen langen, schlanken Hals, und der Effekt ist großartig. Meine Wangen sind gerötet, meine Lippen üppig, und meine olivfarbene Haut sieht aus wie aus Puder oder Porzellan. Ich sehe aus wie eine schöne Puppe.*

Mein Blick gleitet über Bernie, seine kompakte Figur, seine strammen Waden und seine winzigen Füße. Ich bin beeindruckt von meiner Bondage und empfinde leises Bedauern, weil ich noch nie meine Kamera mitgebracht habe. Sechsundsechzig oder neunundneunzig Aufnahmen von Bernie in verschiedenen Bondage-Installationen über die Jahre wäre eine amüsante Retrospektive. Aber ich rufe mir ins Gedächtnis, dass ich der Versuchung, den Moment festzuhalten, absichtlich widerstanden habe. Ich muss es akzeptieren, dass unsere Sitzungen nicht von Dauer sind. Das ist meine Herausforderung.

Das Konzert findet in einem Vakuum statt. Ein Mann erstickt. Ich ersticke einen Mann. Wie kann etwas so Gefährliches so banal sein? Ein Mann erstickt unter mir, röchelt unter meinem Gummirock, hat blutige Nippel und behält seine Erektion, wenn wir herumalbern und Klatsch austauschen, sobald er wieder zu Atem gekommen ist. Ein Mann bezahlt mich dafür, dass ich ihn um seiner Lust willen in dem kleinen Kerkerraum eines Cottages in einer jüdischen Vorstadt in North London ersticke. Und in sechs Stunden habe ich Ballettunterricht, den ich drei Mal in der Woche besuche, trage rosa Leggins und rosa Slipper, tanze mit meinem Geheimnis, korrigiere meine Haltung und strecke meine Zehen… Und niemand dort weiß etwas. In achteinhalb Stunden bereite ich das Abendessen zu – meistens etwas, das ich mir ausgedacht habe, während ich auf Bernie gesessen habe oder mit der U-Bahn zurück nach Brixton gefahren bin. In zehn Stunden liege ich im Bett, allein, mit einem Buch.

Draußen auf dem Bahnsteig setze ich mich am Ende des Arbeitstages auf die Bank und lasse diese Stunden und Episoden, diese Charaktere und die kurzen und doch eindringlichen Verbindungen noch einmal Revue passieren. Der Zug kommt. Der Nächste kommt erst in dreizehn Minuten, aber ich beschließe, noch zu warten. Die Luft in North London ist so frisch und dunstig, manchmal fast tropisch, und ich möchte noch ein wenig unter dem blauen Keramikdach, der üppigen Laubkuppel der Bäume und dem weiten Himmel bleiben.

8

Schönheit

Mittlerweile kommt Adam jeden Donnerstag für eine Stunde, für mich die erotischste Stunde der Woche. Jedes Mal, wenn ich ihm die Tür öffne, strahlen mich seine übernatürlichen Augen an, und mein Herz krampft sich zusammen, meine Haut spannt, meine Pupillen verkleinern sich, und ich muss mich abwenden. Er ist ein Schock für meinen gesamten Organismus. Seine Schönheit und Intensität machen mir Angst – und ich habe mit Recht Angst. Aber die gefährliche Flamme und meine Fähigkeit, mich von einem Mann so bezaubern zu lassen, faszinieren mich auch.

Wir lassen uns jedoch nichts anmerken – oder zumindest bemühe ich mich darum. Ich reagiere auf die gestelzte, förmliche Begrüßung und Verabschiedung wie auf einen stilisierten Witz, ein sexy Spiel, das wir um der Spannung und der Ironie willen spielen. Es ist interessant, wie es die eigentliche Sitzung einrahmt und intensiviert.

Aber ich sollte noch erfahren, wie stumm und schüchtern er außerhalb der Grammatik der Extreme war.

Ein wunderschöner Mann, ein Kunde, ein Masochist, trifft mit mir eine Abmachung. Es wird keinen »Sex« geben, wie er normalerweise verstanden wird. Meine Aufgabe ist es, ihm auf erotische und erfahrene Art und Weise Schmerz zuzufügen. So findet er Erlösung. Ich hinterlasse keine verräterischen Spuren auf seinem Körper, die seine Frau entdecken könnte. Wenn er mich nie wieder anruft, habe ich keine Möglichkeit herauszufinden, warum. Wer auch immer er ist, was er außerhalb dieser Stunde tut, geht mich nichts an, und genau *das* ist es, was ich will; eine Symphonie im Hintergrund, eine Bandbreite von Empfindungen, die kurze, flüchtige Verbindung, anonyme Intimität und der konzentrierte Moment. Ich reagiere auf Detail und Subtilität, Regeln, Rollen und Melodie. Es ist Theater, eine völlig andere Erfahrung.

Als ich gestern in der U-Bahn auf einen Zug wartete, erblickte ich eine junge Frau, die nahe am Ausgang müßig mit Schulter und Kopf an der Wand lehnte. Sie wirkte völlig in sich versunken und schien die vielen Menschen, die an ihr vorbeiströmten, gar nicht zu bemerken. Wer ihr jedoch zufällig ins Gesicht blickte, war gebannt von ihrer unglaublichen Schönheit. Mir ging es jedenfalls so, und ein Mann neben mir hielt nach ein paar Schritten inne, drehte sich um und schaute noch einmal hin, als ob er sich vergewissern wollte. Wer konnte solcher Schönheit schon widerstehen? Niemand von uns wollte indiskret sein, aber wir konnten uns ja schließlich auch nicht selbst verleugnen. Mir kam es so vor, dass ihre Schönheit einem etwas gab, je länger man sie betrachtete, so als ob sie einen Hunger befriedigte. Was ist meine Faszination bei großer Schönheit? Ich habe es mir sicher nicht eingebildet, ich weiß ganz bestimmt, dass sie schön war, und deshalb konnte ich die Anspannung, nicht zu offensichtlich hinzuschauen, fast mit Händen greifen.

Als der Zug kam, schaute ich noch einmal zu ihr hin. Zwar war der Blick zu flüchtig, um mir ihre Züge einzuprägen, aber doch lang genug, um die perfekte Struktur wahrzunehmen. Es war die Wölbung ihrer Augenbrauen, die Höhe ihrer Stirn im Verhältnis zu dem Raum zwischen ihren Augen; ihre hohen Wangenknochen und der Winkel ihres Kinns. Beinahe bedauerte ich es, nicht länger hinschauen zu können.

Ich suchte mir einen Platz, die Zugtüren glitten zu, und während ich noch über sie nachdachte, setzte sie sich genau neben mich. Und ironischerweise wurde ihre Schönheit durch diese Nähe beeinträchtigt, schließlich konnte ich mich nicht einfach zu ihr drehen und sie betrachten, dafür saß sie zu dicht neben mir. Während der Zug durch den Tunnel raste, stellte ich fest, dass die Leute um uns herum vor ihrer Schönheit zurückwichen. Ich sah nur ihr Spiegelbild neben meinem in dem dunklen Fenster gegenüber. Da waren meine dunklen Augen, die Krümmung meiner Nase, die Form meiner Stirn, das Oval meines Gesichts. Meine Schönheit war nicht strukturell perfekt; sie hing vom Blickwinkel, der Beleuchtung, meiner Haltung, meiner Stimmung ab.

Nach dem Einlauf ejakuliert Larry, und der Zauber der Krankenschwester in Latex, die ihm einen Einlauf verabreicht, ist gebrochen. Er sitzt bei weit offener Tür auf der Toilette, während ich mich an den gynäkologischen Stuhl lehne, an meiner Zigarette ziehe und sie ihm ab und zu für einen Zug reiche. Das Nikotin stimuliert seinen Darm, falls noch etwas darin geblieben sein sollte. Wir amüsieren uns jedes Mal über die Absurdität dieser Situation: Lachend teilen wir uns eine Zigarette, während er auf der Toilette sitzt, nachdem ich, in einer glänzenden schwarzen Schwesterntracht aus Latex und langen schwarzen Gummihandschuhen, ihn gerade mit einem Einlauf zum Orgasmus gebracht habe.

Ich mag diesen kleinen, dünnen Fünfundvierzigjährigen mit seinen ausgebeulten Jeans, seinen Socken mit den orangefarbenen Zehen und seiner schicken Brille. Er ist glücklich verheiratet, lebt mit zwei Kindern im Teenageralter in Kent, spielt in einer Band und fährt ein schwarzes Taxi in London. Aber eigentlich macht es ihn nicht glücklich, dass es ihn am stärksten erregt, wenn eine bestimmte Sorte von Frau in einer Schwesterntracht ihm einen Schlauch in den Hintern steckt. Er würde es lieber genießen, ganz normal mit seiner Frau zu schlafen. Und er würde lieber nicht in die Urlaubskasse seiner Familie greifen, um seinen Fetischismus zu befriedigen, aber was soll er machen? In Therapie war er schon. Er hat sogar schon verschiedene Therapien ausprobiert, aber nichts hat geholfen. Er gibt seiner übermächtigen jüdischen Mutter die Schuld, weil sie besessen von den Vorgängen in seinem Darm war und ihn seine gesamte Kindheit über ständig ins Krankenhaus geschleppt hat, damit ihm mütterliche Krankenschwestern hinten hineinschauten und ihm Einläufe verpassten, damit er sich entleerte.

Als er mich eines Abends zum Abschied auf die Wangen küssen wollte, wich ich gerade noch rechtzeitig zurück. »Ich möchte dich nicht mit meiner Erkältung anstecken, Larry.«

»Aber, Anna, ich *will* deine Erkältung«, erwiderte er. Es war das Netteste, das jemals jemand zu mir gesagt hatte. In solchen Momenten liebte ich meinen Job wegen der unerwarteten Intimität, die aus so seltsamen Umständen entstand. Sicher, es waren nicht meine Orgasmen, nicht meine Schmerzensschreie oder lustvollen Zuckungen; hier wurde nicht mein Geheimnis offenbart, meine Scham aufgedeckt, meine Fantasie erfüllt, aber ich zog Kraft und einen zutiefst menschlichen Kick aus dem Ganzen. Im Grunde genommen war es dasselbe wie die Freude am Kochen: Man musste das Gleichgewicht halten, auf jedes Detail und die zeitliche Abfolge achten, und vergleichbar waren auch die unterschiedlichen Vorbereitungen, die Sinnlichkeit, die Spontaneität, die Improvisation, die Freude und die Macht am Geben und Genießen.

Er sollte erst in zehn Minuten hier sein, aber ich wusste bereits genau, was er wollte. Angel, die mit den Sitzungen aufgehört hatte, als ich bereit war, die ganze Zeit zu arbeiten, gab mir telefonisch ein paar Ratschläge, aber als es dann so weit war, führte er mich durch die gesamte Prozedur. Es war mein erstes Mal. Ich versuchte, ihm durch die Tür zu helfen, aber er scheuchte mich weg. Auf gewisse Weise vermittelte er mir, dass *er* die Situation im Griff hatte und nicht ich. Ich hatte das Gefühl, er betrachtete seine extreme und ungewöhnliche Neigung mit großem Stolz und voller Kennerschaft.

Ich wuchtete ihn auf den gynäkologischen Stuhl, schnallte seine nutzlos baumelnden Beine in den Haltern fest und stellte seine Stahlkrücken beiseite. Er hatte Gehirnlähmung. Ich wollte unbedingt seinen verkrümmten nackten Körper erforschen, aber er war barsch und kalt und hielt mich auf Abstand. Also legte ich die Ringe an der rechten Hand ab und zog mir einen dünnen Plastikhandschuh über. Darüber kam ein enger, gepuderter Latexhandschuh, und dann rieb ich meinen Arm bis hoch zum Ellbogen mit Gleitmittel ein.

Er lag mit gespreizten Beinen auf dem Rücken vor mir, und ich stellte mich zwischen seine Beine, schaute ihn an und schob einen Finger in seinen Anus. Er zog scharf die Luft ein und atmete dann langsam aus, was sehr ermutigend war. Innen war er warm und angenehm seidig. Es hatte nichts Schmutziges oder Skatologisches, seinen Darmausgang mit meiner Fingerspitze zu streicheln. Als ich spürte, wie sich sein Schließmuskel entspannte und er sich mir öffnete, schob ich meinen Finger tief hinein. Und dann zwei Finger, was mit einem gurgelnden, glückseligen Stöhnen belohnt wurde.

Ich dehnte ihn. Ich spreizte meine Finger und stieß gegen seine Rektalwände. Dabei ging ich nicht grob vor, sondern folgte einem Rhythmus, ließ meine Finger heraus- und hineingleiten, und er verwandelte sich. Sein Mund stand halb offen, seine Wangen wurden rosig wie bei einem fiebernden Kind, und er verlor seine steife Barschheit. Es war einfach, befriedigend und schön, ihm eine so extreme Lust zu verschaffen. Also machte ich weiter, weil ich selbst neugierig war, wie weit ich gehen konnte. Ich legte meine Finger eng um meinen Daumen, um die Hand so schmal wie möglich zu machen und schob sie hinein. Ich kam jedoch nur bis zum Daumengelenk, weiter ging es einfach nicht.

»Stoß fester«, drängte er mich, aber sosehr ich es auch versuchte, Knochen, Muskel und Knorpel widerstanden. Mit der rechten Hand halbwegs in seinem Darm, hielt ich einen Moment lang inne. Wenn ich es nicht schaffte, die Faust vollständig in ihn hineinzuschieben, würden wir beide enttäuscht sein. Ich drückte meinen Ellbogen gegen meinen Bauch und setzte mein gesamtes Körpergewicht ein, um den Arm in ihn hineinzuschieben. Er schrie: »Ja, ja, ja, ich kann es!« Ich drückte und drückte, und dann passierte etwas Verblüffendes: Sein Rektum schluckte meine Hand, saugte sie förmlich auf. Was für ein erstaunlicher Durchbruch! Plötzlich befand ich mich im festen Griff des Innersten eines Mannes, mit der Hand zwischen seinen Organen, und meine winzigen Bewegungen verursachten Flutwellen in ihm. Oder wie fühlte es sich sonst an? Um eine Ahnung davon zu bekommen, studierte ich seinen glasigen Blick, seine hochroten Wangen und sein ekstatisches Wimmern.

»Nichts kommt dem Gefühl gleich. Ich kann es nicht beschreiben«, sagte er. »Es fühlt sich unglaublich an… geh tiefer… tiefer, ich halte noch mehr aus.« Vorsichtig, damit ich ihn mit den Fingern nicht verletzte, formte ich eine Faust und glitt weiter durch den engen Kanal. Der Zusammenhang war offensichtlich: Je weiter ich hineinstieß, desto intensiver und erfüllender war seine Lust. Fast beneidete ich ihn um diese Lust, die mir ein Rätsel war. Vor mir lag ein geschundener Körper, der die Krankheit durch tiefe sexuelle Erfüllung kompensierte, und ich war ein Teil davon.

Auf der Mitte zwischen Handgelenk und Ellbogen schließlich kam ich nicht mehr weiter. Ich hielt ein paar Minuten lang inne, damit er zur Ruhe kommen und die Erfahrung auf sich wirken lassen konnte, und dann zog ich langsam meine Hand zurück. Sie glitt heraus wie ein Neugeborenes, bedeckt von dickem, gelbem Schleim. Damit der Anblick den Zauber des Augenblicks für ihn nicht zerstörte, verbarg ich die Hand vor ihm und ließ mir meine Überraschung nicht anmerken.

Ich kann mich nicht mehr erinnern, ob er eine Erektion hatte, aber ich glaube es eigentlich nicht. Er hatte seine Klimax auf eine andere, viel tiefere Art erreicht. Bevor er ging, küsste er mich auf die Wange, schüttelte mir die Hand und bedankte sich ausgiebig. Er war ein völlig verwandelter Mann, liebenswürdig, entspannt und äußerst charmant. Ich brachte ihn zur Tür, wo Angel ihn erwartete, um ihm ins Taxi zu helfen.

Strahlend vor Befriedigung schloss ich die Tür hinter ihm und schwebte ins Badezimmer. Ich hatte es einem Mann mit der Faust besorgt, hatte eine extreme Situation bewältigt und dabei eine leichte, natürliche und überraschend schöne Erfahrung gemacht.

Ich wusch mir die Hände und trocknete sie ab, und

dann schnüffelte ich aus Gewohnheit daran. Ich weiß nicht, ob es an seiner Lähmung lag, aber der Geruch der Körperflüssigkeiten war durch zwei Handschuhe bis auf meine Hand gedrungen. Das war mehr, als ich ertragen konnte.

Ich streckte die Hand hoch in die Luft, schüttelte sie heftig und schrie und schrie.

Die ganze Woche lang wusch ich mir wie besessen die Hände, bis das Trauma des Gestanks endlich nachließ. Wie weit konnte ich gehen, bis ich meine Grenze erreicht hatte?, fragte ich mich. Es würde wohl etwas Einfaches, Sensorisches wie ein bestimmter Geruch sein, aber irgendetwas würde es sein.

Die dritte, vierte, fünfte und sechste Sitzung dauerte keine Stunde. Adam stand völlig nackt und stumm im medizinischen Raum, hatte eine Erektion und erwartete das Außergewöhnliche. Er hockte sich hin, damit ich ihm die Haube über den Kopf ziehen und hinten zuschnüren konnte. Ich begann immer mit Kapuze, weil mir das Selbstvertrauen gab. Während ich sie zuschnürte, bewunderte ich die elegante Linie, mit der sein Hals in Schultern und Rücken überging. Und unweigerlich spürte ich die Spannung zwischen uns.

Ich berührte seine Nippel. Ich begann immer mit seinen Nippeln und drückte sie zwischen meinen Fingerspitzen. Dann nahm ich sie in den Mund, leckte und biss … als er plötzlich ejakulierte, nach achtzehn Minuten in unserer dritten Sitzung, nach dreißig Minuten in der vierten und dreizehn Minuten in der fünften Sitzung – ich habe es in seiner Akte festgehalten. Das Unglaubliche daran war, dass er jedes Mal ohne jeglichen Genitalkontakt ejakulierte, der Beweis dafür, dass extreme Kräfte im Spiel waren. Anscheinend spürte er mehr als andere, mehr von mir. Er reagierte stärker, war leidenschaftlicher, lebendiger.

Sobald er ejakuliert hatte, war die Sitzung beendet, weil es etwas anderes gewesen wäre, ihm nach dem Orgasmus noch Schmerzen zuzufügen, und dazu war ich nicht bereit. Ich versuchte, ihm einen Teil seines Geldes zurückzugeben, aber er lehnte es dreimal ab. Er zeigte keine Anzeichen von Verlegenheit, Frustration oder Bedauern, weil die Sitzung verfrüht geendet hatte, aber er wirkte über den spontanen Orgasmus auch nicht überrascht oder dankbar.

Und wenn er nie wieder anrufen würde, dann war es eben so. Ich hatte alle Hände voll zu tun mit zwölf bis zwanzig Männern pro Woche, und in der Wartezeit zwischen den einzelnen Terminen hockte ich meistens umgeben von Kissen auf dem Fußboden im Empfangsbereich, die Füße auf dem elektrischen Heizlüfter, las und nahm Anrufe von Kunden entgegen.

Am 21. November, unserer achten Sitzung, vermerkte ich in Adams Akte, dass er zum ersten Mal einen Wunsch äußerte. Er trug an jenem Tag einen dunkelblauen Anzug, sah überwältigend gut aus und wirkte angeregter als sonst. Er bemühte sich sogar, ein Lächeln zu unterdrücken – das erste Lächeln, das ich an ihm sah. Da er mir unbedingt etwas zeigen wollte, gingen wir in den medizinischen Raum. Dort zog er aus seiner Tasche zwei Päckchen mit hölzernen Wäscheklammern, insgesamt sechzig Stück. Das war in der Tat lustig; diese unschuldigen Haushaltsgegenstände, die er mit sich herumschleppte, damit sie in den nächsten Monaten die Hauptfolterinstrumente wurden.

Das Wäscheklammer-Ritual war deshalb so effektiv und beeindruckend, weil wir so viele davon hatten. Sechzig Wäscheklammern, die nacheinander angesteckt wurden, waren wie Wörter in einem Satz. Ich begann mit der losen Haut an seinem Skrotum, klemmte einen Fächer um seine Testikel, und dann einen zweiten und einen dritten, bis es kein freies Fleckchen Haut mehr gab. Danach arbeitete ich mich am Schaft seines dicken, langen, steifen Penis herauf. Dort reichte die Haut nur für eine Reihe von neun Klammern. Wenn jeder Zentimeter Haut an seinen Genitalien eingeklemmt war – dazu brauchte ich ungefähr vierzig Klammern –, steckte ich ihm Klammern im Halbkreis von der Achselhöhle bis zur Brust an. Die letzten vier Klammern hob ich mir für seine Nippel auf. Schon jetzt konnte ich sehen, wie sehr ich meine Technik bei ihm oder den anderen Kunden verbessert hatte.

Nach zwölf oder dreizehn Minuten trat ich einen Schritt zurück, um mein Werk zu bewundern – er sah aus wie ein Stammesangehöriger. Es war eine Ästhetik des Überflusses, und ich dachte, das ist genau die Art von Schmerz, wie er ihn liebt: langsam, zunehmend, primitiv und exzessiv. Er kann ihn umso besser ertragen, je sinnlicher ich vorgehe, und wir können uns beide stark und mächtig dabei fühlen. Und es ist auch genau die Art von Schmerzen, dachte ich, die ich gerne zufüge: langsam, einfach, jedoch voller Möglichkeiten, Variationen und Komplexität… und außerdem noch von immenser visueller Wirkung.

Er konnte nichts sehen, deshalb zog ich den Reißverschluss über seinem Auge auf und gestattete ihm einen Blick auf die Spiegelwand. Er schaute zuerst mich an, richtete aber dann den Blick auf den Spiegel und gab einen halb lachenden, halb sinnlich stöhnenden Laut von sich. Ich überlegte, ob es wohl eine Auswirkung auf seine Schmerzen hatte, wenn er sich so sah, nackt, mit Kapuze, einen ganzen Wald von hölzernen Wäscheklammern an Genitalien und Brust. Ich trat zwischen seine gespreizten Beine und blickte ihm durch den geöffneten Schlitz in der Kapuze direkt ins Auge, während ich einen Gummistopfen in sein Arschloch drückte.

Einmal verschloss ich die Kapuze wieder, löste seine Fessel, half ihm aus dem gynäkologischen Stuhl und führte ihn zum Kerker. Dort stellte ich ihn in den mit Gummi ausgekleideten Kasten, der aussieht wie ein stehender Sarg, und fesselte ihn mit den Gummifesseln, die an den Innenseiten angebracht sind, an Knöcheln und Handgelenken. Kurz bevor ich die Sargtür schloss, brachte ich meinen Mund so dicht an seinen, dass ich seinen Atem riechen konnte, und dann drückte ich meinen Körper in einer bittersüßen Umarmung an sein zusammengekniffenes Fleisch. Danach ließ ich ihn allein.

Es begann gerade zu dämmern, als ich nach draußen trat, und die Luft roch nach Herbst. Ein paar rosige Schleierwölkchen zogen über den riesigen Himmel. Die Jalousien an Angels Küchenfenster waren heruntergelassen. Sie war meine Freundin, die Madam, und eine zunehmend abwesende und unzuverlässige Empfangsdame. Sie verbrachte immer mehr Zeit in ihrem schmutzigen Haus, das ein Geheimnis barg. Für jede Minute, die ich dort stand, an meiner Zigarette zog und den Himmel bewunderte, während er allein im Dunkeln litt, bekam ich zwei Pfund und fünfzig Pence.

Drinnen wusch ich mir die Hände, putzte mir die Zähne, frischte mein Make-up auf und betrachtete mich im Spiegel. Als er hörte, dass ich den Kerker betrat, rasselte er in seinem Käfig und stöhnte eine Art Begrüßung. Und ich dachte: Meine Anwesenheit hat die Natur seines Schmerzes sofort geändert, weil er jetzt eine Zeugin hat. Ich trat auf ihn zu, um ihn zu erlösen, änderte dann aber meine Meinung. Stattdessen setzte ich mich auf den Bondage-Stuhl und genoss die Stille und die Spannung. Ich sah mich selbst im Spiegel, und mir wurde klar, dass niemand außer mir mein Lächeln bemerkte. Zwei Minuten dehnten sich eine Ewigkeit, und dann sagte ich: »Hallo.«

»Hallo«, antwortete er mit erstickter Stimme, und selbst in diesen zwei Silben waren sein Unbehagen und seine Sehnsucht nach Aufmerksamkeit spürbar. Das Klicken der Absätze auf dem Fliesenboden, das Klacken der Riegel und das quietschende Geräusch, mit dem sich die Tür öffnete, erfüllten den winzigen Raum. Und dort stand er, eine wunderschöne Schlange, die sich vor Schmerzen wand, aber immer noch mit erigiertem Penis.

»Was hast du die ganze Zeit über allein gedacht?«

»Ich habe an dich gedacht und für dich gelitten«, antwortete er sofort, und ich war mir sicher, dass er es auch so meinte.

Zum ersten Mal hörte ich diese Worte und ihren romantischen, gefährlichen Klang. Mit einer einzigen, weit ausholenden Geste ließ ich meine Hand durch den Wald von Wäscheklammern gleiten, und er zuckte zusammen und schrie auf. Je länger die Wäscheklammern waren, desto mehr taten sie anscheinend weh. Aber am meisten schmerzte es offensichtlich, wenn man sie abnahm. Ich war ein konzentrierter Chirurg, eine mutige Liebhaberin und ein grausamer Folterer, als ich langsam, manchmal aber auch schnell, dem Löwen die Dornen aus der Pfote zog. Ich entfernte alle Wäscheklammern bis auf die vier an seinen Nippeln und belohnte seine brennende Haut mit meiner kühlenden Liebkosung. Ich nahm seine Eier in die Hand und spürte ihren Schmerz. Ich umfasste seinen Schwanz und belohnte ihn für sein Leiden. Schließlich entfernte ich die letzten Wäscheklammern, drückte seine pochenden Nippel mit den Fingerspitzen zusammen und spürte, wie die Lust durch ihn hindurchschoss.

Der letzte Akt war für mich das Extremste: ihm mit der Gerte auf die Fußsohlen zu schlagen. Vielleicht liegt es daran, dass die Füße im Gegensatz zu den Analdrüsen, den Testikeln, dem Penis und den Brustwarzen für mein Empfinden nicht mit Reproduktion und Sexualität verbunden sind. Füße haben so viele andere Konnotationen, kulturell, spirituell und persönlich. Füße sind etwas Festes und Heiliges, und mir kam es besonders grausam und abartig vor, mit dem Rohrstock fünf, zehn, zwanzig Mal auf die empfindlichen Fußsohlen zu schlagen.

Er legt sich über die Bank gegenüber dem Spiegel, und seine Fußsohlen und sein Hintern sind in die Höhe gereckt. Wenn ich ihm die Kapuze abnehme, kann er mich hinter ihm stehen sehen. Ich halte die Gerte in einer Hand und greife mit der anderen unter seinen Brustkorb, sodass ich einen seiner Nippel anfassen kann. Sein Körper ist gegen die Bank gepresst, und meinen Oberschenkel halte ich gegen seinen Arsch gedrückt. Wenn ich spüre, dass er kurz vor dem Höhepunkt steht, höre ich abrupt auf und erhebe mich.

Als der erste Schlag seine Fußsohle traf, atmete er seinen Schrei ein und bewegte sich im Rhythmus mit dem Schmerz, sodass seine Genitalien gegen die Lederbank stießen. Ich schlug ein, zwei, drei Mal zu, und das dünne Stöckchen sauste pfeifend durch die Luft und traf zischend auf seine Haut. Aber es hinterließ keine Spuren. Ich beobachtete mich selbst im Spiegel, wie ich den Arm hob und die Gerte niedersausen ließ; es war ein so fesselnder Anblick, dass ich kurz innehielt, bevor ich weitermachte. Ich schlug rasch und präzise zu, und wir fanden zu einem gemeinsamen Rhythmus. Sein sich windender Körper und die Drehung meines Handgelenks bildeten eine einzige fließende Bewegung.

Als ich ihn losband, sank er einfach auf die Knie. Ich saß dicht neben ihm und kniff ihm ein letztes Mal in die Nippel, während er masturbierte und mich anschaute. Ich tat ihm weh, aber er wandte den Blick nicht von mir, noch nicht einmal, als er in seiner Ekstase aufschrie. Und dann war es vorbei. Ich lächelte oder zwinkerte ihm vielleicht auch zu, aber kein Wort kam über unsere Lippen. Ich hatte Angst, Wörter könnten den Zauber zerstören. Ich reichte ihm Papiertücher, damit er sich das Sperma abwischen konnte, und dann ging ich aus dem Zimmer.

Ich denke an all das Geld, das Bernie sparen würde, wenn er sich selbst ersticken könnte – aber das ist eine schreckliche Vorstellung. Abgesehen davon würden auch die drohende Gefahr, das Zwischenspiel, das Psychodrama, die Zeugin, die ich darstelle, das Schnipsen mit der Münze und das Boxen in den Bauch fehlen, wenn er sich allein ersticken müsste. Das korrekte Gleichgewicht von realer Gefahr, Sicherheit und Fantasie erfordert Intervention. Ich kann seine Hilflosigkeit mit Augenbinden, Bondage, Überraschungsangriffen und durch die Rollen, die ich spiele, noch verstärken. Er weiß zwar, dass es nicht wahr ist, aber es ist meine Aufgabe, ihn daran zweifeln oder es vergessen zu lassen.

Ich kann ihn zum Beispiel mitten in einem keuchenden Luftholen fragen, ob er am Morgen John Humphrys im Radio gehört hat. Wenn er beunruhigend still ist, könnte ich sagen: »Du bist so ruhig, Bernie. Ich höre gar nicht, wie du kämpfst, und ich möchte es gerne hören.« Es stimmt – die eingeschränkten Bewegungen und die erstickten Laute geben mir die Sicherheit, dass er bei Bewusstsein ist. Wenn ich sehe, wie er mit dem Finger wa-

ckelt oder mit dem Bein zuckt, frage ich ihn scherzhaft, warum er so einen Aufruhr macht. »Ist das Rebellion für dich? Willst du so deine Freiheit demonstrieren?« Und dann mache ich mir im Geiste eine Notiz, den Strick fester anzuziehen, nicht sofort, sondern erst nach einer Weile, wenn er schon glaubt, ich hätte es vergessen.

Adam steht im Schrank, eine Kapuze über dem Kopf und achtzig Wäscheklammern auf und um seinen Genitalien, an den Innenseiten seiner Oberschenkel, an seinem Brustkorb, seinen Achselhöhlen und seinen muskulösen Armen. Dieses Mal spreche ich mit ihm, bevor ich die Schranktür schließe. Ich sage: »Ich möchte dich für dein Leiden belohnen. Was für eine Belohnung hättest du denn gerne?« Seine Antwort überrascht mich.

»Ich möchte, dass du deinen Rock ausziehst, während ich im Schrank leide.«

»Wozu soll das gut sein? Du kannst mich doch nicht sehen.«

»Aber ich weiß es.«

Mein erster Impuls war, nein zu sagen. Ich schloss die Schranktür und floh errötend in den medizinischen Raum. Ich wusste, warum ich nein sagte. Ich war mir nicht sicher, ob ich ihm gestatten wollte, dass er sich mich nackt vorstellte. Damit übertrat ich eine Grenze. Eine gute Domina fällt auf diesen Trick nicht herein – aber andererseits, warum nicht? Es war ein verführerischer Vorschlag – und ich wünschte, er wäre mir selbst eingefallen. Wenn er meinen Körper begehrte, warum sollte ich mir dieses Verlangen dann nicht zunutze machen? Ich stand im Mittelpunkt seines Interesses, war Ursache und Belohnung seines Schmerzes. Ich zog den Reißverschluss meines Minirocks auf und betrachtete überwältigt meine schlanke Halbnacktheit im Spiegel des medizinischen Raums.

Dann ging ich wieder in den Kerker und öffnete die Schranktür.

»Leidest du?«

»Ja.«

»Leidest du für mich?«

»Ja.«

»Leidest du und stellst du mich dir vor?«

»Ja.«

»Stellst du dir mich ohne Rock vor?«

»Nein.«

Ich drückte meinen Rock an seine große Hand. Er griff danach und verstand sofort. »Oh, danke!«, stammelte er entzückt. Dabei hätte ich es belassen können, schließlich reichte doch seine Überraschung. Er war blind, gefesselt, hatte Schmerzen und war erregt über so etwas Flüchtiges und Nahes – das war genug. Aber ich ließ seine gefesselte Hand über den Bund und den Saum meines Höschens zur nackten Haut meiner Oberschenkel gleiten. Das war das erste Mal, dass er mich berühren durfte. Ich drehte mich dabei, sodass er mit dem Finger die Konturen meines Hinterteils erahnen und meinen Bauch spüren konnte. Wie er mich berührte, war eine Kunst. Ich genoss den einfachen, sublimen Moment trotz seiner Grenzen, möglicherweise sogar wegen seiner Grenzen. Und für ihn war die Berührung die größte Belohnung für seinen Schmerz. Und hier ist noch eine Szene: Ich knie vor ihm, um die Wäscheklammern von seinen Genitalien zu lösen, während seine Finger liebevoll auf meinem Scheitel ruhen.

Und was er erst für einen Kuss erleiden würde! Ich hielt es nicht für möglich, aber jede Sitzung war intensiver als die vorhergehende und rückte einem verführerischen Unbekannten näher. Der erste Kuss wurde von der Kapuze und dem kleinen Loch für den Mund behindert und war eigentlich nur ein Austausch der Zungen – und eine weitere Grenzüberschreitung. Es war fantastisch – er schmeckte nach Kaffee und Zigaretten, und sein Atem blieb in meinem Leben, während er zu Hause bei seiner Frau war. Es waren die elektrisierendsten Stunden meiner Woche, aber sie führten zu nichts, sondern blieben auf sich beschränkt. Es kostete Kraft, ihn gehen zu lassen.

Einmal sank er am Ende einer dieser magischen Stunden auf die Knie und bat darum, mehr leiden zu dürfen. Mehr? Ja, mehr! Er hatte einen Stopfen im Anus, neunzig Wäscheklammern klemmten an seiner Haut, seine Hände und seine Fußsohlen waren wund vom Rohrstock, seine Nippel waren blutig, aber er wollte mehr leiden. Wie weit wollte er noch gehen?

»Ich tue alles, alles«, sagte er. »Ich will mich für dich selbst verletzen.«

Ich hörte Violinen im Hintergrund, und durch den schwarzen Samtvorhang drang ein Lichtstrahl. Er sah überirdisch schön aus, wie er auf seinen Knien lag und mich anflehte, mehr zu leiden. Ich wollte ihm geben, was er so verzweifelt von mir verlangte.

Ich steckte Metallklemmen an seine Nippel, die mit einer Kette miteinander verbunden waren.

»Dann verletz dich selbst.« Er nickte. »Nimm die Kette in den Mund und blick zur Decke.«

Gehorsam hob er sein festes Kinn, bei dessen Anblick mir ein Schauer über den Rücken lief, und reckte es so hoch, dass sich schließlich die Klemmen von den Nippeln lösten. Erstickt schrie er auf.

»Noch einmal«, sagte ich.

9

Offenbarung

Ich preise den Beruf, der Grenzen niederreißt und mich in Kontakt mit Hunderten von nackten Männern bringt: Männer, die ich nie kennengelernt hätte, wenn sie ihre Kleider anbehalten hätten. Ich habe die Abkürzung zu einer aufrichtigen Anziehung gefunden. Jetzt frage ich mich: Sind alle Männer gleich? So verletzlich, bedürftig und dankbar für ein bisschen ungeteilte sexuelle Aufmerksamkeit? So durchsichtig und so komplex? So empfänglich für Lust und so leicht zu befriedigen?

Theoretisch könnte ich sechs Tage in der Woche sechs Sitzungen pro Tag machen und damit im Jahr hundertfünfzigtausend Pfund verdienen. Nach acht Jahren könnte ich mich als Millionärin zur Ruhe setzen. In der Praxis jedoch lag meine Grenze bei vier bis fünf Sitzungen pro Tag, fünf Tage in der Woche, und auch das hielt ich nur ein paar Monate lang durch. Dann brauchte ich Urlaub. An einem Tag wollen alle sechs Männer vorbeikommen, drei von ihnen heißen John, vier wollen gedemütigt werden, und wenn es nur irgendwie geht, machst du es auch, weil es am nächsten Tag bestimmt drei Absagen gibt, neue Kunden, die nicht auftauchen, die Telefonleitung ist gestört, die Bahn streikt oder es ist Monatsende und alle sind pleite. Ich wusste nie genau, wie viel ich pro Tag, pro Woche, geschweige denn in einem ganzen Jahr einnehmen würde. Ich konnte mein Budget nicht im Voraus planen, was mich jedoch nicht davon abhielt, ständig zu rechnen. Wenn ich in zwei Wochen zweitausend Pfund verdiente, könnte ich in sieben Wochen fünftausend Pfund beiseitelegen – dann hätte ich noch vor Jahresende zehntausend Pfund gespart. Ich schätzte die Summe dauernd zu hoch, aber auf dem Gipfel meiner Sparsamkeit hatte ich einmal dreißigtausend gespart. Aber es war seltsames Geld, das mir ganz leicht durch die Finger glitt. Diese glänzenden pinkfarbenen Salatschüsseln, die riesigen Kerzen, die Flickenteppiche von Habitat, das weiße Trüffelöl, am Freitag und Samstag Lebensmittel auf dem Burrough Food Market, der organische Blaubeersaft, der nach Zimt duftende Essig, weißer Tee und teures Mineralwasser wurden mit dem Geld bezahlt, für das ich Männer ausgepeitscht und geschlagen, verhöhnt und angespuckt und mit dem Fuß aufgestampft hatte, den ich meinem Opfer anschließend in den Mund steckte. Eine Sitzung mit Bernie waren meine Miete und Telefonrechnung sowie die wöchentlichen Fahrtkosten. Wenn George zu mir kam, kaufte ich anschließend Blumen für meine Wohnung, Rosen en masse, Berge von Tulpen oder auch Zimmerpflanzen, ein Zitronenbäumchen oder einen Bonsai. Gavins dreistündige medizinische Sitzung brachte mehr als genug für meinen roten Samtmantel ein.

Er besuchte mich zum ersten Mal ein Jahr, nachdem seine Frau gestorben war. Damals war er vor Kummer und Trauer immer noch völlig außer sich. Seine Stimme war so leise, dass ich mich anstrengen und den Atem anhalten musste, um mir die Geschichte seines Verlustes durch eine Wolke von üblem Mundgeruch anhören zu können. Er hatte einen Bart und einen Schnäuzer und war Ire. In seinen sechsundfünfzig Lebensjahren war er noch nie bei einer Domina gewesen.

Ich weiß nicht mehr, wer auf die Idee gekommen ist, ihn zu feminisieren, aber es war genau das, was er brauchte. Von Anfang an war er ganz versessen darauf, sich in der Rolle zu verlieren. Ich zog ihm einen schwarzen Tanga, hochhackige Schuhe, Nylonstrümpfe, Strumpfhalter und Büstenhalter an und setzte ihm eine lange, schwarze Perücke auf: Jetzt brauchte er nur noch ein wenig Anleitung und Ermutigung, und eine Transe war geboren. Für ihn war es eine Offenbarung, als er sich so im Spiegel sah, während ich hinter ihm stand, über den Rand seiner Strümpfe streichelte und seine Nippel durch den Büstenhalter reizte.

Ich legte ihn über die Prügelbank und zog ihm mit einem Ruck das Höschen herunter, als sei ich sein Zuhälter. Er muss es als ungeheuer sündig und schmutzig empfunden haben. Als ich nach vorn an seinen Penis griff, war er nass und erigiert. Das gibt mir immer Selbstvertrauen. Ich versohlte ihm den Hintern, schmeichelte ihm jedoch gleichzeitig, indem ich Dinge zu ihm sagte, die er noch nie von jemandem gehört hatte: »Das ist ein perfekter kleiner Arsch, der geradezu danach schreit, angefasst zu werden. Ich mag dich halb nackt, halb angezogen, es steht dir; du siehst dann so bereit und willig aus, als ob du angefasst werden wolltest, meine kleine geile Schlampe mit deinen hohen Absätzen, deinem Büstenhalter und den Seidenstrümpfen … unwiderstehlich. Ich wärme dich jetzt ein bisschen an, und du wirst schon merken, wie mir heiß wird, wenn ich dich anmache. Zuerst wärme ich deinen Arsch ein bisschen an, damit er sich öffnet.«

Ich schlug ihn nur ganz leicht und erzählte ihm dabei, ich sähe genau, dass er mein besonderes kleines Mädchen sei. »Wärst du das gerne?«

»O ja, sehr, Herrin. Du bist meine Herrin. Ja, das bist

du. Ich möchte dir gefallen«, gurrte er leidenschaftlich. Am Ende der Sitzung kniete er in seiner dicken Kordhose und seinem blauen Wollpullover vor mir und weinte heiße, elegische Tränen.

Einmal alle vierzehn Tage machten wir ein Schlampentraining, das mit seiner Verwandlung in einen Transvestiten begann. Er verliebte sich in ein paar Sandalen mit Knöchelriemchen, genoss es, wie die Strümpfe seine Beine betonten, seine Arschbacken formten und ihm das Gefühl gaben, sexy zu sein. Er hatte eine Schwäche für schicke Höschen und begann, sie sich selbst zu kaufen. Ich zog ihm Kleider mit Spaghettiträgern, Korsetts, PVC-Miniröcke und pinkfarbene Federboas an. Er saugte meine Ermutigung regelrecht auf und bemühte sich verzweifelt, mir zu gefallen. Wir arbeiteten an Haltung und Gleichgewicht. Ich machte mit ihm Ballettübungen, damit er sich anmutiger bewegte, rasierte seine Genitalien, brachte ihm bei, wie er seine Hüften schwingen, mit dem Hintern wackeln und seine mit Silikon ausgepolsterte Brust recken musste. Er lernte, mit den Wimpern zu klimpern, sich kokett zu geben und sich dabei wie eine Schlampe zu fühlen. Leider sabberte er immer ein bisschen, wenn er sich mit seiner dicken Zunge über die Lippen fuhr, und sie hing als sichtbare Konzentrationshilfe aus seinem Mund, wenn er wie eine Prostituierte durch das Zimmer stolzieren sollte. Der Bart und der Schnäuzer machten es auch nicht gerade besser.

Nach fünf Monaten knebelte und verprügelte ich ihn mit einem schweren Holzpaddel, und ich penetrierte ihn mit einem umgeschnallten Dildo. Er konnte mittlerweile wie ein Profi Dildos lutschen, und ich beherrschte das Schlampentraining und die Ausdrucksweise von Zuhältern. Letztendlich war es eine schweißtreibende Angelegenheit, aber er fand dabei ekstatisches Vergessen.

Er verließ mich immer nur sehr widerwillig. Er hatte sich in die Person verliebt, die ihm dabei geholfen hatte, die wilden Tiefen seiner Lust auszuloten und dadurch die Trauer zu überwinden. Vergeblich versuchte er, die Grenzen unserer Beziehung auszudehnen, indem er mich zu sich nach Hause zum Essen einlud. Ich erwiderte die Geste nur insoweit, als ich ihm etwas Persönliches erzählte: »Eines Tages vielleicht, danke. Es ist schön, eine Einladung zum Abendessen zu bekommen, das passiert mir als Köchin selten.«

Eines Tages blieb er in der Tür stehen, als er gerade gehen wollte, drehte sich um und sagte: »Du hast mir einmal von deinem früheren Beruf erzählt; meinst du, du könntest meinen ursprünglichen Beruf erraten?«

»Warum?«, fragte ich irritiert. Seine Anbetung und sein Glaube an meine »höheren Kräfte« gingen mir langsam auf die Nerven, und ich wollte auf seine Frage nicht antworten. »Woher soll ich das denn wissen? Ich möchte lieber nicht raten.«

»Ach komm, bitte, versuch es doch mal. Ich weiß genau, dass du es herausbekommst.«

Ich blickte ihn an und tat so, als könne ich in seine Seele sehen ... Aber das war natürlich lächerlich. Er hätte alles Mögliche sein können, Tierarzt, Architekt, Bibliothekar, Buchhändler, was auch immer. Schon öffnete ich den Mund, um ihm zu sagen, ich wisse es nicht, aber zu meiner eigenen Überraschung kam etwas ganz anderes heraus. Ich betrachtete den dunkelblauen Pullover mit dem hellblauen Hemd darunter und sagte, vielleicht um ihn zu tadeln: »Du warst Priester.«

Ernst schloss er die Augen und nickte langsam. Und dann küsste er mir – nun ja – sehr religiös die Hand und bat mich: »Erzähl es niemandem.« Aber warum eigentlich nicht. Kaum war er weg, rief ich Angel an, und als ich an jenem Abend nach Hause kam, erzählte ich meinen Mitbewohnern, dass ich einen Priester vergewaltigt hatte.

Hosen-Dan kam schon ungefähr seit zwei Jahren zu mir, als er plötzlich mitten während der üblichen Ölmassage und Masturbation ausrief: »Du setzt mich doch nicht in einen Rollstuhl, oder?«

Hä? Ich konnte mir nicht vorstellen, was ein Rollstuhl mit einer Kastrationsfantasie und Wollhosen zu tun hatte. Vielleicht Hilflosigkeit, Machtlosigkeit, Entkräftung... Na ja, okay. Oder war es eine reale Erinnerung?

»Doch, darauf kannst du dich verlassen! Ich binde dich darin fest und lasse dich dann draußen im Regen stehen.« Danach gehörte der Rollstuhl zu unserem festen Repertoire.

Aber einige Monate später überraschte er mich erneut. Er war hereingekommen, hatte mich wie üblich begrüßt, mich mit Fünf-Pfund-Noten und Kleingeld bezahlt und begann bereits, sich auszuziehen, als ich das Zimmer verließ. Zwei Minuten später kehrte ich zurück, aber er war nicht nackt wie sonst, sondern er trug ein Damennachthemd mit Rosenknospenmuster von M&S. Früher einmal hatte ich Dans Fantasie irrtümlich für einfach und geradlinig gehalten. Früher einmal hatte ich geglaubt, die Nadelstreifenhose hätte die nostalgische Macht eines Fetischs. Jetzt jedoch kannte ich mich nicht mehr aus. Erregte ihn die Hose selbst oder die Aussage, die dahinterstand? War es eine spezifische Kastrationsfantasie, oder steckte eine allgemeine Erfahrung von Demütigung, Qual und Entmannung dahinter? Vielleicht aber bezogen sich all diese Dinge – Rollstuhl, Nachthemd, Nadelstreifenhose, die Kastrationsdrohung – auch auf reale Ereignisse? War es Fantasie, oder hatte es so einen Lehrer tatsächlich gegeben?

Nachdem Adam schon viele Monate zu mir gekommen war, bekam ich einen Warnhinweis. Er stand im Sarg, mit der Kapuze über dem Kopf, Handgelenke und Knöchel an die Innenwände der Kammer gefesselt. Er hatte schon Dutzende Male an dieser Stelle gestanden, aber dieses Mal spürte ich, dass etwas anders war. Es gefiel ihm nicht. Keine meiner Handlungen rief die übliche Reaktion hervor. Ich wollte die Wäscheklammern an seinem Geschlecht so schnell und schmerzlos wie möglich abnehmen, aber als ich nach der ersten Klammer griff, schrie er so vorwurfsvoll auf, dass ich davor zurückscheute, auch die anderen zu entfernen. Ich war gerade an der fünften angelangt, als er sich mit solcher Kraft reckte, dass er die Fesseln an den Handgelenken zerriss und auf einmal die Arme frei hatte.

Ich wich zur Tür zurück, um mich in Sicherheit zu bringen. Das Herz klopfte mir bis zum Hals, und ich dachte nur: Er ist gewalttätig und unzurechnungsfähig und außer Kontrolle geraten. Es war schon einmal passiert, und es konnte jederzeit wieder passieren. Und es war inakzeptabel. Als ich jedoch wieder in den Kerker zurückkehrte, war er ruhig und tat so, als sei nichts gewesen.

»Dein feindseliges Verhalten gefällt mir nicht. Tu das nicht noch einmal«, sagte ich.

Aber ich kann mich nicht erinnern, dass er Besserung gelobte.

12:45 Uhr: *Ich möchte endlich, dass es vorbei ist, und auf einmal ist es kurz vor Schluss. Das große Finale gibt mir noch einmal Auftrieb. Wenn ich vorher daran gedacht habe, habe ich ihn so gefesselt, dass er seine rechte Hand leicht befreien kann, ohne den Rest der Bondage zu beschädigen. Er weiß, dass es Zeit ist, deshalb nimmt er seinen Penis zwischen Daumen und Zeigefinger und melkt ihn wie eine Zitze. Ich greife nach einem Papiertaschentuch und lasse es diskret auf seinen Bauch segeln. Ohne dass er es merkt, versuche ich dafür zu sorgen, dass er die Stricke nicht beschmutzt. Ich möchte ihn beim Masturbieren nicht in Verlegenheit bringen, sondern nehme wieder meinen Platz auf seinem Gesicht ein und beginne, schnell seine Nippel zu schnipsen. Nach nur zwanzig Sekunden erhebe ich mich und lasse ihn keuchend nach Luft ringen, bevor ich mich erneut auf ihn senke. Das mache ich mehrmals hintereinander, um ihn zu erregen. Und dann bleibe ich länger auf ihm sitzen. Nach fünfunddreißig Sekunden erhebe ich mich, er keucht. Vierzig Sekunden, dasselbe. Es ist eine stillschweigende Vereinbarung, dass wir versuchen, die Höhepunkte zu koordinieren: den Gipfel des Erstickens mit der Ejakulation. Sechsundzwanzig, siebenundzwanzig, achtundzwanzig Sekunden … und er kommt.*

Es dauert fünf oder sechs Minuten, bis ich ihn losgebunden habe. Ich arbeite schnell, weil ich davon ausgehe, dass die Situation für ihn jetzt unangenehm geworden ist. Wenn er es nicht schon selbst besorgt, nehme ich ihm als Letztes die Augenbinde ab. Blinzelnd und sich die Augen reibend, blickt er ins Licht. Er sieht aus wie ein Mann, der aus einem tiefen Schlaf erwacht ist. Ich reiche ihm ein Papiertaschentuch, damit er sich die Nase putzen kann – wenn man erstickt, fließt der Schleim.

Er wirkt verjüngt und unsicher, als er aus seiner großen Höhe herunterkommt, und will über alles und jeden reden – nur nicht über das, was wir gerade getan haben. Er redet über seine nachlässigen Studenten, über das Buch, das er gerade liest, über irgendeinen Streit auf dem Campus, und ich finde, ich hatte jetzt für einen Tag genug von Bernie. Obwohl er sich gerade zwei Stunden mit mir erkauft hat, macht es mich nervös, dass er sich jetzt so viel

Zeit lässt, ohne dafür zu bezahlen. Aber er scheint es nicht zu bemerken und setzt sich zu einer schwierigen Yoga-Figur zurecht. Manchmal demonstriere ich aus Zuneigung oder Mitleid, wie ich diese Figur mache, und erlaube ihm, mich zu korrigieren, wenn ich sie nicht ganz richtig hinbekomme.

Erst nach einigen Jahren habe ich ihn beim Anziehen gefragt, warum er sich so gerne ersticken lässt oder wie alles begonnen hat. Ich weiß noch, dass er die Antwort dramatisch hinauszog und sich erst den zweiten Socken überstreifte, bevor er mich anschaute und lächelte, als wolle er mir gleich einen unwiderstehlichen Witz erzählen – was er dann auch tatsächlich tat.

»Ich bin so auf die Welt gekommen.«

»Woher willst du denn das wissen?«

»Ich sage dir, ich bin schon so auf die Welt gekommen. Die Nabelschnur hatte sich um meinen Hals gelegt, deshalb bin ich bei der Geburt fast erstickt.«

Kann man sich eine bessere Erklärung vorstellen? Wir lachten beide, vorsichtig zuerst, da keiner von uns beiden wusste, warum oder worüber wir überhaupt lachten. Natürlich glaubte ich ihm seine Erklärung nicht, und vielleicht lachte ich ja, weil ich dachte, er würde aus dem gleichen Grund lachen. Das konnte er doch nicht ernsthaft glauben? Was ist denn mit all den blauen Babys, die nicht auf erotisches Ersticken stehen, und all den Leuten, die darauf stehen, aber nicht mit der Nabelschnur um den Hals zur Welt gekommen sind? Und vielleicht lachten wir auch, weil es keine Rolle spielte; es war wirklich egal. Unsere Hysterie gewann die Oberhand, und ein paar Minuten lang lachten wir wie die Blöden.

Es war meine letzte Sitzung mit Adam, aber das sagte er mir erst, als er die Kapuze schon über dem Kopf hatte und auf dem Bondage-Stuhl im Kerker festgeschnallt war, mit Dutzenden von Wäscheklammern an seinen Geschlechtsteilen. Warum wählte er gerade diesen Moment, um es mir zu sagen? Was für ein Schlag ins Gesicht! Es bewies, dass letztlich er die ganze Macht hatte, weil er einfach weggehen konnte. Wahrscheinlich hatte ich gedacht, dass alles immer so weitergehen würde. Ach, ich weiß eigentlich nicht, was ich gedacht habe. Vielleicht dachte ich ja, es würde irgendwohin führen, es würde sich etwas Bedeutsames aufbauen. Das waren allerdings keine konkreten Gedanken gewesen. Wie lange hätte ich denn noch weitermachen können, ohne mehr zu wollen, ohne auch Lust empfinden und nicht immer nur geben zu wollen? Wie lange hätte es gedauert, bis ich mehr gewollt hätte, als ich ihm in einem winzigen roten Zimmer in der Vorstadt in einer Stunde geben konnte? Er war ein verheirateter Mann, ein Kunde, ein Fremder; er hatte sechzig Minuten lang seine Seele mit mir geteilt, aber das waren nur 0,0059 Prozent seiner Woche. Und jetzt nahm er mir sogar diese winzige Menge Zeit ohne Vorwarnung weg.

»Warum ist heute unsere letzte Sitzung?«, fragte ich beiläufig.

Letztendlich basierte die ganze Sache zumindest teilweise auf einem Missverständnis. Er war den Sommer über weg und hatte den Eindruck, ich sei nicht mehr da, wenn er zurückkäme, weil ich seit einigen Monaten meinen Stammkunden gegenüber Andeutungen machte, ich führe bald fort und käme möglicherweise nicht mehr wieder. Ich brauchte eine Pause. Seit zwei Jahren hatte ich vier, fünf, sechs Tage pro Woche ohne Unterbrechung gearbeitet, und ich hatte das Gefühl, meine Welt schrumpfte, statt sich zu erweitern. Außerdem hatte Angel gedroht, das Haus zu verkaufen. Bis jetzt jedoch gab es für beides noch kein festes Datum. Es war nur Adams Vorstellungskraft, beziehungsweise der Mangel daran, der den Moment in eine sich selbst erfüllende Prophezeiung verwandelte. Und deshalb hatte er beschlossen, am Ende der Stunde zu gehen und mich nie wiederzusehen. Kalt und feige, dachte ich. Wie konnte er nur?

Dass ich so entbehrlich und irrelevant war, musste ich erst einmal verarbeiten. Ich fühlte mich machtlos. Eine Welle von Übelkeit überschwemmte mich und ertränkte mich beinahe, während ich nur noch einen einzigen Gedanken fassen konnte: *Das ist falsch!* Der kindische Impuls, um mich zu schlagen und aufzubegehren, überkam mich. Er sah nichts und konnte sich nicht verteidigen, auch wenn er alle Macht hatte. Also schlug ich ihn ohne Vorwarnung. Ich trat ihm mit aller Wucht zwischen die Beine – und bereute es bereits, noch bevor mein Absatz ihn traf. Aber da war es schon zu spät.

Er jaulte unwillkürlich auf, atmete scharf ein, was auch immer, es war auf jeden Fall schrecklich. Ich hatte Angst, Schaden angerichtet zu haben, Angst vor dem, was er tun würde. Unsere erste Sitzung, das beschämende »Nein«, das aus ihm herausgebrochen war, das Zerreißen der Lederriemen im Sarg. Voller Angst und Schuldbewusstsein stürzte ich zu ihm, um ihm die Kapuze abzunehmen, die Fesseln zu lösen und die Wäscheklammern zu entfernen. Es war ein schmerzlicher Schock für mich, als ich sah, dass sein schönes Gesicht schmerzverzerrt und blutleer war. Und in seinen ozeanblauen Augen standen Tränen. Ich ging, um einen feuchten Waschlappen zu holen, und während ich darauf wartete, dass das Wasser kalt aus dem Hahn kam, ließ ich die unglückliche Symmetrie unserer Geschichte noch einmal Revue passieren. Sie endete unwürdig, flüchtig und gewalttätig – so wie sie begonnen hatte. Nur dass dieses Mal meine Wut die Ursache war.

Und ich bin tatsächlich wütend. Ich habe Probleme in der Öffentlichkeit. Fremde und ihr distanziertes Verhalten, Menschenmengen, billige Parfüms, alle lauten, aggressiven Geräusche regen mich über die Maßen auf, sodass ich mich auf sehr unenglische Art und Weise gezwungen sehe, etwas zu sagen. Das Ergebnis sind feindselige Konfrontationen. Für mich ist die Frage nicht, *ob* ich etwas sagen soll, sondern *wie* ich es sagen soll. Wenn jemand neben mir in der U-Bahn etwas Stinkendes isst, dann äußere ich das. Erst letzte Woche versuchte eine junge Frau, ihr Kind im Kinderwagen durch den Bus zu schieben. Sie schrie eine alte Dame an, endlich ihren »gottverdammten Arsch« wegzubewegen. Etwa zwei Dutzend andere Fahrgäste saßen stumm und passiv dabei, warum also fühlte gerade ich mich bemüßigt einzugreifen? Wer bin ich denn? Eine Art Stadtsamurai? Jedenfalls sagte ich ihr, sie solle nicht so herumschreien und nicht so unhöflich zu anderen Leuten sein. Wie vorauszusehen war, schüttete sie daraufhin ihr Gift über mir aus. »Wer hat dich denn um deine Meinung gefragt, du blöde, selbstgefällige Schlampe?« Wie soll man auf so etwas reagieren? Wie immer eskalierte es, bis ich schrie – *schrie*: »Hör endlich auf zu schreien!« Das rief natürlich bei den anderen Fahrgästen unterdrücktes Kichern hervor, und es war einfach nur lächerlich. Ich stieg also an der nächsten Haltestelle aus, und sie trat mich hinten in den rechten Oberschenkel, als ich zur Tür ging. Mich überfiel das wilde, heiße Verlangen, mich umzudrehen und auf sie zu stürzen. Natürlich tat ich es nicht, sondern humpelte nach Hause, und es dauerte eine ganze Weile, bis ich mich wieder beruhigt hatte. Und dann erfasste mich eine unendliche Traurigkeit.

Wenn ich im U-Bahnhof zwanzig Minuten auf den Zug warte, obwohl auf der Tafel »Keine Verspätung« steht, dann gehe ich zu einem Angestellten und verlange, dass eine Ankündigung gemacht wird. Wenn ich sehe, dass jemand Müll wegwirft, sage ich der Person, sie soll es aufheben, und meistens ist die Antwort dann, ich soll mich um meinen eigenen Mist kümmern. Einmal allerdings erreichte ich mein Ziel diplomatisch. Ich schaute gerade aus dem Fenster meiner Wohnung, als ein Teenager an meinem Tor vorbeiging und die fettige Pergamenttüte, in der sich die Chips befunden hatten, wegwarf. Entschlossen rief ich hinter dem Mädchen her.

»Hey, hey, du da. Hallo!«, schrie ich fröhlich. »Du hast etwas verloren.«

Sie blieb stehen und blickte verwirrt zu mir herauf, aber ich lächelte sie nur freundlich an.

»Hallo, du hast etwas fallen lassen«, sagte ich und zeigte auf die Pergamenttüte, als ob ich ihr einen Gefallen tun würde. Nickend und lächelnd schaute ich sie ermunternd an, und sie bückte sich tatsächlich und hob die Papiertüte auf. Immer noch völlig verwirrt ging sie weiter, und als ich ihr nachblickte, sah ich triumphierend, dass sie ihren Abfall in eine Mülltonne warf, die ein paar Häuser weiter auf der Straße stand. Aber das ist wirklich selten.

Warum rege ich mich überhaupt so auf? Was quält mich? Die Gedankenlosigkeit der anderen oder die Tatsache, dass ich mich unsichtbar fühle? Warum bin ich so kritisch und intolerant? Ich wüte und tobe und benehme mich völlig daneben.

Und warum habe ich meine Wut nicht im Kerker herausgelassen? Was bedeutet das? Es wäre doch der am besten geeignete Ort… Stattdessen empfinde ich mich bei der Arbeit als tolerant und teilnahmsvoll. Ich bin taktvoll, effektiv und mitfühlend, und meine Kunden unterwerfen sich mir gerne. Ich berate und ermutige, schenke

Lust und verteile meine Liebe. Ich vergebe ihnen ihre unappetitlichen Gerüche, ihre Perversität, ihre Schwäche, ihre Unbeholfenheit. Selbst wenn ich ihnen ins Gesicht spucke, ihnen auf die Eier schlage, sie demütige und verbal missbrauche, wenn ich sie peitsche, kneife und Nägel in sie hineinhämmere, so bin ich doch im Kerker praktisch nie wütend. Ich kontrolliere die Vorgänge, lasse die Dinge geschehen und verbinde mich auf intimste Art und Weise mit Fremden. Wenn einer von uns etwas sagt, hört der andere zu. Es gibt Kapuzen und Augenbinden, aber trotzdem versuchen wir, unsere Masken abzunehmen. Also, herunter mit der Maske. Warum bin ich wütend? Weil ich etwas brauche. Diese kurzen, magischen, instabilen Momente in einem Vakuum sind nicht genug. Ich möchte etwas Dauerhaftes. Ich möchte Adam mehr bedeuten.

Ich ging mit dem nassen Waschlappen zurück in den Kerker, wollte mich für meine Aggression entschuldigen und die Sitzung ruhig zu Ende führen. Aber als ich den Kerker betrat, sah ich, dass er genauso dasaß, wie ich ihn verlassen hatte, nur war die Farbe wieder in sein Gesicht zurückgekehrt, und er schien mir verziehen zu haben.

»Ich bin bereit weiterzumachen«, sagte er.

Darauf war ich nicht vorbereitet. Ich musste nachdenken. Ich reichte ihm den Waschlappen und ein Glas Wasser und blickte ihm in die Augen.

»Bitte, darf ich dich nur dieses eine Mal berühren?«, fragte er.

Und mir fiel kein Grund ein, warum ich es ihm verwehren sollte. Jahrelang waren ihm die Macht und die Lust zu geben, mich zu sehen und zu berühren, versagt geblieben. Und ebenso lange hatte ich es mir selbst versagt. Niemand berührte mich in diesem Raum. Aber dieses eine Mal würde ich die Kontrolle, den Zwang meiner Rolle, aufgeben. Das hatte ich ja bereits getan, als ich ihn getreten hatte; jetzt wollte ich sehen, was geschah.

Zuerst kniete ich mich zwischen seine Beine und entfernte die Wäscheklammern. Er schrie nicht, gab keinen Laut von sich, sondern streichelte immer nur meinen Kopf und flüsterte: »Anna, Anna, Herrin Anna.« Als ich aufstand, blickte ich herunter auf sein Gesicht, und er blickte zu mir hinauf, und ohne seinen anbetenden Blick von mir abzuwenden, hob er meinen Latexrock.

Ich ließ zu, dass er mit der Fingerspitze meinen Oberschenkel berührte und den Saum meines Höschens entlangfuhr. Diese einzelne Berührung war elektrisierender und befriedigender als das Flattern von Millionen Taubenflügeln … Er fuhr mit dem Finger am Spitzensaum entlang und prägte sich mein Gesicht ein. Ich wurde fast ohnmächtig, so nahe war sein Finger an meinem Geschlecht. In diesem Moment entdeckte er die Wahrheit, und ich glaube, es überraschte ihn wirklich, dass ich ihn begehrte, jedenfalls sah ich die Überraschung in seinen Augen. Er berührte mein Geschlecht und spürte, dass ich nass war. Vertrauen und Bestätigung, eine Einladung, unser letztes Treffen … Was wir bis jetzt zurückgehalten hatten, war endlich frei.

Es war wie das Brechen einer Welle: überbordender Schaum, silberne Gischt. Die gesamte Struktur, Jahre der erzwungenen Zurückhaltung, brachen zusammen, und eine Flut von Leidenschaft ergoss sich. Wir küssten uns hungrig wie im Fieber, wie in einem Festmahl. Keine Zwänge, keine Kapuze, keine Wäscheklammern, keine Lederriemen, keine Regeln. Jeder Blick, jede Berührung schmeckte köstlich nach Freiheit.

Ich küsste ihn auf den Nacken. Er küsste meine Schulter und meine Achselhöhle. Ich küsste sein Haar. Er küsste meinen Bauch und meine Knöchel. Ich konnte alles küssen, was ich wollte, denn für den Rest der Stunde gehörte er mir. Ich küsste die Augen, die mich fasziniert hatten. Ich küsste seine Augenlider, seine langen Wimpern und seine dichten Augenbrauen … Und sie kitzelten meine Lippen. Ich spürte seinen Mund und seine Hände, die Freude darüber, alles von mir zu entdecken, und ohne das Wort überstrapazieren zu wollen, es war die reine Ekstase. Seine Hände waren neugierig, und doch schienen sie meinen Körper besser zu kennen als ich selbst.

Und dann brachen wir auch noch die letzte Regel, indem wir uns auf dem Fußboden im Kerker liebten.

Als es vorbei war, zitterte ich am ganzen Körper, war verschwitzt, benommen, fassungslos und euphorisch. Ich stand auf, um meine Kleidung zu richten, und sah mich selbst in der Spiegelwand. Meine Haare standen wild um mein mit Make-up verschmiertes, gerötetes Gesicht. Mein Lieblingslatexrock war zerrissen, und ich würde ihn wegwerfen müssen, aber ich hatte genommen und war genommen worden. Wir schwiegen, da alles schon gesagt worden war, und ich ging aus dem Zimmer. Das war das Ende. Aber es war auch der Anfang: Wir hatten einen Termin für den Frühherbst gemacht.

Teil II

10

Zuhause

Natürlich bin ich nicht perfekt. Ich habe nicht den Wunsch, dich im »wirklichen Leben« zu dominieren. Ich möchte von dir herausgefordert, inspiriert, genährt werden und dabei verletzlich bleiben dürfen. Ich möchte zu dir aufschauen, deinen Verstand lieben und von dir lernen. Ich möchte, dass wir gleich sind. Wir sind beide sehr intensiv. Wir teilen diese seltene Chemie. Wir sind von der gleichen Art. Ich möchte, dass du mich und nicht eine Fantasievorstellung von mir liebst. Ich möchte das Normale. Ich möchte das Außergewöhnliche.

Und ich bin so romantisch.

Ich weiß noch, wie ich mit Einkaufstüten beladen durch den öffentlichen Park nach Hause ging, wo er auf mich wartete. Ich erinnere mich sogar an die Details, zum Beispiel, was ich zum Abendessen kochen wollte. Ich wollte Pastinaken schälen und vierteln und sie mit ganzen, ungeschälten Knoblauchzehen, Ingwerstückchen und Kürbiswürfeln in Erdnussöl schwenken, gewürzt mit Zimt, Ahornsirup, Reisessig, zerstoßenem Pfeffer, Sternanis und einem Schuss Sojasauce. Dann wollte ich die Mischung etwa eine Stunde im Backofen rösten, während ich Thunfischsteaks und Salat vorbereitete. Letztendlich machte ich keinen Salat und auch nichts anderes, aber ich sah es deutlich vor mir: bitteren Frisée-Salat, knusprig gebratene Schalotten, papierdünne Birnenscheiben mit einem einfachen Dressing aus Traubenkernöl und Sherry-Essig. Das Essen wollte ich auf schwarzen Tellern servieren und den Salat in den roten Keramikschalen, die ich im Rucksack aus Japan mitgebracht hatte.

Das Essen sollte nahrhaft, tröstlich und ausgeglichen sein und dem Gaumen schmeicheln. Ich wollte die Blumenlampe einschalten, Pat Metheny auflegen, und danach konnten wir uns einen Film anschauen, oder wenn er müde war (Schlaf war eine Leidenschaft von ihm, Zeitvertreib und Flucht zugleich), dann würde ich ihm im Bett laut etwas vorlesen, denn Vorlesen war eine meiner Leidenschaften.

Ich erinnere mich an jede Einzelheit jenes Abends. Wie das Licht auf das Gras im Park, der nur wenige hundert Meter von meiner Wohnung entfernt lag, fiel. Die orange- und pinkfarbenen Wolken, der stille Himmel und die Luft, die noch feucht roch, weil es früher am Tag geregnet hatte. Es war der Beginn des Frühjahrs, und ich spürte sein Fieber und seine Verheißung. Ich ging nach Hause zu ihm, zu dem Mann, den ich liebte und der, so unglaublich es klang, mich ebenfalls liebte. Später konnte ich darüber nachdenken und zweifeln, und das würde ich auch bestimmt tun, aber in diesem Moment war ich unsäglich glücklich. Als ich einatmete, weitete sich meine Brust, und ich stellte mir das warme Essen vor, das ich zubereiten würde, und dachte an den Mann, der darauf wartete, meine Liebe zu empfangen.

Und dann, beim nächsten Schritt, spürte ich, wie etwas an mir nagte. Ich blieb stehen und versuchte es zu orten. Ich spürte die Griffe der Plastiktüte in meinen verschwitzten Handflächen, das Gewicht der Einkäufe, sah den Neonmond über mir und den Weg unter mir und wusste auf einmal, was es war, warum sich dieser Augenblick so vertraut anfühlte: Er erinnerte mich an ein mittelmäßiges Gemälde, das mich trotzdem fasziniert hatte. Und die Frau auf diesem Gemälde war ich.

Es war an einem windigen Nachmittag in Istanbul. Ich rannte einer Hülle oder einem Blatt Papier nach, das ich fallen lassen hatte, und es tanzte wie ein Derwisch vor meiner Nase herum, bis ich es endlich zu fassen bekam. Plötzlich riss der rauchfarbene Himmel auf, es donnerte und blitzte gleichzeitig und dann folgte ein Regenguss. Ich suchte Schutz in einer kleinen Kunstgalerie, wo eine korpulente Dame in einem knallgrünen Kleid rauchend am Empfangspult neben dem Eingang saß. Ich stand in einem weißen Raum inmitten eines Wirbelwinds aus Farben. Ich war nass, und meine Hände waren kalt, deshalb wandte ich mich nach links, wo ein Gemälde in wärmeren Farbtönen hing. Die braunen, roten und hellgelben Töne hatten eine beruhigende Wirkung auf mich.

Das Bild stellte eine Straße mit hohen Sandsteinhäusern und herbstlich gefärbten Bäumen dar. Aus einem Esszimmerfenster fiel Licht, der Mondschein spiegelte sich in einer Pfütze, und eine Straßenlaterne beleuchtete eine schlanke Frau von hinten. Wer war sie? Wie sah ihr Gesicht aus? Sie ging mitten auf der Straße, in jeder Hand eine Einkaufstüte, und der Betrachter hatte das Gefühl, dass sie in dieser Gegend wohnte und nach Hause ging, um für jemanden zu kochen.

Ich reagierte unerwartet heftig auf diese simple Szene. Ein nostalgisches Gefühl stieg in mir auf – warum? Irgendetwas an dem Gemälde weckte meine Sehnsucht oder Trauer – was genau es war, konnte ich nicht benennen. Diese Herbstszene, die Heim und Herd, Stabilität und Einfachheit vermittelte – wollte ich genau das? Betrachtete ich hier das, was ich mir am meisten wünschte, oder etwas, das mir entgangen war? Immerhin war ich in

Istanbul, allein, schrieb, lief herum und suchte. Ich hatte viele Zuhause, ich hatte für Hunderte von Menschen gekocht, aber ich aß allein und schenkte meine Liebe vielen; ich war *nicht* so wie diese Frau.

Und jetzt, im Park in Brixton, war ich die Frau auf dem Gemälde, die mit ihren Einkaufstüten zu ihm nach Hause eilte! Ich überquerte die Straße, ging noch einen Block weiter und bog um die Ecke.

Ungeduldig lief ich in die zweite Etage hinauf und spürte meine Waden brennen, als ich die Tür zu meiner Wohnung aufschloss. Ich schlüpfte aus meinen Schuhen und eilte durch das Wohnzimmer und das Esszimmer direkt in die Küche. Ich stellte die Tüten mit den Lebensmitteln auf den Tresen, und eine Tomate rollte heraus und fiel zu Boden. Ich zog mir noch nicht einmal den Mantel aus, sondern machte mich gleich auf die Suche nach ihm.

Und da lag er. Er schlief auf dem Sofa im Wohnzimmer.

Mein erster Impuls war, ihn mit Dutzenden sanfter Küsse zu wecken. Jeder Kuss sollte ein Ereignis, eine Erklärung, eine Frage und eine Herausforderung sein. Aber er atmete so gleichmäßig und sein Gesicht sah so friedlich aus, dass ich ihn nicht stören wollte. Ich stand da und betrachtete ihn, wobei ich mir die Macht zu erklären versuchte, die er über mich hatte. Sein Brustkorb hob und senkte sich, und er gab ein pfeifendes Geräusch von sich wie es aus einer Ziehharmonika kommt. »Riesenlungen«, sagten die Ärzte. Ich störte ihn nicht und begann auch nicht, das Abendessen vorzubereiten, wie ich es eigentlich geplant hatte, sondern ich hatte eine andere Idee.

Leise verließ ich das Zimmer. Er bewegte sich im Schlaf, und da ich vermutete, dass er bald aufwachen würde, hängte ich rasch meinen Mantel auf und knöpfte die Bluse bereits auf, während ich die Treppe hinauflief. Im oberen Stockwerk stieg ich aus meiner Jeans, schlüpfte aus meiner Unterwäsche, meinen Socken, ja, ich zog sogar die Silberringe von meinen Fingern und den Daumen, und dann stand ich nackt da und überlegte, ob ich noch etwas brauchte – ja, natürlich, ich brauchte die Uhr.

Um 18:39 krabbelte ich auf allen vieren die Treppe hinunter, spreizte die Beine, legte meine Füße auf die oberste Stufe und drückte meinen Rücken durch, wodurch sich mein Hintern hob. Meine Handflächen und meine Schienbeine drückten sich gegen den Dielenboden, ein kühler Lufthauch strich über meine nackte Haut, und bewegungslos wartete ich darauf, dass er aufwachte und mich so fand.

11

Junge Liebe

Als Adam und ich uns am Ende unserer letzten Sitzung auf dem Fußboden im Kerker liebten, überschritt ich eine Grenze und brach die »Kardinalregel«... aber danach geschah nichts; der Sommer verging ohne ihn. Im September vereinbarten wir ein Treffen in einem Pub in Soho.

Ich zog mir nichts Besonderes an. Ich trug meine Lieblingshose aus schwarzem Kord, einen braunen Rollkragenpullover, flache rote Schuhe, einen türkisfarbenen Schal und einen cremefarbenen Mantel, den ich in einem Secondhand-Laden gekauft hatte. So kleidete ich mich eigentlich immer, und ich hatte nicht vor, anders zu erscheinen. Meine Haare trug ich offen, ich hatte Eyeliner und Wimperntusche aufgelegt, und meine Wangen waren heiß und gerötet, weil ich vor lauter Aufregung einen Whiskey getrunken hatte. Ich fühlte mich selbstbewusst und ein wenig mutwillig. Und ich glaubte, ich hätte nichts zu verlieren, schließlich spielte es keine Rolle, ob ich ihn mochte oder nicht; ich hatte keine Erwartungen.

Ich bin sicher, ich hätte mich an jenem Abend mit Adam nicht so selbstbewusst verabredet, wenn er der erste Kunde gewesen wäre, den ich außerhalb des Kerkers traf, aber tatsächlich war er der Letzte.

Der melodische Mike rief mich an einem Samstagabend an. Ich kochte gerade, und er klang betrunken. Er sagte, er habe mein Bild in einem Fetisch-Magazin gesehen, schaue das Bild an, während wir sprächen, und ich klänge genauso attraktiv, wie ich aussähe, und er müsse mich sofort treffen. »Sie haben so einen tiefen, dunklen, bezaubernd nachdenklichen Blick in den Augen. Ich muss Sie noch heute Abend sehen.« Mit verführerisch samtiger Stimme versuchte er, mich mit tausend Pfund zu bestechen – aber er hatte keinen Erfolg.

»Ach, kommen Sie, so viel Geld ist eine Sitzung gar nicht wert. Außerdem, woher soll ich wissen, ob Sie auch tatsächlich kommen? Sie sind betrunken. Sie sollten gar nicht mehr Auto fahren, und ich esse gerade. Aber ihre Stimme ist so ungewöhnlich und melodisch, Sie können gerne noch einmal anrufen.«

Und das tat er auch, am Tag darauf. Letztendlich ließ ich mich von seiner verführerischen Stimme einwickeln und willigte ein, ihn am Sonntagabend zu treffen, obwohl ich an diesem Tag nie arbeite. Er trug diese fantastischen, knöchelhohen Lacklederschuhe, die Jerome immer getragen hatte, als er das Cottage betrat.

Mike sah auf eine jungenhafte Art und Weise gut aus, hatte sandbraune Haare und Hundeaugen, die jeden Blickkontakt vermieden. Er hielt den Kopf gesenkt, und ich hatte das Gefühl, er wolle eher sein Gesicht verbergen, als dass er sich submissiv benahm. Außerdem bestand er darauf, die gesamte Sitzung über eine Kapuze oder zumindest eine Augenbinde zu tragen, und von dem Fragebogen und dem einleitenden Gespräch über seine Vorlieben und Abneigungen wollte er nichts wissen. Stattdessen reichte er mir ein zusammengefaltetes Blatt liniertes Papier, auf dem er mit schwarzer Tinte alles aufgeschrieben hatte, was ich seiner Meinung nach wissen musste. Dort stand: Kapuzen, Einlauf, Genital-Bondage, Dildos, umgeschnallter Dildo, strenges Auspeitschen, das sich langsam aufbaut, Knebel und Bondage für das Auspeitschen. Äußerst empfindliche Nippel, keine Erniedrigung und definitiv keinen verbalen Missbrauch. Crossdressing?

Als ich in den Kerker zurückkam, lag er auf den Knien, mit gesenktem Kopf, und ich hatte das Gefühl, dass er bereits tief in der Rolle versunken war und sich nach einer mächtigen Erfahrung sehnte. Ich rollte seine Nippel zwischen meinen Fingerspitzen, und es stimmte, sie waren äußerst empfindlich. Leidenschaftlich überrascht keuchte er auf und gab sich mir ganz hin. Nach diesen ersten beiden Minuten wusste ich, wie ich weiter vorgehen musste. Ich wusste, es würde eine intensive Sitzung werden, die seine Erwartungen übertreffen würde. Ich musste ihn sinnlich, fast mütterlich, durch Schmerz und Bestrafung führen.

»Ich gehöre dir, Herrin«, flüsterte er, und ich merkte ihm an, dass er Angst hatte. »O Gott, ich gehöre dir. Bitte, tu mir weh. Ich bin bereit. Lass mich leiden. Genau das brauche ich.«

Ich band seinen Schwanz und seine Eier mit einem dünnen Lederriemen und schnallte ihn dann auf der Prügelbank fest. Ich kann mich noch gut an seine pedikürten Füße, seine wohlgeformten Waden und seinen glatten, festen Hintern erinnern. Er hatte einen muskulösen, schönen Rücken, und sein Penis war groß und erigiert. Ich spürte seine Anspannung, seine Angst und die sinnliche Aura eines Rituals. Sex und jede Möglichkeit lagen in der Luft, und ich spürte, wie ich die Macht genoss, mit der er mich ausgestattet hatte. Ich sah mich im Spiegel im Profil, meinen starken, schlanken Arm, meine Rundungen in Latex gehüllt, meine Hand, die den Rohrstock hielt, und die künstlerische, gefährliche Wirkung der Pose faszinierte mich. Ich knebelte ihn, und dann verpasste ich ihm zehn, zwanzig, vierzig, sechzig Schläge, deren Heftigkeit ich langsam aufbaute, um die Endorphine zu wecken, einen Rhythmus zu finden und ihn über den Schmerz hinauszuführen.

Danach berührte ich die nasse Spitze seines Schwanzes und griff mit der Hand unter ihn, um seine Nippel zu streicheln und zu drücken. Ich war gerührt von seinem Mut und seinem Durchhaltevermögen. Als ich ihn losband und er aufstand, breitete er die Arme aus, und wir umarmten uns.

Wir beendeten die Sitzung im medizinischen Raum. Ich hatte ihm einen Einlauf gegeben, und jetzt lag er auf dem Rücken, die Beine auf meinen Schultern. Er trug eine Augenbinde, und ich stand mit dem Gesicht zu ihm und penetrierte ihn mit einem Dildo, den ich über meinen Rock geschnallt hatte. Während ich zustieß, kniff ich ihm sanft im Rhythmus des Fickens in die Nippel. Er masturbierte. Und plötzlich hatte er, den Geräuschen nach zu urteilen, die er von sich gab, einen gewaltigen Orgasmus. Ich verdrehte die Augen, weil es mir ein bisschen übertrieben erschien. »Ach, komm«, hätte ich am liebsten gesagt, »*so* gut kann es doch gar nicht gewesen sein!« Diese klaffenden Diskrepanzen in der Wahrnehmung machten mich eifersüchtig und verlegen. Ich nahm ihm die Augenbinde ab, und er zog mich an seine Brust, wiegte mich, küsste mich auf den Scheitel und flüsterte: »Oh, mein Gott, Anna, Herrin Anna, wer auch immer du bist, wo bist du gewesen? Du bist so wundervoll!« Aus Versehen zog er an meinen Haaren und quetschte mein Gesicht, und ich fühlte mich überhaupt nicht wundervoll. Ich war müde und wollte nur noch nach Hause. Er bot mir an, mich nach Brixton zu fahren.

Als er mit seinem schwarzen Landrover vor meiner Wohnung hielt, fragte er mich: »Du erkennst mich nicht, oder?« Plötzlich wirkte er sehr ernst. »Ich muss dir etwas sagen. Ich werde dich wahrscheinlich nicht wiedersehen, und ich möchte nicht, dass du denkst, es hätte auch nur irgendetwas mit dir zu tun. Ich bin aus beruflichen Gründen drei Monate lang unterwegs. Außerdem habe ich nur ein Mal im Jahr das Gefühl, ich müsse ausgepeitscht werden, und dann gehe ich auch nie wieder zur selben Domina zurück. Ich gehe seit zwanzig Jahren zu Dominas, war aber nie bei ein und derselben zweimal. Vielleicht bin ich ja paranoid, aber ich bin prominent, weißt du.«

»Bist du Schauspieler?«, fragte ich, weniger beeindruckt, als er vielleicht erwartet hatte.

»Nein, Fernsehmoderator.«

»Na ja, ich habe keinen Fernseher, deshalb kenne ich dich nicht.«

»Ich schreibe auch für die... und früher war ich... Mehr sage ich nicht.«

Ich bat ihn nicht herein, aber wir küssten uns zum Abschied.

Ein paar Monate später rief er erneut an, und wir hatten eine weitere Sitzung – das Beste, was er je erlebt hatte, wie er sagte. Danach gingen wir in ein Fischrestaurant in Lambeth, das ausgestattet war wie ein Schiff. Die Kellner waren gekleidet wie Matrosen, und das Geschrei von Möwen und das Tuten des Nebelhorns zog durch den Raum. Er fand es lustig. Bei rohem Thunfischsteak mit Oliven und Kapernkaviar und Muscheln als Vorspeise erzählte er mir, wie er sich zum ersten Mal selbst gegeißelt hatte.

Er war damals elf Jahre alt und in einem Internat. Im Schuljahr davor war sein Vater gestorben, und er sagte, er würde nie den Blick seiner Mutter und ihre Worte »Jetzt bist du der Mann in der Familie« vergessen. Um diese Zeit lief er immer tief in den Wald hinter dem Schulgelände. Wenn er sich sicher sein konnte, dass niemand mehr in der Nähe war, riss er sich die Kleider vom Leib und rannte wild herum. Mit Zweigen geißelte er sich, und mit Pinienzapfen, die er aufsammelte, penetrierte er sich.

»Ich weiß nicht, warum ich es getan habe, oder was es mit meiner Trauer zu tun hatte. Vielleicht gab es gar keinen Zusammenhang. Mir kam es wie ein grandioses Ritual vor, das mich zum Mann machte. Wenn ich mich gegeißelt und penetriert hatte, masturbierte ich. Alles tat mir weh, und ich brüllte vor heidnischer Erregung, wenn der Orgasmus mich unglaublich heftig überwältigte. Mit vierundzwanzig Jahren war ich in New York, und ich stieß zufällig auf ein S&M-Magazin. Schockiert sah ich darin Bilder von Frauen, die Männer auspeitschten! Für mich war es eine Offenbarung, dass man anscheinend jemanden dafür bezahlen konnte, einen zu schlagen, und dass andere Menschen das gleiche Verlangen hatten.«

Die Vorstellung eines Jungen, der nackt in den Wäldern tanzte und ein uraltes sexuelles Ritual entdeckt, faszinierte mich und machte mich aber auch traurig.

In jener Nacht schlief er in meiner Wohnung. Er konnte sich kaum beruhigen, weil er tatsächlich in der Wohnung einer Domina war. Man stelle sich vor: Sie liest, sie hat einen blauen Kühlschrank und Küchenschränke, in ihrem Schlafzimmer lehnt ein Tennisschläger in der Ecke, am Kamin liegen verschlissene Ballettschuhe, auf dem Bett liegt ein niedliches Kissen, auf das ein anderer Name gestickt ist. All diese Hinweise auf ein alltägliches Leben schienen seine Fantasie zu entzünden. Er wollte mir den Hintern versohlen. Er sagte, er habe seit langem eine Freundin. Die Beziehung stand auf der Kippe, aber sie liebte es, wenn er ihr den Hintern versohlte, und er sei ziemlich gut darin. Es kam mir sexy und frech vor, mein Höschen herunterzuziehen, als ob ich sagen wollte, okay, dann zeig mir mal, was du kannst. Ich kann nicht nur austeilen, sondern auch aushalten. Also versohlte er mir den Hintern, allerdings viel zu fest. Es erregte mich nicht, aber ich ertrug es. Erst als er seinen Gürtel öffnete und ihn aus dem Hosenbund ziehen wollte, hatte ich genug. Das brauchte ich nicht wirklich, deshalb zog ich mein Höschen wieder hoch.

Und dann ließ er die Hosen herunter und präsentierte mir seinen stolzen, harten Penis. Wie eine Primadonna lag er auf dem Bett und kniff sich in die Nippel. »Na los«, forderte er mich auf, »lutsch mir den Schwanz«, als ob ich ihm etwas dafür schuldete, dass er den Gürtel nicht eingesetzt hatte. Ach, ich weiß nicht. Es kam mir alles so unbefriedigend und egoistisch vor, und auf einmal wurde mir übel, und ich rannte zur Toilette. Noch zwei Tage später war ich krank. Er musste im Morgengrauen das Haus verlassen, weil er ein Wochenende in einem Wellness-Hotel außerhalb Londons gebucht hatte. Unser Abschied fiel frostig aus, da ihm wohl mein geschwächter, kranker Zustand und der geschlechtslose Flanellpyjama, den ich mir wegen der Schweißausbrüche in der Nacht angezogen hatte, nicht gefielen.

Ein paar Wochen später besuchte er mich ein drittes Mal, und wieder konnte er nur an einem Sonntag vorbeikommen. Rückblickend kann ich sagen, dass die dritte Sitzung die Dinge beschleunigte. Nach dem Ballettunterricht machte ich mich auf den Weg ins Cottage, und Angel, die immer zu Hause war, kam nach draußen, um mit mir auf der Picknickdecke im Garten zu sitzen. Es war ein schöner Sommernachmittag, und während wir das Sushi aßen, das ich uns mitgebracht hatte, erzählte ich ihr vom melodischen Mike. Und dann entwickelten wir gemeinsam einen Plan.

Es dämmerte schon, als er kam, und er wollte noch ein wenig plaudern, bevor wir anfingen. Er bat mich um eine Zigarette. Normalerweise rauchte er eine Zigarette vor dem Schlafengehen, aber er wollte sie jetzt, weil er so nervös war. Er machte sich Sorgen, dass er sich nicht in der Rolle verlieren könnte, nachdem er mich außerhalb meines Kontextes gesehen hatte. Ich hatte keine Bedenken; schließlich war ich ein Profi, und außerdem hatte ich etwas ganz Spezielles auf Lager.

In diesem Teil von North London war es dunkel und ruhig, als er nackt war. Ich hatte ihn geknebelt und ihm die Augenbinde umgelegt. Seinen Schwanz und seine Eier band ich mit einem Schnürsenkel und bestückte seine Nippel mit Klemmen, nachdem ich sie gereizt hatte. Dann sagte ich ihm, er solle sich an die Wand stellen und die Beine spreizen. Ich musste ihn führen, weil er nichts sehen konnte. Ich zog mir einen Gummihandschuh über, fettete meinen Finger und die Spitze eines kleinen Gummistopfens ein und führte dann beides nacheinander in sein Arschloch ein. Er war erregt und bereits tief in der Rolle, als ich ihn zu seinen Schuhen führte und ihn anwies, hineinzuschlüpfen. Als ich die Haustür öffnete und er die kühle Abendluft spürte, ahnte er, was ich vorhatte, und begann zu zittern und erstickt zu protestieren.

»Vertrau mir«, flüsterte ich ihm beruhigend ins Ohr. »Niemand wird dich sehen, und niemand wird dich hören. Wir sind ganz allein im Wald.«

Meine Zuversicht schwand, als ich ihn förmlich in den Garten schleifen musste. Dort band ich ihn an einen Baum, den Rücken mir zugewandt, und versuchte, sein Zucken und Zittern zu ignorieren. Wir hatten Birkenruten im Kerker, und erst jetzt hatte ich die Gelegenheit, sie zum ersten Mal anzuwenden. Ich wärmte seinen Hintern mit den Spitzen der Zweige an und begann dann, ihn auszupeitschen.

Ich schlug ein paar Mal halbherzig zu, musste dann jedoch aufhören, weil er immer heftiger zitterte. Rasch band ich ihn los und brachte ihn nach drinnen, wo ich ihn vom Knebel und der Augenbinde befreite. Wie ein vor Angst völlig erstarrtes Kind ging er, ohne aufzublicken, sofort in eine Ecke des Zimmers und blieb dort keuchend, mit dem Gesicht zur Wand, stehen.

Ich kam mir schrecklich und ziemlich dumm vor. Er hatte Malaria, aber woher hätte ich das wissen sollen? Außerdem war ich ohne seine Zustimmung in seine Vergangenheit eingedrungen. Ich entschuldigte mich, aber er brauchte noch eine Zigarette und einen Cognac, bevor er sich in der Lage fühlte, weiterzumachen – allerdings drinnen.

Danach trafen wir uns noch zweimal zum Mittagessen – bei den seltenen Gelegenheiten, wenn er in London war und zwei Stunden Zeit hatte –, aber er machte sich Sorgen, weil er so prominent war und wegen meines Berufs. Und da er vierzehn Jahre älter als ich, mit seiner Arbeit verheiratet und ein egoistischer Liebhaber war, machte es mir nichts aus, ihn nicht mehr wiederzusehen.

Mike war also der erste Kunde, den ich außerhalb des Kerkers traf. Bradley war der Zweite. Es war 12:43 Uhr, und er kam dreizehn Minuten zu spät.

Ich lehnte an einem Pfosten an der Ecke der Old Compton Street in Soho, beobachtete die Leute, spielte mit meinem Handy und fragte mich, ob ich ihm wohl gefallen würde. Er hatte mich bisher nur stark geschminkt und in Berufskleidung gesehen, und an diesem Hochsommertag trug ich meine Lieblingskordhose, die an manchen Stellen schon durchgescheuert war, und gelbe Turnschuhe. Er kannte noch nicht einmal meinen wahren Namen. Nach Monaten war es ihm mit seiner Hartnäckigkeit gelungen, meinen Widerstand zu brechen, und ich hatte eingewilligt, mich mit ihm zum Essen zu treffen. Es war die umgekehrte Methode, sich kennenzulernen, wir hatten innen begonnen und arbeiteten uns langsam nach außen vor. Angefangen hatte es mit seinem nackten, behaarten Körper, seinen sexuellen Neigungen, seinen Orgasmen, und jetzt bewegte es sich auf Beruf, Familiengeschichte, Ziele und Wünsche hin.

Ich stellte mir vor, wie er morgens in Turnschuhen sein prächtiges Haus mit der großen Marmoreingangshalle verließ. Ich sah seine herrschsüchtige Mutter im Hintergrund, dick und mit toupierten Haaren, eine verblasste Glamour-Queen, die schon früh am Morgen ihren ersten Gin trank. Ich sah, wie er in ein Cabrio stieg und zum Sportstudio oder zum Tennisplatz fuhr. Natürlich war mir klar, dass das Ganze ein banales Hollywood-Szenario war, aber die Wahrheit wollte ich gar nicht wissen. Warum hatte ich dann überhaupt in ein Treffen eingewilligt? Weil ich mich bereits für den Abend mit Bob Rosenberg aus New York in einer Hotellobby verabredet hatte und damit an diesem Tag berufliche Verpflichtungen und Privatleben sowieso schon vermischte.

Auf der anderen Straßenseite bog Bradley um die Ecke, ein Riese in der Menge, in Tennisshorts und einem grauen T-Shirt mit einem dunkelgrauen »V« aus Schweiß auf seiner behaarten Brust. Er sprach gerade in sein Handy. Als er den Kopf drehte, sah er, dass ich ihn beobachtete. Falls er überrascht über mein Aussehen war, so ließ er sich nicht das Geringste anmerken – und ich musterte ihn ganz genau. Er sprach immer noch in sein Handy, als ich ihm in ein italienisches Restaurant folgte. Er bahnte sich seinen Weg zwischen Kellner und Gästen hindurch, als ob ihm das Lokal gehören würde, was soweit ich wusste, auch der Fall war. Er wählte einen Tisch im hinteren Teil des Restaurants, und sofort tauchte ein freundlicher Kellner mit Schnurrbart auf und reichte uns zwei Speisekarten.

Ich bestellte Gnocchi in Käsesauce, grünen Salat und ein Glas Rotwein. Und dann bestellte er: Salat Nicoise, kein Dressing, Olivenöl und eine Scheibe Zitrone, »ein Glas Karottensaft – nein? Na gut, dann frisch gepresster Orangensaft und eine Flasche Mineralwasser, mit Kohlensäure«. Als er mir endlich seine volle Aufmerksamkeit schenkte, behandelte er mich wie einen alten Freund, den er seit Jahren nicht gesehen hatte. Glaubte er, alle Förmlichkeit weglassen zu können, nur weil wir etwas Intimes voneinander wussten?

Er erklärte, sein Geschäftspartner sei am Telefon gewesen. Ob er mir wohl trauen konnte? Er dachte laut und blickte mir dabei in die Augen. »Ich vertraue dir«, bestätigte er dann. »Ich fühle mich wohl in deiner Gegenwart. Wir beide sind aus dem gleichen Holz.« Und dann breitete er sein jüngstes Geschäftsvorhaben bis ins kleinste Detail vor mir aus. Er wollte ein Boxstudio eröffnen, so groß, dass es mit dem Original in Detroit konkurrieren konnte. Er erzählte mir alles übers Boxen, was ich gar nicht wissen wollte, und meinte dann: »Aber jetzt möchte ich über dich sprechen und über das Cottage, und wie war das noch mal mit Angel? Und wie kommt ein nettes jüdisches Mädchen wie du auf die Idee, Männer zu quälen? Worauf stehen denn die anderen Kunden so? Du musst mir alles erzählen.«

Mir war nicht ganz klar, was ich vor ihm zurückhalten

und was ich ihm mitteilen wollte, aber anscheinend fühlte auch ich mich wohl in seiner Gegenwart, sodass ich mich völlig öffnete und ihm alle seine Fragen beantwortete. Ich erzählte ihm sogar, dass ich am Abend noch einen Termin mit einem Fremden namens Bob hatte.

Bob Rosenberg aus New York hatte mein Bild in einem internationalen S&M-Verzeichnis gesehen. Von den Tausenden von Stimmen, die ich über die Jahre gehört hatte, klang seine am verführerischsten. Er habe von mir geträumt und sei mit einem sehr »unirdischen Gefühl« aufgewacht. Er sagte, er sei nächste Woche in London und wolle mich treffen. Als ich auflegte, fiel mir ein, dass wir gar nicht über seinen Traum gesprochen, sondern uns lediglich für Samstag verabredet hatten. Am Tag vor seinem Abflug nach London rief er erneut an, und ich wollte ihn gerade nach seiner Fantasie fragen, da sagte er: »Vielleicht könnten wir zunächst in der Lobby meines Hotels etwas trinken. Ich habe Geschenke für Sie, Schmuck, und den Verdacht, dass wir uns ineinander verlieben.« Ich war hingerissen.

Der letzte Anruf kam am Abend unseres Treffens. Er sei nervös, gestand er mir. Er sei am Nachmittag in einer Galerie gewesen und habe ein Porträt von mir gesehen. Ob ich wüsste, dass in der National Gallery ein Porträt von mir hinge, dessen Postkartenversion er jetzt, während unseres Gesprächs, in der Hand hielte? Einen Moment lang fand ich es verwirrend und ein bisschen unheimlich, aber dann ahnte ich, was er meinte. Man hatte mir früher schon gesagt, ich sähe aus wie eine Frau auf einem Gemälde von Modigliani.

»Und wie soll ich *Sie* in der Menge erkennen?«

»Na ja, also ich kann Ihnen sagen, dass ich häufig mit Michael Caine verwechselt werde. Ich habe das einmal

Michael gegenüber erwähnt, und habe, natürlich im Scherz einmal sogar behauptet, besser auszusehen als er. Das hat ihm gar nicht gefallen.«

Er machte also Witze mit Michael Caine. Wer war dieser Mann mit der verheißungsvollen Stimme, die Liebe und Romantik versprach?

Um halb sieben öffneten mir zwei Portiers die Türen zu der geschmackvollen Lobby des Claridge. Kronleuchter, beigefarbenes Leder und silbrig lachsfarbene Wände. Ich blickte mich flüchtig um und dann noch einmal gründlicher, sah aber niemanden, auf den Bob Rosenbergs Beschreibung passte. Es war überhaupt niemand da außer einem alten, bebrillten, gebeugten kleinen Mann, dessen Hose beinahe unter den Achselhöhlen saß und der mit einem schiefen Grinsen auf seinem hässlichen Gesicht auf mich zukam. War das etwa Bob? Es stellte sich heraus, dass er es tatsächlich war.

Ich ließ mir nichts anmerken. Er entschuldigte sich nicht, weil er mich in die Irre geführt hatte, und ich würde mich vor ihm nicht zum Narren machen. Aber reden konnte er natürlich trotzdem gut, und innerhalb von zehn Minuten tranken wir exzellenten Champagner, und immerhin hatte er mir ja Schmuck versprochen.

»Möchten Sie Ihre Geschenke nicht sehen?«, fragte er, als das zweite Glas eingeschenkt wurde. Natürlich wollte ich sie sehen. Er strahlte mich mit seinen Zahnlücken an und reichte mir eine vielversprechende blaue Samtschachtel.

»Machen Sie sie auf«, drängte er.

Darin lag eine Kette, nein, warten Sie, ich glaube, es war ein Gürtel, ein überladenes Plastikteil mit knallbunten Steinen. Ich war sprachlos. Sollte ich mich dafür bedanken oder es ihm ins Gesicht werfen?

»Möchten Sie auch Ihr anderes Geschenk?«

Ehrlich gesagt war ich mir nicht mehr so sicher, aber er bestand darauf. Das zweite »Geschenk« war ein Schlüsselanhänger mit einem roten Apfel, der bestimmt aus dem Duty-Free-Shop am JFK Airport stammte. Und dann hatte er mir noch ein Gedicht mitgebracht, das er selbst geschrieben hatte. Er war sehr stolz darauf, aber ich hatte eher das Gefühl, dass ich es zu Hause sofort zerreißen und in den Papierkorb werfen würde.

Beim dritten Glas Champagner wollte ich gerne gehen, aber zuerst zog er noch einen Umschlag mit Fotos aus der Tasche. Zwischen dem Stapel von Schnappschüssen attraktiver, junger Frauen war das Bild von mir, das er aus dem S&M-Magazin ausgeschnitten hatte. Alle waren Dominas, die er persönlich kannte, »Freunde«, wie er sie nannte. Und vermutlich wollte er mich fragen, ob ich nicht auch für diese Sammlung fotografiert werden wollte.

Ich war betrunken und weinerlich, aber ich musste natürlich trotzdem fragen: »Und was möchten Sie in einer Sitzung erforschen?«

»Ach, du lieber Himmel, gar nichts. Ich bin zu alt für so etwas. Ich kriege ihn ja nicht mal mehr hoch. Nein, diese Tage sind vorbei, mein Kind.«

Kurz nach Sonnenuntergang ging ich nach Hause, sehr betrunken und sehr weinerlich.

Am nächsten Tag rief Bradley an, um nach dem Prinzen zu fragen, und wir lachten über den Kerl. Ein paar Tage später gingen wir essen, und bei Zwiebelsuppe und Endiviensalat mit Äpfeln, zerkrümeltem Roquefort und Walnussstückchen für mich und Seebarsch mit Kaviar, neuen Kartoffeln und Fenchel für ihn erzählte er mir seine faszinierende Geschichte.

Er war das einzige Kind und wuchs in Armut auf. Seine Eltern starben beide innerhalb eines Jahres, als er noch ein Teenager war. Mit sechzehn Jahren brach er die Schule ab und verbrachte seine Zeit bei seinen drei Ersatzfamilien: einer Straßengang, dem Judoclub im Gemeindecenter und einem Kleiderladen am Ladbroke Grove, wo er sich ein bisschen Geld verdiente. Er war stolz auf seine Gerissenheit, sein fotografisches Gedächtnis und seinen IQ, von dem er behauptete, er läge bei 149. Mit einundzwanzig Jahren schlug er sich als Judokämpfer bei Wettkämpfen durch, entdeckte aber, dass er damit nicht wirklich Geld verdienen konnte. Also wandte er sich dem Textilhandel zu, zumal er eine angeborene Sensibilität für Textilien und Stoffe besaß, und machte sich einen Namen, indem er Asien und den gesamten Südpazifikraum bereiste und Stoffe kaufte. Mit zwei Freunden gründete er sein erstes Unternehmen, und es florierte. Mit achtundzwanzig Jahren war er Millionär.

Dann jedoch entdeckte er ein Hintertürchen in seinen Banktransaktionen, eine mathematische Anomalie, die ihm erlaubte, sein Vermögen zu verdoppeln und der Bank letztlich zehn Millionen Pfund zu stehlen. Damit ich ihm diese unwahrscheinliche Geschichte abnahm, ging er so sehr in technische Details, dass mir letztlich gar nichts anderes übrig blieb, als ihm zu glauben. Und er schwor, dass er damit auch durchgekommen wäre, wenn er nicht beim Verkauf seines Unternehmens so nachlässig gewesen wäre. Er wurde verhaftet, und einige Monate später kam es zu einem skandalösen Prozess. Sein Gesicht war in jeder Zeitung, aber er saß mit ungerührter Miene im Gerichtssaal. Er blieb bei seiner Geschichte, und während seine Kompagnons zu acht Jahren Gefängnis verurteilt wurden, kam er mit einer Bewährungsstrafe davon. In dieser Zeit freundete er sich mit seinem Anwalt an, und jetzt waren die beiden Geschäftspartner.

Bradley fuhr mich in einem Cabrio nach Hause, genau wie ich es mir vorgestellt hatte. Aber das war auch das Einzige, was von meiner Fantasie über ihn stimmte. Verglichen mit meinen anderen Kunden war seine Vorliebe für feminines Aussehen unspektakulär, und ich musste den Kerker erst verlassen, um herauszufinden, ob er ein Bankräuber oder ein brillanter Lügner war.

Als ich Tullis kennenlernte, war er siebenunddreißig Jahre alt, Anwalt und Junggeselle. Er war von Natur aus glücklich veranlagt, fit, optimistisch und voller Energie, und S&M war neu für ihn. Ich war seine erste Domina, und er benahm sich wie ein aufgeregter Welpe, dessen Pfoten ich ständig von meinem Körper fernhalten musste. Er begriff einfach die Grenzen nicht. Abgesehen davon, dass ich ihm dauernd auf die Hände schlagen musste, wenn sie nicht hinter seinem Rücken festgebunden waren, machte es mir Spaß, ihm den Hintern zu versohlen, ihn auszupeitschen und ihn anal zu penetrieren. Seine Nippel waren wie bei vielen Männern äußerst empfindlich, und ich brauchte nur einmal hineinzukneifen, und er sank auf die Knie und versprach mit heiserer, theatralischer Stimme ewige Unterwerfung – aber in der nächsten Minute schob er bereits wieder die Hand unter meinen Rock. Ich schlug ihn ins Gesicht, was er liebte, und sein Orgasmus war so laut und heftig, dass ich es ziemlich übertrieben fand.

Im Lauf der Monate kam er weitere Male zu mir, und eines Abends fragte er mich, bevor er das Cottage verließ, ob ich daran interessiert sei, etwas unglaublich Schönes zu sehen.

»Ja, natürlich.«

»Dafür musst du mit nach draußen kommen.«

Also schlüpfte ich in den Gummi-Regenmantel, den ich für Gideon angeschafft hatte, und spähte über den hohen Zaun auf die Straße, wo er an einem grauen Jaguar S lehnte.

Er fuhr mich darin nach Hause, und ich kann mich noch gut an das berauschende Gefühl erinnern, wie wir den zimtbraunen Fluss auf der Waterloo Bridge überquerten und auf die Lichter Londons schauten. Ich lud ihn in meine Wohnung ein, wo wir platonisch Weißen Johannisbeertee miteinander tranken.

Am nächsten Tag verwendete Tullis in einer E-Mail das Wort »heimtückisch«, und das gefiel mir. Wir gingen zusammen ins Theater und beendeten den Abend schließlich in seiner Wohnung in Marylebone, wo das riesige Gemälde einer violetten Pflaume über seinem Kamin hing. Er besaß eine ganze Eichentruhe voller Kostüme, schicker Kleider, Hüte und Masken, weil er sich so gerne verkleidete. Wir tranken Champagner und standen auf dem stabilen Tisch wie Kinder oder Frischverheiratete, strahlten uns an und sangen die Lieder von Nina Simone mit. Ich trug einen japanischen Kimono in Schwarz und Gold, Tullis einen violetten Samtsmoking, und es war wundervoll.

Und so weiter, und so weiter… als ich mich schließlich mit Adam in Soho traf, wo er mit verschränkten Armen auf mich wartete, hatte ich so etwas bereits gemacht. Jedenfalls dachte ich das, bis er mich ansah und den linken Mundwinkel zu einem Lächeln verzog. Auf einmal hatte ich das Gefühl, von einem Lastwagen überfahren zu werden, und wusste, dass ich so etwas noch nie gemacht hatte.

Er war so schön wie immer, vielleicht sogar noch schöner, aber daran erinnere ich mich nicht. Ich erinnere mich an seinen dunkelblauen Rollkragenpullover und an den Kontrast seiner schwarzen Haare und Augenbrauen zu seinen hellen Augen und dem weißgoldenen Ehering. Als er aufstand, um mir ein Guinness zu holen, sah ich, dass er die ein wenig zu kurze Hose trug und die auf Hochglanz polierten spitzen Lederschuhe, die ich grässlich fand.

Er erzählte mir, er habe am Nachmittag einen Autounfall gehabt, und mein erster Gedanke war, dass ich ihn indirekt verursacht hatte. Davon bin ich im Übrigen noch heute fest überzeugt.

»Aber du siehst gar nicht verletzt oder durcheinander aus.«

»Mir ist ja auch nichts passiert, und außerdem war es nicht mein erster Unfall.«

Das war in der ersten Stunde einer monumentalen Zwanzig-Stunden-Verabredung. Am Ende sagte er mit tieftraurigem Gesichtsausdruck: »Mehr gibt es nicht zu erzählen.«

Seine Mutter war im achten Monat schwanger mit ihm, als bei einem Sturm ein Baum auf das Dach des Autos fiel, in dem sie saß. Wie durch ein Wunder trug sie noch nicht einmal einen Kratzer davon, starb jedoch achtzehn Jahre später an Krebs.

»Seit diesem ersten Unfall im Mutterleib habe ich noch weitere fünf, vielleicht sechs Autounfälle gehabt und war einige Male dem Tod nah. Wenn ich dich in Brixton abgeholt hätte, wäre ich seit meinem sechzehnten Lebensjahr zum ersten Mal wieder dort gewesen. Ich habe dort bei einer Messerstecherei in einem Club sechzehn Stiche abbekommen und über zwei Liter Blut verloren. Die Ärzte haben gemeint, es sei ein doppeltes Wunder gewesen, weil das Messer lebenswichtige Organe knapp verfehlt hat und ich einen solchen Blutverlust überlebt habe. Susan, ich werde alt werden. Mein Tod wird nicht überraschend kommen. Ich will nicht sterben, versteh mich nicht falsch, aber ich habe auch keine Angst vor dem Tod.«

Ich dachte: Sagt so etwas jemand, der keine Angst vor dem Sterben hat?

Er hatte einen Tisch im OXO Tower hoch über der Themse reserviert, und als wir bei Crème Caramel und Kaffee angelangt waren, wusste ich, dass er sechsunddreißig Jahre alt war, dass er in North London in einem Mietshaus aufgewachsen und sein ganzes Leben aus North London nicht herausgekommen war. Mit sechzehn Jahren hatte er die Schule verlassen. »Das war nichts für mich«, sagte er. »Ich war ein Rebell und kämpfte gerne. Aber keine Sorge, heute bin ich nicht mehr so.«

Er bekam einen kleinen Job bei einem großen Konzern, bei dem er jetzt seit mittlerweile zwanzig Jahren arbeitete. Es war ein langer Weg von einer Kindheit in Armut und dem Schulabbruch bis zu einem sechsstelligen Jahresgehalt, einem Haus mit vier Schlafzimmern, einem BMW M3 Cabrio (das im Moment in der Werkstatt war), langen Urlauben, einer Frau, einem drei Jahre alten Sohn und wöchentlichen Schmerzsitzungen bei einer Domina. Er war im Verkauf tätig, wobei er sich nicht genau über seine Arbeit äußerte, und hatte flexible Arbeitszeiten. Oft war er tagelang unterwegs, hauptsächlich in Birmingham und Leeds. Er konnte von zu Hause oder aus irgendeinem der Büros in ganz England arbeiten, weil er das meiste übers Telefon abwickelte. Mit seiner Frau war er schon sein halbes Leben lang zusammen. Sie war sieben Jahre älter als er, Ernährungsberaterin und Heilpraktikerin, und hatte am selben Tag wie ich Geburtstag.

Erstaunlich, dachte ich, dass ein Mann von so außergewöhnlicher Schönheit, Macht und Leidenschaft, ein so gewöhnliches und konventionelles Leben führt. Er trägt einen gut sitzenden Anzug, er fährt zur Arbeit, er hat einen Sohn, er ist schon sein halbes Leben mit derselben Frau zusammen, arbeitet seit sechzehn Jahren im selben Unternehmen, wohnt immer noch in derselben Gegend, hat dieselben Freunde, einen Schäferhund …

Er bestellte Seebarsch, Rucola-Salat und noch etwas. Ich weiß nicht mehr, was ich gegessen habe, aber ich kann mich noch daran erinnern, dass er mich unvermutet zum Lachen brachte. Ich war ihm dankbar dafür. An der Oberfläche war alles ruhig, aber darunter brodelten stürmische Szenen aus dem Kerker. Er machte Yoga, genau wie ich. Er aß kein Salz oder raffinierten Zucker, weil er genauso wie ich versuchte, auf seinen Körper zu achten. Er wirkte scheu, in sich ruhend und arrogant. Ein Blick auf seine riesigen Hände sagte mir, dass er Dinge reparieren und aufbauen, aber auch mit einem einzigen Schlag wieder zerstören konnte. Er würde Katastrophen und Kriege überleben und unbeschadet durchs Leben gehen. Er schien mehr Macht zu besitzen und mit mehr Gaben ausgestattet zu sein, als ihm bewusst war.

Dass er an jenem Abend so viel redete, war eine Ausnahme. Normalerweise war er still und undurchdringlich, das sollte ich nicht vergessen.

Wir küssten uns erst im Taxi auf dem Weg zu seinem Hotelzimmer in Holborn. Es war ein leidenschaftlicher, zeitloser Kuss; die besten Worte des Abends. Als wir in sein Hotelzimmer gingen, war ich ganz von seinem Duft erfüllt. Wir liebten uns – oder hatten Sex – sechs, sieben oder acht Stunden lang, mit nur zwei Unterbrechungen. Das eine Mal hinterließ seine Frau eine Nachricht auf dem Anrufbeantworter und fragte ihn, ob alles in Ordnung sei.

»Ich habe ihr eine Nachricht wegen des Unfalls hinterlassen. Und sie ruft erst jetzt, zehn Stunden später, zurück? Ich glaube, es ist ihr völlig egal.« Er lachte bitter und traurig.

Eine weitere Pause legten wir um vier Uhr morgens ein. Wir gingen ein wenig an die frische Luft, und ich kaufte Gemüse-Samosas an der Tankstelle.

Wir passten in jeder Hinsicht perfekt zusammen und fanden mit Leichtigkeit zu einem gemeinsamen Rhythmus. Sein Stöhnen klang wie ein Gebet, und ich entdeckte, wie seine Finger meine Fantasie entzündeten. Jede Berührung, jede Liebkosung, gleichgültig, ob von ihm oder von mir, war eine knospende Offenbarung, ein Samenkorn in einem Beet voller Möglichkeiten. War es sadomasochistisch? Es war mehr als das, aber das gehörte natürlich auch dazu. Wir hatten Zeit und Appetit auf alles. Ich kniff in seine Nippel, was ihm Schmerzen bereitete. Ich griff selbstbewusst nach seinem Schwanz, weil ich genau wusste, was er mochte, aber das Kneifen, Ziehen, Kratzen, Beißen und Schlagen entstand nur aus der intensiven Anziehungskraft – das hätte jeder tun können.

In der fünfzehnten Stunde lagen wir, nachdem wir uns gegenseitig verschlungen hatten, aneinandergeschmiegt unter der Bettdecke. Tageslicht drang durch einen Spalt in den schweren Vorhängen, und am liebsten wäre ich aufgestanden und hätte das Zimmer für eine weitere Stunde verdunkelt, aber ich scheute davor zurück, nackt durch den Raum zu gehen, weil ich nicht wollte, dass er mich so entblößt sah. Also blieb ich liegen und ließ mich von ihm streicheln. »Ich habe das Gefühl, wir haben in den fünfzehn Stunden genauso viele Jahre miteinander erlebt«, sagte ich. »Und jetzt kann die Geschichte eigentlich enden. Sie ist komplett. Gibt es noch etwas zu sagen oder zu tun?«

Er drückte mich an sich und erwiderte: »Oh, nein, Susan, nein. Es sind doch nur Stunden gewesen. Beziehungen dauern lange und entstehen langsam. Ich hoffe, das ist erst der Anfang.«

Als er das sagte, merkte ich, dass ich mich genau nach diesen Worten gesehnt hatte.

Um zwanzig nach elf am Vormittag checkten wir aus dem Hotel aus. Das Zimmermädchen hatte schon zweimal geklopft. Ich hatte eine Stunde geschlafen, aber Adam meinte, er habe kein Auge zugemacht. Den Frauen an der Rezeption gegenüber benahm er sich einschüchternd, lakonisch, fast unhöflich. So geht er also normalerweise mit den Leuten um, dachte ich. Nicht sehr charmant, nicht sehr freundlich. Müde trat ich durch die Glastüren des Holborn Hotels in den Lärm und das scharfe Tageslicht. Er würde alles sehen, meine ungekämmten Haare, mein ungewaschenes Gesicht, das verschmierte Make-up von gestern, mein Stadtviertel, meine Wohnung, mein Schlafzimmer. Ich trug immer noch dieselbe Kleidung wie am Abend zuvor und hatte meine morgendlichen Rituale versäumt. Allerdings war ich ehrlich gesagt erleichtert, dass mein morgendliches Joggen nicht stattgefunden hatte. Wir fuhren mit der U-Bahn nach Brixton. Es überraschte mich, dass er nicht zur Arbeit musste, aber ich war glücklich, dass er noch Zeit für mich hatte. In einem Café nahmen wir ein englisches Frühstück zu uns, und dort stellten wir fest, dass es nichts mehr zu erzählen gab. Nein, warten Sie, das stimmt nicht ganz.

Als wir durch den Park zu meiner Wohnung spazierten, fragte ich ihn, womit er sich fit hielte, da er mit dem Yoga vor einiger Zeit aufgehört hatte.

»Hast du schon einmal etwas von Freitauchen gehört?«

»Nein.«

»Kennst du den Film *Im Rausch der Tiefe*?«

Ich erinnerte mich vage daran, dass Rosanna Arquette in dem Film mitgespielt hatte, aber bei Tauchen hatte ich ganz andere Assoziationen: Wie sich sein Körper bei Schmerzen wie ein Delphin wand, seine wächserne Geschmeidigkeit, seine breiten Schultern, seine Bräune und seine ozeanischen Augen … ja, natürlich, er war ein Wassermensch … ein Geschöpf des Meeres!

Freitaucher üben sich darin, mit einem einzigen Atemzug zu tauchen, ohne Sauerstoffflaschen, aber warum sie das tun, weiß ich nicht genau. Seit Jahrhunderten praktizieren Männer und Frauen das in der Südsee, um Perlen an die Oberfläche zu holen, mit denen sie ihren Lebensunterhalt verdienen. Aber bei der Extremsportart spielen Perlen keine Rolle. Adam konnte neunundsechzig Meter mit einem einzigen Atemzug tauchen, und im Wettbewerb konnte er exakt sechs Minuten lang die Luft anhalten. Ihm gefiel der Sport: die Stille im tiefen Wasser, das Untertauchen, die Gefahr, das Austesten von Grenzen, die Poesie, die Vergänglichkeit …

Ich dachte an Bernie und seine fünfundfünfzig Sekunden.

12

Wendepunkt

18:54 Uhr: *Er schläft immer noch unten auf dem Sofa. Ich habe mich vierzehn Minuten lang nicht bewegt und war mir der Steifheit in meinem Körper, der starken Empfindungen und der Langeweile äußerst bewusst. Es bekümmert mich, dass wir nur wenige Meter auseinander sind und er trotzdem meine Anwesenheit nicht spüren kann. Wenn wir wirklich so stark miteinander verbunden wären, wie ich gerne glauben möchte, würde er dann nicht spüren, dass ich für ihn leide? Aber ich tue es eigentlich nicht nur für ihn, sondern auch für mich, weil ich glaube, dass bewusstes Leiden mich stärker macht. Ich möchte wissen, ob hinter dem Schmerz Lust auf mich wartet. Ich sehne mich verzweifelt danach aufzuhören, aber der Wunsch, die Verzweiflung zu überwinden, ist noch stärker. Hier geht es um Geist über Materie. Wenn ich jetzt aufhöre, waren die letzten vierzehn, mittlerweile fünfzehn Minuten umsonst, und ich habe nichts entdeckt. Deshalb bleibe ich, wo ich bin, und beginne aus unerfindlichen Gründen an Tomaten zu denken.*

Wie bin ich nur ohne Tomaten ausgekommen? Ich versuchte, sie in meinem Garten anzubauen. Meine Mutter hat sie in Scheiben geschnitten und sie mit getrocknetem Dill und Salz bestreut. Mein Zwillingsbruder kann sie nicht ausstehen. Jerome und ich trockneten sie in der Villa immer über Nacht im Backofen. Ich habe heute

Abend eine fallen lassen, als ich meine Einkäufe auf den Küchentresen gelegt habe. Und in einem Fusion-Restaurant in Montreal haben wir in einem Sommer Tausende zu Brei zerquetscht.

Das Restaurant war ein Trend-Lokal, das der Mafia gehörte. Die Kellner waren alle Models, sie hatten Namen wie Athena oder Jean-Luc, und der Chefkoch war ein scharfgesichtiger französischer Kanadier, dessen Stimmungen zwischen melodramatischer Melancholie und jungenhaften Kreativitätsausbrüchen schwankte. Manche behaupteten, er sei ein Künstler, aber andere hielten ihn für einen Idioten. Er bevorzugte radikale Kombinationen wie Erdnussbutter und Butterböhnchen oder Grießmehl-Kuchen mit in Grapefruit getränkten Maiskörnern. Es war Sommer, und ich liebte die Arbeit. Wir machten kalte Tomatensuppe mit Wassermelone, zerstoßenem Eis, Sherry-Essig und Petersilienöl. Ich schälte Zitronenschnitze und zog die dünne weiße Haut ab, bis ich nur noch das gelbe, saure Fruchtfleisch hatte, und mischte sie unter den griechischen Salat.

Wir malten die Teller indigoblau und olivgrün an und benutzten dazu essbare Flüssigkeiten wie Rote Bete, Petersilie, Blutorangen, pinkfarbene Grapefruit, Mangos, Himbeeren und Blaubeeren. Man mischt zum Beispiel Blaubeeren mit Dijon-Senf im Mixer, bis die violette Masse glatt ist. Dann fügt man tropfenweise leichtes Olivenöl hinzu, bis die Emulsion so dick ist, wie man sie haben möchte. Wir reduzierten auch Aceto Balsamico in einer flachen Pfanne so lange, bis er die zähe Konsistenz von Melasse hatte. All unsere essbaren Farben füllten wir in Plastikflaschen, um damit zur gegebenen Zeit abstrakte Zeichnungen im Stil von Jackson Pollock oder Mondrian auf weiße Teller drücken zu können, auf die dann vorsichtig das Essen gelegt wurde. Die eleganteste schokoladenbraune Tinte bekam man, indem man Olivenöl mit Zimt mischte. Leider gelangte die ständig auf der Lauer liegende Mafia, die all unsere Bemühungen beobachtete, zu der Überzeugung, der Küchenchef sei ein Idiot, und empfahl ihm, er solle traditionellere Gerichte, wie zum Beispiel Pasta, anbieten.

Gegen Ende des Sommers wurden zweimal pro Woche Dutzende von Paletten mit organischen, in Quebec angebauten Kirschtomaten angeliefert, die in einer Industriemaschine gehäutet und zermatscht wurden – allerdings erst, nachdem wir von jeder einzelnen Tomate den Fruchtansatz entfernt und sie von Hand in die Maschine gegeben hatten.

Vier Wochen lang wurden die reifen Tomaten im Keller gelagert. Tomaten, so weit das Auge blickte, in einem riesigen Gewölbe. Wenn er schon unbedingt Pasta anbieten musste, dann wollte der Küchenchef auch nur die feinsten reifsten Tomaten für seine selbst gemachte Sauce, schließlich stand sein Ruf auf dem Spiel. Und die Nudeln machten wir natürlich auch selbst: wunderschönes Kurkuma-Gelb, Petersiliengrün, das Rot der Roten Bete und schwarzsilbern von Tintenfischtinte. Wenn man sich nicht geschickt genug dabei anstellte, und zum Beispiel die Butter zu braun werden ließ oder die Croutons verbrannte, dann wurde man nach unten zu den Tomaten geschickt.

Eines Sommerabends schickte man mich mit einem anderen Koch, Benoit, in den Keller, wo wir mit drei Küchenhilfen die Tomaten zu Püree verarbeiteten, das anschließend in Tongefäße gefüllt, mit Basilikum versiegelt und auf den Regalen für den Winter gestapelt wurde. Der Keller war voller Kisten mit Tellern und Gläsern, alten Kissen, kaputten Stühlen und zusammengerollten Teppichen, und den schmutzigen Zementboden konnte man nur säubern, indem man ihn mit einem Schlauch abspritzte und das Wasser mit einem Metallbesen in den Abfluss kehrte.

Ich war froh, aus der Küche herauszukommen, es war ein heißer Sommertag, und der Chefkoch hatte schlechte Laune. Benoit erzählte mir von seinen Plänen für die Zukunft. Er war zweiundzwanzig Jahre alt und wollte nächstes Jahr seine Freundin heiraten, in einer Hotelküche arbeiten, wo er einen Rentenanspruch hatte, und fünf Kinder bekommen. Eine der Küchenhilfen zeigte mir ein Foto von seiner Freundin in Bangladesch, und das Radio war eingeschaltet. Ich weiß noch, dass Bob Marleys »Don't Rock the Boat« lief, als es passierte. Eine der Küchenhilfen drehte sich schwungvoll um, vielleicht tanzte er auch gerade, und fiel gegen ein Fass, das gegen das nächste Fass stieß ... und dann ergoss sich eine Flut roter Flüssigkeit wie ein Fluss, drang in jeden Winkel des riesigen Kellers und färbte den Saum unserer karierten Hosen rot. Es war ein blutiges Chaos, eine apokalyptische Vision, und einen Moment lang verschlug es uns allen die Sprache.

Dann schrie die schuldbewusste Küchenhilfe panisch vor Entsetzen auf: »Wir verlieren unsere Jobs, er wird mich feuern, er wird mich feuern!«

»Versuch, es wieder einzufüllen!«, befahl ich.

Hektisch versuchten wir mit allen möglichen geeigneten Gegenständen – Wischmopps, Mehlschaufeln und Kehrblechen – die Flüssigkeit zurück in die Tonnen zu befördern.

»Oh, mein Gott, wir werden entlassen, wir werden entlassen!«

»Nein, ihr werdet nicht entlassen«, versicherte ich, obwohl ich natürlich nicht wissen konnte, ob man ihn nicht doch feuern könnte. »Es war ein Unfall. Du musst dich nur beeilen, mach schnell!«

Aber es war hoffnungslos; Schmutzstückchen verunreinigten die Wintersauce. Wie sollten wir so einen Dreck servieren? Nein, wir mussten die Taktik ändern.

»Stopp!«, befahl ich. »Wir müssen das Zeug loswerden. Hört auf, es wieder einzufüllen, das hat keinen Zweck. Wir müssen nur sauber machen, bevor der Chef herunterkommt.«

In einer neuen Panikwelle kehrten wir die dicke Sauce in die Mitte des Raumes zum Abfluss, der natürlich viel zu klein war, um alles aufzunehmen. Ich rührte eifrig mit dem Stiel eines Holzlöffels im Abfluss, damit er nicht verstopfte und die Sauce schneller abfloss, als wir die Stimme des Chefkochs auf der Treppe hörten. Bizarrerweise rannten wir hektisch wieder an unsere Plätze und arbeiteten weiter, als sei nichts gewesen. Vielleicht hofften wir, dass so niemand etwas merkte, ich weiß es nicht.

Die folgenden Bilder haben sich in meiner Erinnerung eingefressen: die schwarzen Schuhe des Chefkochs auf der Treppe, seine dicken Schenkel, die königsblauen Initialen, die auf seiner weißen Jacke eingestickt waren, sein Schmollmund – und dann das Weiße in seinen Augen. Er griff haltsuchend in die Luft, sank gegen den Türrahmen, hob die Hand an sein verzerrtes Gesicht, öffnete den Mund … wir erstarrten … aber es kam kein Ton heraus. Es passierte nichts. Die Zeit blieb stehen, niemand wagte, sich zu bewegen, bis schließlich Benoit mit seinem Messer in eine Tomate stach und den Stielansatz herausschnitt. Ich blickte ihn an, und als ich mich wieder umdrehte, war der Chefkoch verschwunden.

Später, nachdem wir im Keller sauber gemacht und den Mut gefunden hatten, wieder nach oben zu gehen, entdeckten wir, dass der Chefkoch mitten in der Hauptservicezeit das Gebäude verlassen hatte und an jenem Abend nicht wieder auftauchte. Die anderen sagten, er habe so ausgesehen, als sei er betrunken oder habe Schmerzen, und er hätte kein Wort gesagt.

19:00 Uhr: *Jetzt sind es schon zwanzig Minuten. Mit jeder Minute wird es unvorstellbarer aufzuhören, zugleich jedoch auch unvorstellbarer weiterzumachen. Ein unerträgliches Paradox. Ich rufe ihn in meinem Kopf. In meinem Kopf sage ich: »Hör mich, wenn du mich liebst, hör mich rufen, spüre mein Unbehagen. Wach auf und sei mein Zeuge! Sieh mich an, sieh, was ich für dich getan habe, und erlöse mich!« Ich warte und warte, und nichts passiert.*

Und dann beginne ich zu weinen. Und als ich merke, dass ich die Tränen, die mir übers Gesicht laufen, nicht einmal wegwischen will, weine ich noch heftiger.

Als ich mich bereiterklärte, ganze Tage im Cottage zu arbeiten, übernahm Angel keine Sitzungen mehr und lud mir bedenkenlos all ihre Stammkunden auf. Einige ärgerten sich darüber, bei einer Novizin gelandet zu sein, und kamen nicht mehr wieder, aber Adam, der Masochist, Einlauf-Larry, der nervende Michael, Elektrik-Bob, Blut-Bob, der kahle Lez, der jammernde Wez, TV-Mike, Hosen-Dan, Berg-Greg, Plastikmann und andere wurden stattdessen zu meinen Stammkunden.

Aber Angel kam immer noch jeden Morgen herüber, um mich zu begrüßen. Sie schlurfte in ihren braunen Filzpantoffeln durch den Garten, zwei Tassen Earl Grey Tee in der Hand und ihr Tagebuch unter dem Arm. Damals wirkte sie gut organisiert. Jede von uns führte ein Tagebuch. Ich kümmerte mich unter anderem um die Aktenablage und die Fragebögen und machte auch die Sitzungen. Sie wusch die Wäsche, wechselte die Batterien in den Vibratoren und elektrischen Geräten, kaufte Toilettenpapier, chirurgische Ausrüstung, Gleitmittel, Latexhandschuhe und andere Dinge. Wir hatten zwei Telefonnummern, den Festanschluss, der auch in Angels dunklem Haus klingelte, und mein Handy. In Dutzenden von Magazinen schalteten wir Anzeigen und erhielten an manchen Tagen vier bis fünf Dutzend Anrufe. Ich nahm meine Aufgabe ernst, war fleißig und sorgfältig, ging zwölf Stunden pro Tag ans Handy und arbeitete fünf, manchmal auch sechs Tage pro Woche.

In dieser friedlichen, glücklichen Zeit hielten wir uns oft in ihrem Garten auf. Manchmal brachte ich ihr die Reste vom Abendessen des Vortages in einer Tupperware-Dose mit, und eigentlich waren wir eher Freundinnen als Geschäftspartnerinnen. Die erste Phase war wie bei Schulmädchen. Wir kicherten über alles und jedes und unterhielten uns, während ich sauber machte – was sie nicht gerne tat. Sie schnürte mir das Korsett und half mir bei meinem Make-up, während ich über den nächsten Kunden redete, der einen Termin hatte. »Er will etwas Neues, etwas Angsteinflößendes, was soll ich da am besten machen?« Sie hatte Erfahrung und gute Ideen. Sie hörte zu und unterstützte mich in der ersten Zeit, während ich ihr erzählte, wie ich die Sitzungen gestaltete, und sie fragte, wie ich dieses oder jenes angehen sollte. Sie sagte, ich sei ihre beste Freundin, bevor sie mich zu ihrer Feindin machte.

Sie zeigte mir Bilder aus ihrer Vergangenheit. Ein pummeliger, pickeliger Teenager, der Klavier spielte in einer prächtig aussehenden, eichengetäfelten Bibliothek – oder war es vielleicht der Rauchsalon oder das Musikzimmer? Es gab ein Foto von ihrem Vater, der neben einem haselnussbraunen Oldtimer stand. Er hatte ein spitzbübisches, jungenhaftes Lächeln. Sie hatte seine Augen geerbt. Sie erzählte mir, er sei ein brillanter Anwalt mit einer Leidenschaft für Autos. Ein anderes Foto zeigte ihre Mutter vor zwanzig Jahren, schlank, in einem Bikini und mit großer Sonnenbrille an einem Swimmingpool. »Sie war damals Krankenschwester. Und sie war immer schon ein Luder, man konnte es ihr nie recht machen, sie hatte schreckliche Launen. Das ganze Haus fürchtete die Stimmungsschwankungen meiner Mutter. Sie war grausam zu meinem Vater und grässlich zu mir, aber mein Bruder war ihr Ein und Alles. Sie erklärte mir immer, ich sei hässlich. Sie schickte mich zum Ballettunterricht, zu Reitstunden, Klavierstunden, zur Hautärztin und zur Kosmetikerin, um eine Dame aus mir zu machen.«

Als ich Angel kennenlernte, war sie völlig abstinent, nahm an Treffen der Anonymen Alkoholiker teil, ging häufig zum Zahnarzt und kletterte. Sie übte immer an einer Kletterwand in Manor House und brachte mir Knoten bei, die ich beim Bondage anwenden konnte. Ein paar Mal reiste sie zum Bergsteigen nach Wales und Schottland, aber dann flammte eine alte Knieverletzung wieder auf, und sie musste aufhören. Danach nahm sie an Treffen im jüdischen Gemeindezentrum teil, lernte die Kabbala, unterhielt sich mit dem Rabbi und entdeckte ihre jüdische Identität wieder. Als es draußen wärmer wurde und ihr Knie kaum mehr schmerzte, lernte sie Tai Chi und ging mit mir ab und zu zum Ballettunterricht. Eine Zeit lang nahm sie auch professionellen Gesangsunterricht, und ihre Stimme schallte durch den Garten. Aber auch damit war es irgendwann vorbei, und auf einmal interessierte sie sich für Computerspiele, wollte Pornos drehen, das Haus und das Cottage renovieren, in ihrem Haus einen weiteren Kerker einrichten, und was ihr sonst noch so in den Sinn kam. Ständig hatte sie neue Pläne.

Ich lernte ihren Vater kennen. Er sah in Wirklichkeit sogar noch besser aus als auf den Fotos und hatte eine charismatische Ausstrahlung, aber um die Augen wirkte er traurig und müde. Er war überraschend aus Yorkshire angereist und wollte seine Tochter besuchen. Es war ein Samstag im Sommer. Bernie und Michael waren schon da gewesen, und ich wollte gerne Feierabend machen, aber Angel wollte unbedingt, dass ich ihren Vater kennenlernte. »Er mag dich bestimmt. Er findet dich sicher toll, und dass wir befreundet sind, wird ihm gefallen.«

Der Kerker war ihm nicht neu. Sie stellte uns einander vor, wir tranken zusammen Tee, und dann geschah es: Entweder fühlte Angel sich nicht wohl, oder es hatte eine Auseinandersetzung zwischen Vater und Tochter gegeben, die ich nicht mitbekommen hatte, auf jeden Fall ging ich mit ihm zum Essen in den nahe gelegenen Pub. Anscheinend gefiel ihm die Vorstellung nicht, in Angels schmutzigem Haus essen zu müssen.

»Das Kind isst nicht«, beklagte er sich kopfschüttelnd bei mir. »Poppy isst nicht, wissen Sie. Sie ist eine gute Schauspielerin, das war sie schon immer. Wussten Sie nicht, dass wir sie Poppy nannten? Na, sehen Sie. Sie macht aus allem ein Geheimnis. Sie verkleidet sich gerne. Wir haben eine Menge mit ihr durchgemacht, Drogen, Alkohol, die Entzugsklinik, die Krankenhäuser, Essstörungen. Schon als Kind war sie ständig krank und musste oft ins Krankenhaus. Es ist zwar schrecklich, aber ich hatte den Eindruck, dass sie dadurch ihrer Mutter eins auswischen oder die Aufmerksamkeit auf sich ziehen wollte. Sie versteht sich nicht mit ihrer Mutter. Schon als Kind ist sie dauernd mit ihr aneinandergeraten. Lynda war immer streng mit ihr, keine Frage, aber es hat sich nichts geändert, und ich mache mir große Sorgen. Das Kind ist verloren, was für eine Verschwendung. Und diese Piercings, diese pinkfarbenen Dreadlocks, diese cyber-gothic Aufmachung … Wenn ich nur daran denke, wie hart ich gearbeitet habe, um sie auf gute Schulen zu schicken. Mein Herz ist wie ausgetrocknet. Aber genug davon. Entschuldigen Sie bitte. Ich habe noch nie mit jemandem darüber geredet. Na ja. Vielleicht ist es ja gut, dass Sie mit Poppy befreundet sind. Sie braucht eine Freundin. Sollen wir mal bestellen?« Einen Moment lang dachte ich, er würde anfangen zu weinen, aber dann blickte er lächelnd auf und versprühte seinen Charme.

Ich kam mir dumm vor, weil ich nicht gemerkt hatte, dass Angel eine Essstörung hatte. Rückblickend war es offensichtlich: Sie ging kaum aus dem Haus, die Lügen, die Täuschung, die Scham, die sie empfinden musste, die Besuche beim Zahnarzt, Schwindelanfälle, ständig Suppe und Tee, all ihre Süchte und Dämonen … Bei einem Glas Bier und Fish & Chips wechselte ich das Thema und erzählte ihm stattdessen von einem Junitag in Kanada, vor knapp einem Jahr.

Ich war in Toronto zu Besuch bei meinen Eltern. Den Job im Restaurant in London hatte ich gerade gekündigt, und den Job in der Villa hatte ich noch nicht angenommen. Es war Vatertag, ich hatte frei und schlief lange. Am Abend wollten meine Geschwister mit ihren Partnern, meinen Nichten und Neffen, und meine zweiundneunzigjährige Großmutter zum Grillen in unseren Garten kommen. Es war fast elf Uhr, als ich aufwachte und im Pyjama nach unten ging, wo meine Mutter schon auf mich wartete. Sie wollte mir unbedingt was erzählen und bat mich, mit ihr auf die Veranda zu kommen.

»Warum? Erzähl es mir doch gleich hier. Ich bin gerade erst aufgestanden. Was ist denn los?«

»Bitte, Susan, bitte, komm mit auf die Veranda.«

Gehorsam folgte ich ihr nach draußen und setzte mich.

Betont ruhig begann sie: »Ein paar aus dem Kollegium« – sie war Lehrerin an einer kleinen Grundschule – »haben sich in den letzten Jahren zu einer Tippgemeinschaft zusammengeschlossen, und heute Morgen hat mich ein Lehrer angerufen und mir gesagt, wir hätten gewonnen. Nein, steh noch nicht auf. Ich möchte, dass ihr alle etwas davon abbekommt. Noch weiß es niemand. Dad ist heute früh in den Club.«

»Das freut mich für dich«, sagte ich, erhob mich und umarmte sie. »Unsinn, es ist dein Geld, also behalt es. Ich freue mich echt für dich. Wie viel hast du denn gewonnen?«

»Ich habe dir doch gesagt, du sollst sitzen bleiben. Du wirst es mir nicht glauben.« Ich setzte mich wieder. »Wir haben zehn Millionen Dollar gewonnen.«

»Mutter! Du weißt seit über einer Stunde, dass du zehn Millionen Dollar gewonnen hast, und hast mich nicht geweckt?« Erneut sprang ich auf und umarmte sie.

»Die zehn Millionen müssen natürlich mit der Tippgemeinschaft geteilt werden.«

»Trotzdem!«

»Hör zu: Dad kommt bald nach Hause. Heute ist Vatertag, und ich habe ihm ein Hemd gekauft. Sag nichts, wenn er zur Tür hereinkommt. Ich gebe ihm das Hemd, das ich ihm gekauft habe, und ich habe einen Scheck auf die Summe ausgestellt, die wir gewonnen haben.«

Ich erzählte Angels Vater, wie mein Vater gegen Mittag nach Hause kam. Ich rannte auf ihn zu, um ihm alles Gute zum Vatertag zu wünschen, und fügte hinzu: »Dad, das wird der beste Vatertag aller Zeiten für dich.«

»Ach, er war bis jetzt ja schon ganz schön, was soll denn noch kommen?«

Er packte das Geschenk meiner Mutter aus und meinte: »Ja, du hast recht, ich habe ja alles. Es ist wirklich schön, danke.« Er gab meiner Mutter einen Kuss auf die Wange.

»Du musst die Karte noch lesen«, sagte ich. Meine Mutter saß lächelnd dabei. Mein Vater öffnete den Umschlag, betrachtete die Karte und blickte gleichgültig auf den Scheck.

»Was ist das? Einer von deinen Scherzen? Der Scheck platzt doch bestimmt, wenn ich ihn einlösen will.«

»Heute ja«, erwiderte meine Mutter. »Aber nicht am Montag.«

Wir brauchten vierzig Minuten um meinen Vater (Steuerberater, während der Depression geboren und sehr vorsichtig im Umgang mit Geld) davon zu überzeugen, dass meine Mutter tatsächlich in der Lotterie gewonnen hatte. Und danach schickte sie uns weg, sagte uns, wir sollten einkaufen gehen und alles kaufen, was wir wollten, sie müsse ein paar Telefonate erledigen. Völlig benommen wanderten wir durch das Einkaufszentrum – und kauften überhaupt nichts, obwohl wir alles hätten bezahlen können.

Nachdem ich Angels Vater von diesem fantastischen Tag erzählt hatte, gab es nicht mehr viel zu sagen. Und Angel gegenüber erwähnte ich nichts von dem Gespräch mit ihrem Vater, aber auch sie sagte nichts zu mir, bis sie ein paar Monate später zusammenbrach und ins Krankenhaus kam. Und dann kam alles heraus.

Wir hatten vielleicht ein gutes Jahr gehabt, bevor die ersten Probleme auftraten. Sie wurde immer unzuverlässiger. Sie vernachlässigte ihre Pflichten, versteckte sich im Haus, besuchte mich nicht mehr. Und sie wurde nachlässig mit dem Telefon – wenn sie überhaupt Anrufe entgegennahm. Ein paar Mal ließ sie »unpassende« Kunden herein. Männer, die Sex wollten; Männer, die gar nicht die Absicht hatten, ihren Termin wahrzunehmen. Gedankenlos oder gierig machte sie Doppelbuchungen, nahm zu viele Kunden auf einmal an oder ließ mir für die Sitzungen einen zu engen zeitlichen Spielraum. Ich musste Kunden wegschicken, was äußerst unangenehm war, da sie häufig von weither kamen oder sich extra frei genommen hatten. Angel war das egal. Als ich versuchte, mit ihr über meine zunehmende Frustration und Sorge zu sprechen, erwiderte sie nur, ich solle doch woanders hingehen, wenn ich mich bei ihr so schlecht fühlen würde. »Du kannst ja mal ausprobieren, ob es woanders nicht noch schlimmer ist. Es gibt eine Menge üble Kerker da draußen, das kannst du mir glauben.«

Natürlich war das nur geblufft. Ohne mich war sie aufgeschmissen. Wer sonst sollte das Geschäft so effizient führen? Aber ein Teil von mir hatte auch Angst, dass sie ihre Drohung wahrmachte. Sie wusste, dass ich nie in einem anderen Kerker arbeiten würde und dass ich nur widerwillig ganz von vorn anfangen würde. Wahrscheinlich stimmte es sogar, dass es in der Stadt von Etablissements wimmelte, in denen man bis tief in die Nacht schuftete und mehr als die Hälfte des Verdienstes an eine gemeine Madam abgeben musste, wo man eine Empfangsdame bezahlen und sich mit eifersüchtigen Kolleginnen in einer viel unhygienischeren Umgebung auseinandersetzen musste. Dort gab es mit Sicherheit keinen Garten, keine Zeit zum Lesen oder die Freiheit, sich die Zeit selbst einzuteilen. Dort konnte man nicht einfach abschließen und sich ein Falafel holen, wenn einem danach war. Außerdem würde ich mir in einem anderen Kerker erst wieder mühsam eine neue Klientel aufbauen müssen, schließlich wusste ich nicht, ob einer von meinen jetzigen Kunden den Wechsel mitmachen würde.

Und den Charme und die Diskretion des Cottages gab es sicher nirgendwo sonst. Nein, eigentlich wollte ich lieber bleiben.

Aber nach einigen Jahren bekam ich mehr und mehr das Gefühl, meine Kreativität und meine Liebesenergie zu vergeuden. Was machte ich, und was bekam ich dafür? Im Grunde genommen bereitete ich süße, leckere Soufflés zu, obwohl die meisten meiner Kunden sich mit einem Solei zufriedengegeben hätten. Der Kunde verehrte mich zwar eine Stunde lang, aber in den meisten Fällen sah ich ihn nie wieder. Er ging zurück zu seinem Leben und seiner Frau, und ich ging allein nach Hause. Und selbst das feinste psychosexuelle Festmahl ließ mich letztendlich leer und unerfüllt zurück.

Ich begann, meinen Kunden gegenüber Andeutungen zu machen, ich ginge weg und wüsste nicht, ob oder wann ich zurückkäme. Mehr als jemals zuvor wollte ich mich zurückziehen, mich weiterentwickeln und bestimmte Szenarien aus dem Kopf bekommen.

Das Letzte, was Adam zu mir sagte, als er nach zwanzig Stunden die Tür zu meiner Wohnung hinter sich schloss, war: »Sei keine Fremde.« Aber das ließ er auch gar nicht zu. Er rief schon am nächsten Tag aus seinem Auto an, nur um hallo zu sagen. Sonst sagte er nichts. Zwei Tage später das Gleiche. Dann kam er auf dem Heimweg von der Arbeit im Cottage vorbei, um mich zu besuchen. Es war eine Herausforderung für uns beide. Wir umarmten uns, und er roch nach Waschmittel mit Lavendelduft und würzigem Aftershave. Ich fühlte mich sicher und beschützt in seiner Männlichkeit. Man könnte sagen, ich verlor an Macht, weil ich meine Rolle aufgab. Es war beängstigend und orientierungslos, weil ich nicht wusste, wie ich mich verhalten sollte. Er hielt mich auf Armlänge von sich ab, musterte mein Gesicht, und die Entdeckung, dass ich schüchtern war, schien ihm zu gefallen.

»Was ist? Warum lächelst du so?«

»Ich finde es schön, dass du schüchtern bist. Es ist so aufrichtig.«

Anscheinend gefiel es ihm, dass auch ich verletzlich war. Ich zeigte ihm seine Akte. Was mochte er sich wohl gedacht haben, als er sich als Adam, der Masochist, bezeichnet sah? Ob er sich selbst auch so sah? Er blätterte durch die Unterlagen – die Aufzeichnung der Sitzungen, vier verschiedene Dominas … Aber er war bestimmt enttäuscht, dass nichts Aufschlussreicheres dastand als nett, höflich, nicht submissiv, erträgt mittelstarke Schmerzen …

Wir gingen in den Kerker, wo ich mich über die Prügelbank legte, von der ich an diesem Tag schon zwei Mal den nervösen Schweiß von Kunden abgewischt hatte. Ich mochte es, seine Stärke hinter mir zu spüren. Seine große Hand berührte meine Oberschenkel, die Hitze zwischen meinen Beinen. Langsam wurde mein Rock nach oben geschoben und mein Höschen zu den Knien heruntergezogen … Es war nicht nur die Erregung, halb nackt und halb angezogen zu sein, es war seine Kontrolle, sein Selbstbewusstsein, seine erfahrene Berührung. Er küsste meinen nackten Hintern, und seine Finger streichelten meine Kniekehlen und mein Rückgrat. Er versohlte mir den Hintern, liebkoste mich und war sehr sanft mit mir. Die Ausbuchtung an seiner Hose drückte sich von hinten gegen mein heißes Fleisch … bis er mich schließlich kommen ließ. Und dann verschwand er wie ein Phantom, ging nach Hause zu seiner Frau und seinem Sohn, seinem Abendessen und dem Rest seines Lebens.

Ich traf ihn während seiner Mittagspause in der Stadt. Wir saßen auf einer Parkbank im Finsbury Circle, umgeben von anderen Männern in Anzügen. Ich berührte seinen Nippel durch sein rosa Hemd, und er bekam eine Erektion. Es war ein seltsames Bild: das grüne Laub der Bäume, die Affäre, der verheiratete Geschäftsmann, der Masochist, die Domina in Turnschuhen mit einem Buch und Ballettausrüstung in ihrem Rucksack.

Er traf sich mit mir nach meinem Ballettunterricht am Sonntagnachmittag. Seine Augen leuchteten auf, als er meine gesunde Gesichtsfarbe und meine anmutige Haltung sah. Wir gingen zu Selfridge's, um ihm Schuhe zu kaufen, weil seine spitzen, glänzenden Lederschuhe schon alt waren. Um mir einen Gefallen zu tun, kaufte er sich ein paar Locklederschuhe, aber ich erfuhr später, dass er sie im Auto versteckte, damit seine Frau keinen Verdacht schöpfte.

Über seine Frau sprach er praktisch nie. Einmal rief er mich aus der Badewanne an, nachdem sie einen »Riesenstreit« gehabt hatten.

»Worum ging es bei dem Streit?«

»Um nichts. Es geht nie um etwas. Und eigentlich streiten wir auch nie, weil wir normalerweise gar nicht miteinander reden. Ich bringe den Abfall hinaus, sie kocht das Essen. Es läuft alles mechanisch ab.«

»Kann sie gut kochen?«

»Nein, eigentlich nicht.«

»Wie könnt ihr in einem Bett schlafen und nicht miteinander reden?«

»Wir haben getrennte Schlafzimmer, und wir haben seit drei Jahren schon nicht mehr miteinander geschlafen.«

»Wie könnt ihr denn so leben?«

»Das tun doch viele Leute.«

Tatsächlich? Wie furchtbar.

Er rief mich aus Hawaii an, wo er an einem Wettbewerb von Freitauchern aus der ganzen Welt teilnahm. Ich saß gerade im Cottage und las zwischen zwei Kunden *Madame Bovary*. Er lag am Strand, und die Sonne ging gerade unter. Ich benutzte den gynäkologischen Stuhl als Chaiselongue und hatte die Beine in die Fußhalter gelegt. Er hatte gerade zum fünften Mal hintereinander seinen Rekord gebrochen. Wenn mein Termin für achtzehn Uhr dreißig platzte, wollte ich zum Ballettunterricht in Farringdon gehen, aber lieber wäre ich am Strand in Hawaii gewesen. Er wäre lieber bei mir in North London gewesen.

Ein paar Mal verließ er schon um fünf Uhr morgens sein Haus, obwohl er dadurch das Frühstück mit seinem Sohn verpasste, und kam nach Brixton, um sich noch ein oder zwei Stunden zu mir ins Bett zu legen, bevor er zur Arbeit musste. Natürlich konnte dieser Zustand nicht andauern, aber damals waren unsere Leidenschaft, unser Hunger und unsere Erregung eben sehr groß. Das war im September, Oktober und November.

Eines Morgens gab es eine Explosion zwischen Angel und mir. Sie hämmerte gegen die Cottagetür, und als ich ihr gerötetes Gesicht sah, war mir klar, dass sie mit einer Mission durch den Garten gestürmt war. Sie wollte mir sagen, dass ihr mein Tonfall nicht gefiel. Sie war es endgültig leid, ständig zu versuchen, es mir recht zu machen. »Du bist eine erbarmungslose Perfektionistin. Du bist arrogant. Du bist kalt und kritisch. Ich lebe in ständiger Angst vor deinem höhnischen Grinsen, deinem missbilligenden Schnalzen, wenn ich etwas falsch gemacht habe. Ich habe es satt, ständig zu denken: Habe ich schon wieder einen Fehler gemacht? Wird Anna mich heute kritisieren und demütigen? Habe ich schon wieder den Terminkalender durcheinandergebracht? Sollte ich das Telefon lieber mit aufs Klo nehmen? Verdammt, ich bin nicht perfekt, und ich habe es satt, mich von dir herumschubsen zu lassen, als ob ich deine Sklavin wäre.« Ihre Lippen bebten, und ihre Augen sprühten Feuer. Außer sich vor Wut schlug sie nach mir und rannte zurück durch den Garten zu ihrem Haus.

Noch heute beginnen mein rechtes Auge und meine Schläfe vor Schmerz zu pochen, wenn ich versuche zu verstehen, wie es zu so einer gewalttätigen Szene kommen konnte. Woher kam dieser Hass, und welchen Anteil hatte ich daran? Gewalttätige Fantasien überschwemmten mich, aber ich reagierte nicht darauf, so erschüttert und traumatisiert war ich. Ich ging in den Pub auf der Hauptstraße, trank einen Whiskey, obwohl es noch nicht einmal Mittag war, und schrieb Angel einen endlos langen Brief, in dem ich meinen verbitterten, vergifteten Gefühlen freien Lauf ließ. Als ich auf Seite sechzehn angelangt war, war ich jedoch so weit, dass ich mir selbst Vorwürfe machte, einem so zerbrechlichen Kind so viel Kummer zu bereiten. Da war es schon fast zwei Uhr nachmittags, und ich war betrunken.

Ich warf den Brief weg, fuhr nach Brixton und verbrachte die nächsten zwei Wochen damit, alle meine Stammkunden zu informieren, dass ich aufhörte. Angel ging mir aus dem Weg. Ich verdiente in dieser Zeit zweitausendsechshundert Pfund, wovon ich ihr nur einen sehr reduzierten Anteil gab, stahl ihr eine Wagner-CD und warf die Schlüssel durch den Briefkastenschlitz in ihrer Haustür, als ich endgültig ging. Seitdem habe ich zwar Gerüchte gehört, aber sie weder gesehen noch gesprochen.

Ich wollte schon so lange aus London weg und Urlaub machen; und jetzt war es so weit. Ich fuhr nach Istanbul, zu meinem Freund, dem jungen englischen Diplomaten, mit dem ich in Brixton in der Wohngemeinschaft gewohnt hatte. Er lebte seit fast einem Jahr in der Türkei und hatte schon viele seiner Freunde großzügig aufgenommen. Zu mir sagte er, ich könne so lange bleiben, wie ich wollte. Ich hatte vor, zwei Monate zu bleiben, und Adam fuhr mich zum Flughafen.

Er rief mich jeden Morgen in Istanbul an. Ich habe ja schon darauf hingewiesen, dass er nicht besonders gesprächig war, aber er schaffte es trotzdem, sich eine ständige Präsenz in meinem Leben zu verschaffen. Jeder Telefonanruf verstärkte die Intimität. Ich hegte den Verdacht, dass die physische Entfernung und diese Fünf-Minuten-Telefonate die neuen Zwänge waren. Anscheinend gedieh unsere Beziehung nur, wenn es Zwänge gab.

Ich war bereits seit sechs Wochen in Istanbul, als er eines Abends anrief und mir mitteilte, er habe seinen Ehering abgenommen. Als ich auflegte, bekam ich keine Luft mehr. Und dann überfiel mich die Erkenntnis mit Wucht. Er verließ sein Zuhause, seine Frau, er wollte mit mir leben. Er war so extrem. Wollte ich denn auch mit ihm leben? Welche Konsequenzen hätte es?

Ich erinnere mich noch an seinen Eifer, an sein glatt rasiertes Gesicht, als er mich am Flughafen abholte und wir schweigend nach Brixton zurückfuhren, wo wir ohne Zwänge zusammenleben konnten.

13

Stufen

19:21 Uhr: *Einundvierzig Minuten bewegungslos zu bleiben ist das Verrückteste, was ich jemals getan habe. Ich habe mich selbst übertroffen, habe mentale, physische und emotionale Barrieren überwunden. Und was habe ich davon? Ich habe Angst, mich zu bewegen – ich bin wie erstarrt. Meine Gelenke sind festgefressen, mein Blut und meine Knochen sind eingeschlafen, und ich habe Angst, sie aufzuwecken. Er muss sie aufwecken, denn die ganze Bedeutung der Geste wäre verloren, wenn ich aufhörte. Er muss mich finden und mich erlösen; zu leiden macht ohne ihn keinen Sinn. Aber dann betrüge ich, indem ich leise seinen Namen flüstere. Er hört mich nicht. Ich rufe ihn noch einmal, dieses Mal lauter und flehend … verdammt noch mal, immer noch nichts! Es ist dunkler geworden, und ich bekomme langsam Hunger. Es wird unerträglich, und doch bin ich fast erleichtert, dass er von meinem Rufen nicht aufgewacht ist. Ich will meine heroische Anstrengung nicht verderben, indem ich betrüge. Also besteche ich mich, sage mir, nur noch ein bisschen, noch fünf Minuten, und dann gebe ich auf.*

In jener ersten Nacht unseres Zusammenlebens schliefen wir im selben Bett, aber ich konnte es nicht ertragen, dass er mich anfasste. Sein verliebter Blick jagte mir Angst ein. Unsere Umstände hatten sich viel zu plötzlich, viel zu extrem verändert. Wahrscheinlich hätten wir für sechsundachtzig gemeinsam verbrachte Stunden Jahre gebraucht, und jetzt waren wir auf einmal Tag und Nacht zusammen. Es war radikal. Wenn wir nun einen Fehler machten? Wir kannten uns doch gar nicht.

Er hatte sich gerade nach achtzehn Jahren Ehe von seiner Frau getrennt und war aus dem schönen, komfortablen Haus ausgezogen, für das er so hart gearbeitet hatte, nur um bei mir in Brixton zu wohnen, bis er eine neue Wohnung gekauft hatte. Natürlich war es alles ziemlich schnell gegangen, aber wie meine Freundin Louise sagte: »Warum soll man Zeit verschwenden? Warum soll man *nicht* einfach ausprobieren, ob es funktioniert?« Ich sagte mir, dass ich höchstens der Katalysator und nicht der Grund für das Ende seiner Ehe war, und Adam bestätigte es mir. Aber als er den Kopf einzog, um zum ersten Mal durch die Tür in mein Schlafzimmer zu treten, sah ich ihn aus einem Blickwinkel, aus dem ich ihn noch nie gesehen hatte: Wer war dieser große Mann in meinem Zimmer? War er linkisch, hässlich, oberflächlich und grausam? War er verrückt, hohl und faul? Mochte ich ihn überhaupt?

Morgens jedoch erwachte ich an ihn geschmiegt, mein Knöchel im sanften Bogen seines Fußes, mein Arm an seinem, meine Hand um sein Handgelenk gelegt, mein Rücken an seinem festen Bauch und mein Hintern geborgen in seinem seidenhaarigen Schritt. Ich erwachte davon, dass er meine Schulter küsste, eine seiner Lieblingsbeschäftigungen, wie er behauptete. Und in jener ersten Nacht entdeckten wir neue Arten des Küssens und der Berührung. Ich saugte an seinem Kinn, und er saugte an meiner Zunge, bis ich Angst bekam, weil sie ein so verletzliches Organ ist. Ich küsste vierzehn seiner Zähne, und er drückte alle meine Knöpfe.

Ich stand extra früh auf, um ihm das Frühstück zuzubereiten. Ich dünstete Gemüse, toastete Roggenbrot und strich Butter darauf, briet zwei Spiegeleier so, dass das Weiße fest mit knusprig braunem Rand war und das Eigelb zäh und dickflüssig blieb. Ich machte einen Salat aus Gurken, Karotten und Tomaten mit Fetakäse und Sonnenblumenkernen und einem Dressing aus Zitronensaft und Flachssamenöl und kochte Kaffee. Ich sah ihm zu, wie er sich für die Arbeit anzog, in die Hose des Nadelstreifenanzugs schlüpfte, die Manschetten zuknöpfte, sich die Krawatte band und seine wunderschöne Nacktheit verbarg, um ein Mann aus der City zu werden.

Am Abend gingen wir das erste Mal zusammen in den Supermarkt und genossen den gemeinsamen Alltag. Wir kauften Tee, ich entdeckte, dass er Milchreis mochte, ich zeigte ihm, woran man eine reife Melone erkennt, wir kauften Toilettenpapier, Rasierklingen und Rasierschaum. Er hängte meine Wäsche auf, ich rührte die Sauce; er schälte Zwiebeln, ich küsste seinen süßen Kaffeeatem, und wir hielten Händchen im Park. Die erste Woche war auf eine sehr gewöhnliche Art außergewöhnlich.

Für unseren Crash-Kurs im Zusammenleben mussten wir eine kreative Methode finden, um uns kennenzulernen, deshalb erfand ich ein Spiel, für das wir drei Tage brauchten. Jeder von uns sollte drei Lügen über seine Vergangenheit, seine Wünsche, Ängste, Taten und so weiter aufschreiben, ohne sie dem anderen zu verraten. Dann wurden sie in verschlossene Umschläge gesteckt, und in den nächsten drei Tagen sollte jeder von uns versuchen, den anderen von seinen Lügen zu überzeugen und sich gleichzeitig die Lügen des anderen anhören.

Am dritten Tag saßen wir uns mit unseren Umschlägen am Esstisch gegenüber und versuchten, die Lügen des anderen zu erraten. Ich hatte ihn von nichts überzeugen können, und er mich von allem. Und dabei hielt ich mich für eine großartige Lügnerin. Vielleicht war das mein Problem: Die Lügen, die ich gewählt hatte, waren zu ehrgeizig, zu extravagant. Seine Lügen waren subtiler und prosaischer. Aber trotzdem war es aufregend und subversiv, sich der Wahrheit sozusagen durch die Hintertür zu nähern. Es schien gut zu uns zu passen.

Ein paar Tage später dachte er sich das Treppenspiel aus. Eigentlich war es eine einfache Idee, aber sie erforderte einen dauerhaften, komplizierten Dialog, eine Kunstform. Wir warteten abwechselnd oben an der Treppe, nackt, auf allen vieren und völlig bewegungslos. Er wählte diese Position wegen ihrer Unterwürfigkeit, ihrer Entblößung, und wegen ihrer Schönheit und Eleganz. Sie zeigte Bereitschaft und Bereitwilligkeit; ein offenes Angebot. Wer am nächsten Abend als Erster zu Hause war, musste es dem anderen sagen. Und auch der andere musste sagen, wann er nach Hause kam, sodass man seine Position zehn Minuten vorher einnehmen konnte.

Am nächsten Tag war ich als Erste zu Hause. Zehn Minuten, bevor Adam nach Hause kam, schlüpfte ich aus meinem Bademantel und legte ihn mir unter die Knie, zum Schutz gegen den harten Holzboden, als ich mich auf alle viere niederließ. Ich senkte den Kopf, hängte die Knöchel über die oberste Stufe und wartete. Dabei entdeckte ich, was es für eine Herausforderung ist, auch nur eine einzige Minute völlig stillzuhalten. Versuchen Sie es mal, dann werden Sie wissen, was ich meine. Mein unterer Rücken begann zu schmerzen, und in meinen Handgelenken entstand ein Ziehen. Kaum wahrnehmbar verschob ich mein Gewicht, obwohl außer mir niemand wissen konnte, ob ich mich nicht plötzlich bewegen wollte.

Zugluft strich über meinen Körper, meine Nippel richteten sich auf, und mein Verstand kam nicht zur Ruhe.

Ständig dachte ich darüber nach, was er sehen und wie er reagieren würde, wenn er zur Tür hereinkam, die Treppe hinaufblickte und mich dort sah: die Sohlen meiner Füße, die Rückseiten meiner Oberschenkel, meinen leicht hochgereckten Arsch und meinen gekrümmten Rücken. Draußen war es immer noch hell; die Wohnung war durchflutet von Licht. Er würde mich so sehen, wie er mich noch nie gesehen hatte, wie ich mich selbst nie sehen würde. Die Haare zwischen meinen Beinen, die Ritze zwischen meinen Hinterbacken, meine schwieligen Fersen, meine entzündeten Fußballen, meine Narben und blauen Flecken. Würde er meine Unvollkommenheit sehen oder nur Schönheit und Bereitwilligkeit? Würde er erotisch finden, was er sah? Im Kerker versteckte ich mich hinter meinem Kostüm, dem gedämpften Licht und einer unverletzlichen Rolle. Hier fühlte ich mich entblößt, verlegen und albern.

Ich hatte negative Gedanken und Zweifel, fühlte mich aber auch mutig, schön und erregt. Ich hatte das Gefühl, mich selbst zu erhöhen. Und zugleich war es mir peinlich. Ich fragte mich, ob meine Verlegenheit schwinden würde und ob ich durch mein Verhalten meine Eitelkeit besiegen könnte. Wollte ich das überhaupt? War das Freiheit? Konnte man mit Nacktheit zu sehr vertraut werden? Sollte man nicht besser einen Rest Geheimnis bewahren? Was war denn mit dem flüchtigen Blick, dem Necken, dem Appetitanreger? Was war mit der Spannung zwischen verbergen wollen und entblößt werden?

Wer sonst würde so etwas für ihn tun? Niemand. Niemand sonst tut dies. Gefällt ihm meine Verletzlichkeit? Erregt sie ihn? Oder erregt ihn eher das Gegenteil – meine Kühnheit, meine Stärke, meine Hingabe? Was wird er *tun*, wenn er mich sieht? Er darf mit mir machen, was er will. Weiß er, was er will? Kann er seine eigene Lust von meiner trennen? Kann man sie überhaupt voneinander trennen? Werde ich mich unterwerfen? Das tue ich doch bereits.

Meine Knie schmerzten und auch mein Rücken, und mir wurde langsam langweilig, als ich hörte, wie sich der Schlüssel im Schloss drehte. Auf einmal schlug mir das Herz bis zum Hals. Interessant, wie seine Gegenwart alles veränderte. Ich vergaß mein körperliches Unbehagen, ich hörte auf zu warten, und meine Verlegenheit wurde immer intensiver und akuter. Leise wie ein Dieb schlüpfte er aus seinen Schuhen, und dann hörte ich die Treppenstufen knarren, als er immer näher kam. Meine Gedanken überschlugen sich. Was sah er? Was dachte er? Was würde er tun? Gefiel es ihm? Ich bewegte mich nicht.

Sag etwas, tu etwas, nimm mich zur Kenntnis, dachte ich in meiner Unbeweglichkeit. Ich fühlte die kühle Luft, die aus seinen Kleidern drang, sah die Aufschläge seiner Hose, fühlte mich gut, war glücklich, dass er da war. Und dann ging er weg! Ich konnte es nicht fassen. Er ging um mich herum und verschwand ins angrenzende Zimmer. Ich brach innerlich zusammen. Ich rührte mich nicht von der Stelle, aber ich brach trotzdem zusammen. Feigling, dachte ich. Und grausam. Ich hatte zehn Minuten gewartet, nackt, kalt, unbehaglich und verlegen, für nichts. War das nicht genug? Fand er, ich sollte noch länger warten? Noch mehr erdulden?

Aber dann wurde mir klar, dass er Zeit schinden wollte, nicht um grausam zu sein oder mein Unbehagen hinauszuziehen, sondern weil er nicht wusste, was er tun sollte. Seine Reaktion war aufrichtig; es ist schwierig, wenn man über so viel Freiheit verfügt. Also wollte ich weiter ausharren, solange es nötig war.

Ich brauchte nicht lange zu warten, denn ich hörte, wie

er sich auszog. Als ich das Geräusch seiner Nacktheit vernahm, erwachte meine Lust.

Zwei Tage später sah ich oben auf der Treppe seinen festen Hintern, seinen breiten Rücken und seine völlige Unbeweglichkeit. Es sah so machtvoll und unglaublich aus, dass es sich mir auf immer ins Gedächtnis gebrannt hat. Er verwandelte sich an jenem Abend in ein Geschenk, in eine Statue, eine Vorspeise, ein Festmahl für meine Augen. Ich sah meinen Geliebten, der sich mir darbot – und das allein war genug. Ich wollte gar nichts mehr tun, wirklich nicht, aber er wartete, und wie das war, wusste ich.

Ich stieg die Treppe hinauf, und dann sah ich, dass er den Griff einer Peitsche zwischen den Zähnen hielt. Zwei Wäscheklammern klemmten an seinen Nippeln, und auf seinem Rücken lag eine Erdbeere. Mein Geliebter war ein Künstler. Das hatte er nur für mich gemacht. Es war wunderschön, und ich dachte: Eigentlich dürfte man anderen diesen Anblick nicht vorenthalten.

Aber er wartete. Ich konnte alles mit ihm machen, was ich wollte, aber er hatte die Peitsche vorgeschlagen. Also wollte er von mir ausgepeitscht werden. Oder vielleicht für mich, weil er dachte, es würde mir gefallen? Wollte er die Schmerzen spüren, oder wollte er mir zeigen, dass er für mich Schmerzen auf sich nahm? Es war zu verwirrend.

Ich hatte ihn noch nie zuvor ausgepeitscht, weil eine Peitsche Striemen hinterlässt. Ich biss in die Erdbeere, nahm die Peitsche aus seinem Mund und gab ihm einen fruchtigen Kuss. Ich liebkoste ihn und bereitete ihn mit den Wildlederriemen der Peitsche vor, ehe ich ausholte und mit voller Wucht zuschlug. Ich sah ihm an, welche Mühe es ihn kostete, sich nicht zu bewegen. Ich trug immer noch meinen Mantel, und die Nachbarn waren unten. Wie ein Löwendompteur schwenkte ich die Peitsche und zog sie ihm über den nackten Arsch. Nur kurz belohnte mich ein Adrenalinstoß, da ich nicht wusste, wie er reagieren würde, und die Freude über meinen gekonnten Schlag, aber dann brüllte er wie ein Stier. Er klang so wütend und vorwurfsvoll, dass auch ich wütend wurde; schließlich hatte er mir die Macht gegeben, und jetzt wandte er sich schon wieder gegen mich. Wer hatte mir denn die Peitsche präsentiert? Ich war ungehalten, aber ich beugte mich über seinen Körper und küsste ihn auf den feuchten Nacken. Genau gleichzeitig wisperten wir beide »Danke«. Und dann war es für jenen Abend vorbei.

Beim nächsten Mal kaufte ich drei Rosensträuße in unterschiedlichen Rosa-Tönen und pflückte bei allen Rosen bis auf die drei letzten die Blütenblätter ab. Ich legte eine Spur aus Rosenblättern, die zu mir führte, und weiter über mich hinaus ins Schlafzimmer, wo ich Bettdecke und Kopfkissen mit blassrosa Blütenblättern bestreute. Als ich mich in Position brachte, nahm ich die letzten drei, dornenbesetzten Rosenstängel zwischen die Zähne – es war ein pieksendes Unterfangen. Die Peitsche legte ich auf den Boden vor mich, und dann dachte ich nur noch an den unbekannten Schmerz, der mich erwartete.

Da ich in meinem Leben schon so viele Männer ausgepeitscht hatte, hielt ich die Zeit für gekommen, mich auch selbst einmal zu unterwerfen. Ich brachte ihm so viel Vertrauen entgegen, verlieh ihm eine solche Macht, dass ich gespannt war, wie er sie anwenden würde. Während ich auf ein schmerzhaftes Unbekanntes wartete, kam ich mir tapfer und wagemutig vor. Ich wollte ihn beeindrucken und überraschen. Stattdessen überraschte er mich.

Vorsichtig nahm er mir die Blumen aus dem Mund, legte sie unter meinen Körper und befahl mir: »Dreh dich um und leg dich auf den Rücken.« Wollte er mich testen? Ich war darauf vorbereitet gewesen, ausgepeitscht zu werden, aber das hatte ich mir nicht vorgestellt. Wollte er bluffen? Sollte ich mich wirklich auf ein Dornenbett legen, wo doch im Schlafzimmer Blütenblätter und Kissen waren? Um mich selbst zu testen, um ihn zu schockieren und weil es so ein romantisches Bild war, legte ich mich auf den Fußboden auf die Dornen und blickte lächelnd zu meinem Geliebten empor. Und eigentlich tat es auch nicht besonders weh; so schlimm war es nicht.

Es war die Sache sogar mehr als wert: seine Dankbarkeit, seine Erregung, seine Hundeaugen, mein Name, den er immer wieder mit seiner Unterwasserstimme sagte. Dann drehte er mich um, küsste meine Kratzer, leckte meine Wunden und nahm mich in die Arme. Er drang von hinten in mich ein, hielt mich fest umschlungen und küsste mich auf den Nacken. Nachdem wir uns geduscht und wieder angezogen hatten, sank er auf die Knie und küsste mir voller Hingabe die Füße. Und dann gingen wir zum Essen.

Beim nächsten Mal schickte ich Adam zwanzig Minuten vorher eine SMS. Er antwortete, er würde jetzt anfangen. Offenbar wollte er die Zeit, die er bewegungslos wartend verbrachte, ausdehnen. Weil ich aufgehalten worden war, kam ich erst sechsundzwanzig Minuten später nach Hause, und Dutzende von Teelichtern führten mich zu ihm. Er hockte auf allen vieren, balancierte eine volle Tasse Wasser auf dem Rücken, und er hatte sich den Griff der Peitsche hinten hineingesteckt. Er sah wie ein Esel oder ein Pony aus, es war verblüffend. Alle Möglichkeiten unserer Kunst eröffneten sich mir, gaben mir Hoffnung und inspirierten mich. Ich liebte ihn. Ich liebte die Vorstellung von uns beiden. Ich liebte unsere Art zu lieben. Ich kippte langsam die Tasse Wasser und ließ das Wasser über seinen Hintern laufen. Er bemühte sich, unbeweglich zu bleiben. »Du bist ein unglaublicher Mann«, sagte ich, als ich langsam die Peitsche herauszog.

Und so ging es immer weiter. Ich balancierte einen Becher mit kochend heißem Tee; er verbrühte mich. Ich peitschte seine Hände; er hielt seine Pose dreißig Minuten lang. Ich schlug ihm ins Gesicht. Er kniff in meine Nippel und versohlte mir den Hintern mit einem Kochlöffel. Ich balancierte Gewichte; er posierte in einem Ring aus Feuer.

Ich bereitete ein Festmahl für ihn. Ich dämpfte Reis, bis er gar war, die Körner aber trotzdem noch ihre Form behielten. Dann formte ich ihn zu Bällchen, so wie ich es in einem japanischen Restaurant in Montreal, wo ich gearbeitet hatte, gelernt hatte. Ich würzte den Sushi-Reis mit Sirup aus süßem Mirin und Reisessig, den ich mit einem Esslöffel darübertröpfelte, während ich ihn gleichzeitig formte, sodass jedes einzelne Korn überzogen wurde. Und dann legte ich eine feuchte Mullwindel über den Reis. Ich machte Miso-Suppe. Ich wetzte mein Messer an einem Ziegelstein. Ich schnitt den rosa Bauch von tiefrotem Thunfisch in Streifen. Ich schälte und zerschnitt eine reife Avocado, eine äußerst befriedigende Angelegenheit, zerhackte rohe Rote Bete und Karotten in papierdünne Stifte, und nutzte meine Fähigkeiten, um die orangefarbenen und violetten Streifen zu feinstem Engelshaar zu verarbeiten. Ich vermischte Wasabi-Pulver und Wasser zu einer dicken Paste. Ich wusch mir die Hände. Ich folgte einem Rhythmus, war präzise und effizient und dachte dabei die ganze Zeit über an ihn. Ich verteilte den Reis auf Nori-Seetang, legte die Zutaten in die Mitte und rollte das Blatt zusammen, wie ich es gelernt hatte. Zum Schluss bereitete ich einen Algensalat und eine Dessertsauce zu, schnitt eine Honigmelone in Achtel, beträufelte sie mit Zitronensaft und mit fein gehackter Minze.

Ungefähr zwanzig Minuten bevor er nach Hause kommen sollte, nahm ich ein Bad. Als ich mich abgetrocknet hatte, rieb ich Rücken, Schultern und Hintern mit einer dünnen Schicht Sesamöl ein. Und die Dessertsauce – Ahornsirup verdünnt mit Ingwertee – massierte ich in Bauch und Brüste und die Innenseite meiner Schenkel ein. Ich spülte die Wanne aus und ließ kochend heißes Wasser einlaufen, damit es genau richtig für ihn war, wenn er kam. Auf den Rand der Badewanne stellte ich eine Schale mit Sake. Er würde an seinen Lippen nur noch lauwarm sein, aber das musste reichen. Ich zündete die Kerzen an und legte einen sauberen Bademantel und Pantoffeln bereit.

Im Wohnzimmer breitete ich in einer Ecke eine blaue Batiktischdecke aus, auf die ich die Schale mit der Melone, eine Tasse und eine Kanne grünen Tee stellte. In der Küche zerschnitt ich die Maki-Rolle und brachte alles Essen auf einem Tablett ins Wohnzimmer. Und dann kam der mühsame Teil. Ich ließ mich auf allen vieren auf die Tischdecke nieder und verwandelte mich in einen Tisch, auf den ich langsam und vorsichtig das Essen stellte. Eine Scheibe Maki nach der anderen, den Algensalat auf einem Bananenblatt, wobei mir der Saft an den Seiten herunterlief, ein Häufchen eingelegten Ingwer, ein Häufchen Wasabi, und schließlich die kleine Tasse Misosuppe, nicht ganz voll, aber heiß. Als ich alles auf meinem Rücken balancierte, nahm ich die Essstäbchen in den Mund und wartete.

Zwei Minuten später hörte ich den Schlüssel im Schloss, und aus der Stille, die folgte, entnahm ich, dass er meine Notiz las, in der ich ihn anwies, zu baden und dann ins Wohnzimmer zu kommen, wo ich auf ihn wartete. Wenn er von seinem Verlangen nach meinem Körper sprach, redete er ständig vom Essen. Ich hörte, wie er in die Badewanne stieg, dann kamen seine leisen Schritte näher, und schließlich ertönte der süße Laut seines Erstaunens. Er nahm mir die Essstäbchen aus dem Mund und aß schweigend. Danach drehte er mich auf den Rücken, wie ich es ihm in meiner Anweisung vorgeschlagen hatte, und aß die Melone von meiner mit Ahornsirup getränkten Brust.

Er wusch mir die Haare, tupfte meine Finger trocken, rieb mich mit Mandel- oder Olivenöl ein, puderte mich, kämmte mir die Haare. Ich wusch ihm den Rücken mit einem Schwamm, seifte ihn mit würzig duftenden Seifen ein, küsste seine langen, nassen Wimpern und seine Kniescheiben. Er liebte das Wasser. Im Wasser war er zu Hause. Wie oft habe ich ihn im Wasser fotografiert, oder einfach nur auf dem Rand der Wanne gesessen und ihm laut vorgelesen. Unzählige Male habe ich mich hingekniet und seine großen, weichen, kräftigen Füße und seine wohlgeformten Knöchel mit glühender Verehrung und voller Konzentration geküsst. Ich hatte das Gefühl, zu mir zu kommen und doch über mich hinauszuwachsen, während ich seine Schönheit anbetete. Ich fühlte mich so präsent und doch so hingegeben. Der Akt war mir Nahrung, seine Reaktion Antrieb.

In einer farbenfrohen, fantastischen Nacht bemalten wir unsere Körper mit Stofffarben. Wir schrieben einander Wörter auf den Körper, Wörter, die wir den ganzen Tag über unter den Kleidern trugen. Ich schrieb ihm unzählige Briefe und Zettel. Ich zeichnete ihn. Ich bereitete spektakuläre Mahlzeiten für ihn zu. Er fesselte mich, hüllte mich ein in atemberaubende Komplimente und verschlang mich mit Haut und Haaren. Einmal fesselten wir uns aneinander und schliefen die ganze Nacht lang so. Ein anderes Mal belohnte ich ihn mit fünf Minuten nacktem Ballett.

Unsere Beziehung bestand aus Ritualen und Demonstrationen. Wir nahmen uns die nötige Zeit dazu und bemühten uns, alles Gewöhnliche in etwas Außergewöhnliches zu verwandeln. Darum ging es in unserer Vereinigung, es war der Zweck unserer Chemie. Beide liebten wir den extremen Ausdruck.

19:48 Uhr: *Ich erlebe jede Sekunde bewusst, in der Hoffnung, dass er in der nächsten aufwacht und mich rettet. Es geht jetzt schon seit achtundsechzig Minuten so, deshalb stehe ich auf. Meine Knochen fühlen sich uralt und spröde an wie Glasscherben, wie dürre Zweige, und wie ich befürchtet habe, ist es viel schmerzhafter als die achtundsechzig Minuten Bondage, dass jetzt das Blut wieder ungehindert durch meinen Körper fließt. Ich kann mich nicht erinnern, mich jemals trauriger und niedergeschlagener gefühlt zu haben. Und ich bin einsam, unerträglich einsam. Ich werfe mir etwas über und gehe nach unten, um ihn aufzuwecken.*

Er liegt auf der Seite, mit verschränkten Armen, und ich schüttele ihn an der Schulter und rufe seinen Namen, bis er ein Auge öffnet. Ich bitte ihn, nach oben zu kommen. Er nickt und gibt einen zustimmenden Laut von sich, deshalb gehe ich wieder nach oben und lege mich ins Bett.

Soll ich ihm sagen, was ich getan habe, während er schlief? Eigentlich darf ich es ihm nicht verheimlichen. Aber wenn er wüsste, wie ich gelitten habe, während er schlief, wird er sich sicherlich aufregen. Es wäre zwar schwieriger, aber weniger verletzend, es nicht zu erwähnen. Ich beschließe, nichts zu sagen. Ich will nur seine Anwesenheit, seine Aufmerksamkeit, seine Anerkennung; nur danach habe ich mich in der letzten Stunde gesehnt. Und wo ist er jetzt? Ich will ihn nicht noch einmal rufen. Es ist lächerlich, und ich ertrage es nicht, von Neuem auf ihn zu warten. Tränen der Frustration laufen mir übers Gesicht, und plötzlich steht er in der Tür.

Endlich ist er zu mir gekommen. Gott sei Dank, er ist gekommen. Ohne ein Wort zu sagen, dreht er mich auf den Bauch. Ich glaube, er hat nicht gemerkt, dass ich weine. Er hat wahrscheinlich gar nichts mitbekommen. Aber was spielt das schon für eine Rolle? Ich war plötzlich so glücklich, dass er endlich bei mir war. All die Qual löste sich in nichts auf, als er mein Hemdchen zu den Schultern hochschob und mir das Höschen zu den Knien herunterzog. Er konnte mit mir machen, was er wollte. Dann spürte ich, wie mit einem dicken Marker Muster auf meinen Rücken gemalt wurden, meine Wirbelsäule entlang, über meine Seiten, meinen Hintern und hinten über beide Beine. Die letzten Spuren der Einsamkeit wurden getilgt.

»Willst du nicht wissen, was ich über deinen Körper geschrieben habe? Soll ich es dir vorlesen?«

Ich nickte, aber es spielte nicht wirklich eine Rolle, weil er schon so viel gesagt hatte.

»Anmut, Schönheit, Eleganz, Intelligenz, Würde, Stärke, Mut, sexy und strahlend, die fremde Domina Susan …«

Mir lief die Nase, und ich zitterte, aber ich war sehr glücklich.

14
Verzerrung

Im April, als ich schon über einen Monat mit Adam zusammenlebte, hörte ich von einem Kerker in Central London, wo es freie Stellen gab. Ich hatte in ein paar Tausend Sitzungen viel gelernt, aber ich wusste auch, dass es Grenzen gab, zumal meine Reise eine tiefere, intimere Wendung genommen hatte. Andererseits brauchte ich Geld. Seit ich zuletzt gearbeitet hatte, waren fast vier Monate vergangen. Ich war eine erfahrene, sensible Domina, und ich konnte ohne Weiteres drei Tage in der Woche arbeiten und trotzdem noch meinen anderen Interessen und Aktivitäten nachgehen. Also machte ich mit der neuen Herrin einen Termin in ihrem Kerker, der im Keller ihrer Wohnung hinter der Tottenham Court Road lag.

Es gab zwei Eingänge – einen, der direkt in den Keller führte, und einen anderen auf Straßenniveau, der mich in ihr Wohnzimmer brachte. Es war ein heller, großzügiger Raum mit Holzdielenböden, einem weißen Plüschteppich, einem Kamin mit einem riesigen vergoldeten Spiegel darüber und einem gerahmten Georgia-O'Keeffe-Druck an der angrenzenden Wand. In hübschen Vasen standen hohe Lilien, und vor den Fenstern mit den Mullgardinen stand ein rotes Samtsofa. Der Raum war voller Licht, die Fenster waren geöffnet, sodass die Geräusche von der Straße hereindrangen, und die Gardinen blähten sich im leichten Wind. Es war ein spannendes, prickelndes Gefühl, in diese neue Szene eingeweiht zu werden.

Eine große, schlanke Frau mit faszinierenden Wangenknochen, glatten blonden Haaren, großen blauen Augen und einem entzückenden Grübchen in der linken Wange stellte sich als Mistress Ariel vor. Sie war siebenundvierzig Jahre alt, sah aber mindestens zehn Jahre jünger aus und schwor auf Weizengrassaft und tägliche Gesichtsgymnastik. Sie war in Irland geboren und aufgewachsen, »auf guten katholischen Schulen« gewesen, hatte einen Bachelor-Abschluss in irischer Literatur gemacht und bis vor vier Jahren im Sozialamt gearbeitet. Dann hatte sie ein paar Leute aus der S&M-Szene kennengelernt. Zuerst hatte sie nur Clubs besucht, dann kleinere Partys mit »ernsthaften Spielern«, und schon bald hatte sie sich mit zwei Dominas angefreundet. Auf einmal stand sie im Mittelpunkt einer kühlen neuen Subkultur, in der Männer sie wie eine Göttin behandelten. Dieser Lebensstil gefiel ihr so gut, dass sie ihren Bürojob kündigte und als Domina zu arbeiten begann.

Mistress Ariel war nicht besonders fleißig oder hochmotiviert, obwohl sie es vermutlich anders sah. Sie machte eine oder zwei – höchstens drei – Sitzungen pro Tag, nahm zweihundert Pfund die Stunde und beklagte sich über Rückenschmerzen, aufgescheuerte Handgelenke, jammernde Männer und darüber, dass sie nicht in Stimmung war. Sie wollte den Keller drei Tage in der Woche zu einem Pauschalpreis von zweihundert Pfund pro Tag vermieten.

Angel und ich hatten in S&M-Magazinen und sogar in einer Autozeitschrift geworben, und mit den Jahren hatte ich mir mindestens dreißig Stammkunden erworben. Es hatte sogar eine Zeit gegeben, da nahm ich überhaupt keine Neukunden mehr an. In diesem Kerker jedoch wurde mit den Telefonkarten gearbeitet, die man in Central London damals in jeder Telefonzelle fand. Die Polizei hat dieser Praxis einen Riegel vorgeschoben, und heutzutage gibt es auch nicht mehr genügend Telefonzellen, damals jedoch zogen die Karten eine andere Art von Kunden an als die, die ich im Cottage gewöhnt gewesen war: Männer in der Mittagspause, Touristen, geile, neugierige Jugendliche, Männer, die einfach nur gefesselt werden wollten – oder Sex wollten. Den bekamen sie allerdings nicht, und im Großen und Ganzen war es in der Stadt ein wesentlich schmutzigeres Geschäft als draußen auf dem Land.

In den vier Monaten, in denen ich nicht mehr gearbeitet hatte, hatte ich die meisten meiner Stammkunden verloren. Entweder hatten sie in der Zwischenzeit jemand anderen gefunden, oder die wenigen Männer, die mit mir in Kontakt geblieben waren, fanden die Räumlichkeit in der Stadt zu wenig diskret. Außerdem gefiel den meisten die Ausstattung nicht: Die Räume waren zwar wesentlich größer als das Cottage, aber schäbig, heruntergekommen und fantasielos. Anstatt jedoch in neue Anzeigen zu investieren, damit ich den Job längerfristig ausüben konnte, arbeitete ich fast vollständig über diese Telefonkarten.

In dem neuen Kerker hatten wir eine Empfangsdame, die die Termine vereinbarte und fünfzig Pfund pro Tag plus zehn Prozent Provision für jeden Kunden, den sie buchte, kostete. Sie hieß Brittany und war fünfzig Jahre alt, sah jedoch ebenso wie Ariel zehn Jahre jünger aus. Sie war wunderschön, hatte eine Pfirsichhaut und praktisch keine Falten. Ihr Geheimnis bestand darin, dass sie nicht rauchte, sich nicht der Sonne aussetzte und ihr Gesicht nie mit Wasser und Seife wusch. Sie trug immer eine blonde Fransenperücke und hatte teure Accessoires, wie zum Beispiel eine Versace-Tasche. Sie hatte in ihrem ganzen Leben noch nie woanders als im Sexbusiness gearbeitet, war nie verheiratet gewesen und konnte keine Kinder bekommen. Sie war als Playboy Bunny in der Villa von Hugh Hefner gewesen, und hatte Araber, Business-Tycoons, Maharadschas und Prinzen eskortiert. Später hatte sie als Domina gearbeitet, aber in den letzten zwölf Jahren reichte es ihr völlig, Empfangsdame in Kerkern und Bordellen zu sein.

Sie kannte die Branche in- und auswendig, und doch wirkte sie fast naiv, wenn es um das Leben außerhalb der Szene ging. Um drei Uhr hatte sie einen Schwips von dem Rosé, den sie morgens um elf aufgemacht hatte. Aber bis sechs Uhr abends, wenn ihre Aussprache endgültig undeutlich und verwaschen wurde, steckte sie voller faszinierender Geschichten.

Brittany war die beste Empfangsdame in der ganzen Branche, weil sie über ausgeprägte Überredungskraft verfügte. Wenn der Kunde schon allein ihre Stimme am Telefon hörte, war er bereits halb im Kerker. Wir beide zusammen sorgten dafür, dass viel zu tun war. Halbstündige Sitzungen lohnten sich nicht, wenn der Kunde bis nach North London in einen Vorort fahren musste, aber hier mitten in der Stadt ging es ohne Weiteres. Brittany konnte jeden davon überzeugen, dass es Sinn machte, für hundert Pfund eine halbe Stunde vorbeizukommen. Die halben Stunden summierten sich und waren letztendlich höchst lukrativ, aber sie hatten auch ihren Preis, weil Brittany unterschiedslos jeden dazu aufforderte. Ich musste neun, zehn Sitzungen hintereinander machen und kam kaum zum Nachdenken.

Am liebsten erinnere ich mich an die Stunden, bevor Brittany um sechs Uhr abends betrunken war. Zum ersten Mal in meiner Domina-Karriere war ich nicht allein bei der Arbeit. Sie kümmerte sich um jede Sitzung, hielt mich bei Laune und motivierte mich. Je nachdem, welchen Kunden ich gerade hatte, kam sie vorbei, lachte über den Ballettjungen, der seine Pliés machte, und selbst Hosen-Dan machte ihre Bekanntschaft. Er fand das im Übrigen toll und spricht noch heute davon. Sie war einfach ein fröhlicher Mensch, und man musste sich schon sehr zusammenreißen, um nicht zu lachen, wenn sie die Szene betrat.

Eines Tages besuchte mich Mackintosh-Gideon in Central London.

Er zog sich im Kerker aus, während ich Brittany im Empfangsraum alles über ihn erzählte. Sie schlug vor, ich solle ihn im Schrank in der Diele einschließen. Die Tür war schwer zu öffnen und das Schloss äußerst heikel. Sie meinte, ich solle so tun, als ob ich das Schloss nicht aufbekäme, damit er wirklich dachte, er sei im Schrank gefangen. Obwohl ich insgeheim glaubte, dass es ihm nicht gefallen würde, tat ich, was sie sagte. Ich war ein wenig beschwipst, und eigentlich war es mir egal.

Ich knebelte ihn, zog ihm die Kapuze über, fesselte ihn mit Handschellen und Fußfesseln, hängte Gewichte an seine Eier, legte ihm ein Halsband um und einen Ring um seinen Schwanz. Ich reizte seine Nippel, seinen Verstand, zog mir den Regenmantel an und sperrte ihn dann in den Schrank, »für eine sehr, sehr lange Zeit. Lange genug, um über die Zukunft nachzudenken. Zeit, um über dein Schicksal als mein Sklave nachzudenken. Du wirst für immer hierbleiben.«

Im Empfangsraum schenkte Brittany uns Wein ein, und wir schauten uns eine Kochsendung an. Nach ungefähr zwölf Minuten sah ich nach, ob mit Gideon alles in Ordnung war.

»Wie ist es denn da drin so?«, fragte ich durch die Tür.

»Du bist schon lange darin, nicht wahr? Es kommt dir sicher wie eine Ewigkeit vor, und dabei sind es erst sieben Minuten. Und wenn ich mir vorstelle, dass du für immer bei mir bleibst. Wenn ich wiederkomme, bringe ich meine Peitsche mit.«

Zehn Minuten später tat ich so, als rüttele ich am Schloss.

»Die Tür scheint zu klemmen. Geh nicht weg, während ich das Mädchen hole.«

Und dann schrillte Brittanys Stimme: »O nein, Herrin, ich hätte Sie warnen sollen wegen der Tür. Wir lassen sie immer nur angelehnt, weil das Schloss klemmt. Mir ist das auch schon einmal passiert, und wir mussten den Schlosser holen. Es hat drei Stunden gedauert, bis er hier war. Aber das passiert uns nicht noch einmal. Warten Sie, ich suche nach dem Ersatzschlüssel. Er muss hier irgendwo sein, wir haben beim letzten Mal nur nicht gründlich genug gesucht.«

Nach einer Weile riss ich dann die Tür auf.

Gideons Penis war schlaff. Ich streichelte seine Nippel, aber er reagierte nicht. Ich entfernte Knebel und Haube, und er war völlig durcheinander. Vor allem hatte er Angst gehabt. Die Aussicht, ein paar Stunden im Schrank zu verbringen, hatte für ihn keinerlei sexuellen Reiz. Ich hatte das zwar gewusst, hatte es aber trotzdem gemacht. Ich brauchte eine Menge langsame Mackintosh-Verführung, um den Schaden wieder gutzumachen. Schließlich ejakulierte er.

Ein anderes Mal rief eine junge Transe an, um zu fragen, ob er seine Kleider holen könne, die er vor zwei Jahren bei uns gelassen habe. Er sei gerade in der Gegend. An dem Tag war nicht viel los, und Brittany versuchte, etwas Geld aus ihm herauszuholen.

»Ich weiß nicht, ob sie noch da sind, aber Sie können ja auf eine Sitzung vorbeikommen, und ich suche danach. Sie haben großes Glück, weil heute Herrin Anna hier ist, und sie ist absolut fabelhaft. Sie ist jung, Kanadierin, und, unter uns gesagt, sie ist die beste Herrin, die ich je erlebt habe. Sie sollten sich eine privilegierte halbe Stunde mit ihr gönnen, während ich nach Ihren Kleidern suchen – die im Übrigen hier die ganze Zeit kostenlos aufbewahrt worden sind. Normalerweise nehmen wir Gebühren dafür, aber machen Sie sich keine Sorge, ich kann mich noch gut an Sie erinnern. Sie hatten da ein paar schöne Sachen ... Eine Seidenbluse, sagen Sie ... Ja, sie war wirklich toll ... Und welche Farbe hatten noch einmal die Schuhe? Ah ja, ja, ich kann verstehen, warum Sie diese Sachen zurückhaben wollen.«

Eine Viertelstunde später stand er vor der Kellertür, und Brittany führte ihn in den Kerker. Als ich eintrat, sah er mich an, als würde er gegen seinen Willen hier festgehalten.

»Was möchtest du denn heute erforschen?«, fragte ich. Er sprach langsam und leise, und ich verstand, dass er vermutlich Büroszenen liebte und sich gerne verkleidete, aber seine Kleider nicht dabeihatte.

»Das macht nichts, wir haben jede Menge Kleider hier. Ich suche dir das Richtige aus. Und was möchtest du machen, wenn du dich umgezogen hast?«

»Ich bin im Büro. Ich bin Sekretärin, und mein Chef ist mal wieder unzufrieden mit mir. Er will mich demütigen und vor meinen Kolleginnen bloßstellen, und er sagt mir, ich würde nichts taugen, sei anders als die anderen Mädchen und so.«

Am Empfang erwartete Brittany mich mit einer puderrosa Rüschenbluse aus Seide, einem grauen, engen Rock und mauvefarbenen High Heels mit Knöchelriemchen –

die Sachen, die er vor Jahren hier zurückgelassen hatte. Wir betrachteten die Kleider, blickten uns an und hatten beide dieselbe Idee.

Ich brachte dem Kunden ein sehr nuttiges rotes Kleid mit Spaghettiträgern, Netzstrümpfe, einen schwarzroten Strumpfgürtel, glänzende rote Stilettos, einen schwarzen Tanga und eine lange blonde Perücke. »Zieh das an«, sagte ich. »Wenn ich in ungefähr vier Minuten zurückkomme, fangen wir an.«

Während er sich im Kerker umzog, schlüpfte ich im Empfangsraum in den engen Rock und die rosa Rüschenbluse, die mir gut passten. Die Schuhe waren eine Nummer zu groß, aber es ging.

Im Kerker stand er in den Sachen, die ich ihm gegeben hatte, mitten im Raum. »Senk den Kopf und sieh zu Boden«, herrschte ich ihn an. »Du liebe Güte! Das ist ja nicht zu fassen! Solchen Abschaum von der Straße schicken sie uns heutzutage von der Zeitarbeitsfirma. Ich werde mal ein ernstes Wort mit ihnen reden müssen. Aber was dich angeht, du siehst so aus, als hättest du dich die ganze Nacht mit einem Freier herumgetrieben. Bist du etwa der Meinung, das sei die geeignete Kleidung für deinen ersten Tag im Büro. Puh, du stinkst ja nach Sex, Alkohol und Zigarettenkippen!«

»Entschuldigung, Madam, jemand hat mir die Kleider gestohlen …«

»Unsinn! Auch noch verlogen! Ich will den ganzen Nachmittag kein einziges Wort mehr von dir hören. Und bevor du dich an die Arbeit machst, schau dir an, wie ich angezogen bin. Kopf hoch! Genauso möchte ich dich sehen, wenn du morgen früh das Büro betrittst. Man hat mir gesagt, du bliebest den ganzen Monat über hier. Das sind hübsche Schuhe, nicht wahr? Und sieh dir meine Bluse an, sie ist aus Seide. Ich bin sehr stolz auf diese

Sachen. Niemand wird dich ernst nehmen, wenn du dich nicht sorgfältiger anziehst. Und jetzt mach dich an die Arbeit!«

Nach vier bis elf Sitzungen pro Tag war ich abends unweigerlich beschwipst, müde und aufgedreht, was Adam überhaupt nicht gefiel. Er fand mich zu intensiv und aggressiv, und er war eifersüchtig auf das, was ich mit anderen Männern trieb. Ständig musste ich ihm versichern, dass unsere Sitzungen im Cottage mit keiner anderen Sitzung zu vergleichen waren. Das stimmte nicht ganz: Zwar hatte ich mit keinem anderen Kunden Sex gehabt, und zwischen Adam und mir spielte sich etwas ganz Besonderes ab, aber ich konnte nicht leugnen, dass meine besten Sitzungen sinnlich und intensiv waren und ich sie sehr genoss. Ich hatte nie das Gefühl, Adam untreu zu sein; schließlich machte ich meine Arbeit, und es war meine Pflicht, sie so gut wie möglich zu machen. Aber Adam meinte: »Wie würdest du dich denn fühlen, wenn ich den ganzen Tag über Frauen masturbieren würde?«

Ich halte diesen Vergleich nicht für fair.

Adam ist in vielerlei Hinsicht nicht künstlerisch oder kreativ. Er hat keinen Sinn für Inneneinrichtung oder Mode, und er vernachlässigt seinen Geschmackssinn. Er kann nicht tanzen, geht nicht häufig ins Kino, und er hört seit seiner Teenagerzeit die gleiche Musik. Aber wenn es um seine extremen sexuellen Wünsche geht, ist er Dichter, Bildhauer, Regisseur und kreativer Erfinder. Selbst bei seinen Masturbationsepisoden hat er sich raffinierte Fesselungsmethoden ausgedacht, um seine Eier und seine Nippel zu reizen. Seine »Kunst« besteht in der Erforschung des Extremen und der Beherrschung seines Körpers.

Er redete nicht viel, war nie besonders eloquent oder

spielerisch mit Worten, und er konnte stundenlang schweigen – außer wenn er durch einen submissiven, sadomasochistischen Knebel sprach. Dann war er ein Meister im Formulieren.

Adam hat leidenschaftliche Gefühlsausbrüche, aber im Großen und Ganzen ist er unnatürlich ruhig. Einmal fuhren wir durch London. Er saß auf dem Fahrersitz, und ich blickte gerade aus dem Fenster, als ich hörte, wie auf seiner Seite etwas gegen den Wagen schlug. Ich drehte mich um und sah, dass ein Fahrradfahrer am Straßenrand lag. Im ersten Moment glaubte ich, Adam sei schuld. Er ist skrupellos. Er zieht Gefahr an und hat die Macht, Dinge zu zerstören. Ich war wie gelähmt vor Angst, weil mir klar wurde, wie zerbrechlich das Leben war, wie sich alles innerhalb von einer Sekunde verändern konnte.

Ich blickte zu Adam und konnte seine Ruhe nicht fassen. Wortlos öffnete er die Tür und stieg aus dem Wagen. Der Fahrradfahrer hatte sich aufgerappelt, anscheinend war ihm nichts passiert. Ich konnte nicht hören, was sie sagten, aber der Fahrradfahrer machte eine – versöhnliche? entschuldigende? – Geste, die ich nicht verstand. Adams Gesichtsausdruck war undurchdringlich, und in mir stieg ein unheimliches Gefühl auf. Kurz darauf schüttelte der Fahrradfahrer, der einen langen Riss hinten in der Jeans hatte, den Kopf und schob sein beschädigtes Fahrrad über die Straße.

Adam stieg wieder ins Auto und fuhr los, als ob nichts passiert sei. Ich musste erst nachfragen, damit er mir erklärte, was geschehen war. Der Fahrradfahrer hatte eine rote Ampel übersehen und war ihm direkt vors Auto gefahren. Allerdings war er mit dem Schrecken davongekommen. Adam blieb bei dieser Mitteilung völlig gelassen, ich brauchte jedoch noch eine ganze Weile, bis ich mich wieder beruhigt hatte. Mir war diese unnatürliche Ruhe ein Rätsel.

Ich weiß noch, wie mir sein Schweigen zum ersten Mal Angst einjagte. Als ich nach Hause kam, saß er vor seinem Laptop und schaute sich eine DVD an. Er drehte sich nicht um und begrüßte mich auch nicht, sondern starrte mit leerem Gesichtsausdruck auf den Monitor. Es war wie unter Wasser: kein Geräusch, kein Sauerstoff. Ist Freediving so? Eine Sekunde lang zog er mich mit sich auf den Grund, siebzig Meter unter Wasser, aber ich wusste nicht, wie ich den Atem anhalten sollte ... Ich fühlte mich so allein. Niemand sah und hörte mich, und ich konnte noch nicht einmal meinen Mund öffnen, um zu schreien. Ich war nicht mehr vorhanden.

Wenn er sich submissiv fühlte, sagte er immer: »Ich tue alles, was du willst.« Ich begann, diese Eröffnung zu benutzen, um etwas über sein Leben zu erfahren. Ich fesselte ihm die Hände auf den Rücken, hängte ihm Gewichte an die Eier, legte ihm die Augenbinde um und sagte: »Für jede Frage, die du mir beantwortest, nehme ich dir ein Gewicht ab und ziehe mir ein Kleidungsstück aus.«

Er willigte ein. Er wiederholte, dass er mir zuliebe alles machen und mir geben wolle, um was ich bat.

»Dann erzähl mir von deiner Frau.«

Ich wollte etwas über die einzige andere Frau in seinem Leben wissen. Die Mutter seines Kindes. Die Frau, mit der er die letzten achtzehn Jahre verbracht hatte. Wie kommunizierten sie miteinander ohne diese Spielchen? Was hatte sie all die Jahre zusammengehalten? Worüber unterhielten sie sich? Was taten sie zusammen? Ich wollte es schrecklich gerne wissen. Aber normalerweise konnte er mein Bedürfnis nicht nachvollziehen, und der eigensinnige, schweigsame Mann gab nicht nach. »Wie ist dein Sohn? Wie ist es für dich, Vater zu sein? Warum habt ihr fünfzehn Jahre gewartet, ehe ihr ihn bekamt? Wie war der Sex mit ihr? Weiß sie, was du magst? Kennt sie dich?«

Nur indem ich seine submissive Stimmung ausnutzte, fand ich heraus, dass sie nie zu ihm gesagt hatte, er sei attraktiv, und sie hatte ihm auch nie Komplimente gemacht. Er war so schön; ich konnte es kaum glauben. Sie sammelte Kristallfigürchen. Sie war keine Künstlerin, und sie war auch kein »Babe«, aber sie war attraktiv und eine ziemlich gute Tennisspielerin. Mit Anfang zwanzig war sie anorexisch gewesen, und dann war ihr Bruder an Krebs gestorben. Danach machte sie eine Ausbildung zur Heilpraktikerin und Ernährungsberaterin. Als sie herausfand, dass Adam bei einer Domina gewesen war, hatte sie gesagt, sie fände das widerlich. Das Thema war nie wieder erwähnt worden.

Ich räumte die Matratze aus dem Bett und fesselte ihn an das Eisengestell. Dann zündete ich eine Kerze an und hielt sie über seinen Körper. Auf die Art und Weise erfuhr ich, dass er drei Jahre lang eine Affäre mit einer Kollegin gehabt hatte. Aber ganz gleich, wie viel heißes Wachs über seinen Schwanz und seine Eier tropfte, er wollte mir nicht erzählen, wie ihr Sex gewesen war, nur dass sie es liebte, wenn er ihr den Hintern leckte, und dass er es einmal eine ganze Stunde lang getan hatte. Sie verlangte von ihm, er solle seine Frau verlassen, und von da an weigerte er sich, ihr den Arsch zu küssen. Das war dann das Ende der Affäre.

Kurz nach ihrer Trennung verlobte sie sich, und Adam regte sich so darüber auf, dass er eines Nachts aufstand und seiner Frau sagte, er würde sie verlassen. Er teilte ihr auch den Grund mit. Nachts um drei stieg er in sein Auto und fuhr zu ihr.

Früh am Morgen klingelte er an ihrer Tür, aber niemand machte auf. Ich weiß nicht, warum er sich so sicher war, dass sie zu Hause, und vor allem, dass sie allein war. Er klingelte Sturm und rief sie auf dem Festnetz und über ihr Handy an, hämmerte an die Tür und klopfte ans Fenster. Aber sie hatte anscheinend einen so tiefen Schlaf, dass sie ihn nicht hörte. Schließlich brach er in ihre Wohnung ein. Zum Glück war sie da, und er wurde auch nicht von neugierigen Nachbarn überrascht. Aber sogar als er vor ihrem Bett stand, wurde sie nicht wach. Er erzählte mir, es habe zwanzig Minuten gedauert, bis er sie endlich wachgerüttelt hatte. Aber nichts, was er sagte, konnte sie umstimmen. Sie wiederholte nur kalt und schläfrig, dass es zu spät sei. Zu spät. Und außerdem sei es viel zu früh am Morgen.

Als er nach Hause zurückkam, war es fast Mittag. Seine Frau saß im Bett in ihrem Hochzeitskleid, mit Strümpfen und Schuhen. Sie hatte sich frisiert, mit Parfüm eingesprüht und geschminkt, aber die Wimperntusche war verlaufen, und ihr Gesicht war tränenverschmiert.

Aus meinen Befragungen schloss ich, dass er sein Ziel mit größter Hartnäckigkeit verfolgte. Und wenn er seine Frau jahrelang angelogen hatte, dann log er mich wahrscheinlich auch an. Sein ganzes Leben lang hatte er seine masochistische Neigung geheim gehalten, er hatte sie nur allein oder mit Fremden ausgelebt, sich aber niemals dazu bekannt. Bei mir war das anders: Bei mir konnte er seiner Lust an Extremen nachgeben und ihr einen Namen und eine Ursache zuordnen. Er konnte es »Leiden aus Liebe« nennen. Ich gab seinem Bedürfnis nach Schmerz einen Kontext. Ich war seine Muse. Ich war die Alternative zu dem, was er hinter sich gelassen hatte. Ich war seine Zuflucht und seine Freiheit.

Er wirft sich zu Boden und geißelt sich – für mich. Er

schiebt sich einen Dildo in den Hintern – für mich. Er zerrt an seinen Nippeln, bestückt sie mit Klemmen und erklärt mir, es sei alles nur für mich. Für mich will er alles erleiden, alles tun. Aber was habe ich davon, wenn er sich einen Eisbeutel um Schwanz und Eier bindet?

Adam ist bereit, mir seine Hingabe durch wunderschöne Akte der Unterwerfung und des Masochismus zu zeigen, aber wenn ich ihn um eine Antwort auf meine SMS bitte, wenn ich mit ihm im Park spazieren gehen möchte (ohne, dass einer von uns unter einem langen Mantel nackt ist), wenn ich Scrabble spielen möchte, wenn es darum geht, wie ich meinen Kaffee mag, wenn er mir einfach so Blumen schenken soll, mir Brühe einflößen soll, weil ich krank bin, wenn ich von ihm in den Arm genommen werden möchte, weil ich traurig bin oder mich schwach und bedürftig fühle, dann stehe ich mit leeren Händen da. Er ist entweder nicht in der Lage, mir diese Dinge zu geben, oder er weigert sich.

Eines Abends kam ich nach Hause, und Adam hatte oben an der Treppe seine Pose eingenommen. Aber er hatte nicht auf mich gewartet. Statt wie gewöhnlich zu schweigen, fragte er mich, wie spät es sei, und als ich es ihm sagte, brüstete er sich damit, wie lange er stillgehalten habe. Er bat mich, noch einmal wegzugehen, und ihn weitere zwanzig Minuten allein zu lassen. »Mach doch einen Spaziergang«, schlug er vor. Und genau das tat ich. Ich glaube, das war ein Wendepunkt in unseren Treppenspielen. Er spielte mit sich selbst, er spielte allein, aus dem Dialog war ein Monolog geworden, und ich kam mir überflüssig vor.

Ein anderes Mal küssten wir uns hungrig. Ein langer Dialog von Küssen auf dem Bett. Feuchte Sätze, die wir dem anderen ins Gesicht schrieben. Die Möglichkeiten eines Kusses faszinierten mich immer wieder aufs Neue, und ich war so vertieft in diese Sprache der Zungen, dass ich ihm ins Kinn biss. Wahrscheinlich hätte ich es gar nicht bemerkt, wenn er sich nicht vom Bett gewälzt und »Nein!« gebrüllt hätte. Es war genauso wie in der ersten Sitzung oder damals in jener Sitzung, in der er die Lederriemen zerrissen hatte.

Wie oft hatten wir einander absichtlich wehgetan? Wie oft hatte er blutige Striemen gehabt oder sich selbst verletzt? Verdammt noch mal, wie oft hatte er mich in die Nase oder in einen Nippel gebissen oder hart nach meinem Hintern gegriffen, weil er in dem Moment nicht anders konnte? Und ich hatte es immer verstanden, weil ich ja dasselbe empfand. Weil ich, wenn ich ihn ansah, von dem Gefühl überwältigt wurde, ihn zu schmecken, zu fühlen und zu verschlingen. Und jetzt hatte ich ihn ins Kinn gebissen – ja, und? Aus heiterem Himmel, wie aus dem Nichts, wurde er wütend, gewalttätig und anklagend. Es erschreckte mich zu Tode, wie aus diesem schönen Mann, den ich liebte, ein Monster wurde. Ich hielt seine Extreme nicht mehr aus, traute ihm nicht mehr, verstand ihn nicht mehr.

Als ich etwa fünf Jahre alt war, saß ich eines Tages mit meinem Zwillingsbruder im Zimmer unseres ältesten Bruders. Ich kann mich genau an den orangefarbenen und braunen Teppich erinnern, und ich weiß noch, dass ich in einen Kassettenrecorder gesprochen habe. Unser Bruder, der damals dreizehn gewesen sein muss, interviewte uns und spielte uns dann die Antworten vor. Die ungeteilte Aufmerksamkeit des großen Bruders, den ich vergötterte, in Verbindung mit der seltsamen, magischen Erfahrung, meine eigene Stimme zu hören, war für mich das reine Entzücken. Aber plötzlich wurde die Stimme meines älteren Bruders zu einem Knurren, und er sagte: »So, Schluss, aus, das Spiel ist vorbei, verschwindet!«

Mein Zwillingsbruder und ich brachen in Tränen aus. »Warum denn?«, weinte ich. »Warum müssen wir denn gehen?« Das Band lief weiter und unser schluchzender Protest wurde aufgenommen, und dann sagte mein großer Bruder lachend: »Ich habe nur Spaß gemacht.« Aber ich konnte ihm seinen Trick nicht verzeihen. Er behauptete, es sei ein Experiment gewesen, um zu sehen, wie wir reagieren würden, aber der plötzliche Wechsel in seinem Verhalten hatte einen schalen Beigeschmack.

Adams Stimmungsschwankungen schmecken genauso. Und ich muss dabei auch an Hunde denken. Ich bin mit Hunden immer gut zurechtgekommen. Wir hatten zu Hause einen Cairn Terrier – er ist vor zwanzig Jahren an Silvester gestorben und er fehlt mir immer noch. Meine Vermieterin in Toronto hatte einen Mischling, halb Bernhardiner, halb Border Collie, in den ich ganz vernarrt war. Ich ging jeden Tag mit ihm am Strand spazieren, weil er so gerne ins Wasser lief. Es war ein heißer Sommer, und dieser außergewöhnliche Hund lag immer auf dem Fliesenboden im Badezimmer, weil es dort kühler war. Das allein ist natürlich nicht außergewöhnlich, aber der Hund schob die Badematte aus Frottee, die dort auf dem Boden lag, zur Seite, um sich auf die kühlen Fliesen zu legen, und wenn er hinausging, zog er sie wieder an Ort und Stelle – das ist doch außergewöhnlich! Also eigentlich hatte ich immer eine gute Beziehung zu Hunden.

Vor zwei Jahren allerdings verbrachte ich den Sommer mit meinen Eltern in ihrem Blockhaus in der Wildnis von Ontario. Meine Eltern fahren seit dreißig Jahren jeden Sommer in ihre »Hütte«, aber ich war sechs oder sieben Jahre lang nicht mehr dort gewesen. Vieles hatte sich verändert, und vor allem war eine neue Familie in der Hütte nebenan eingezogen.

Als ich aus dem Auto stieg, duftete die reine Luft nach Zedern und Ahorn, und der Bach rauschte. Ich hörte einen Specht, Grillen und Zikaden. Dann kam etwas mit rasender Geschwindigkeit auf mich zugerannt, ich hörte Bellen und drehte mich um. Ein riesiger Hund sprang mich an und versuchte, mir ins Gesicht zu beißen. Schützend hob ich die Hände. Drei Personen mussten den Hund zurückzerren, und ich hatte mich so erschreckt, dass ich in Tränen ausbrach. Ich konnte den Geruch der Angst, der blitzschnell meine Kleidung getränkt hatte, förmlich riechen.

Die Nachbarn sagten, der Hund sei sieben Jahre alt und habe noch nie zuvor jemanden angegriffen. Er würde noch nicht einmal Eichhörnchen oder Waschbären jagen, wovon es hier eine ganze Menge gab. Es war ihnen schrecklich peinlich, und sie entschuldigten sich vielmals. Das gesamte Wochenende über legten sie die Hündin an die Kette oder sperrten sie in der Hütte ein, aber wenn sie mich auch nur von weitem witterte, drehte sie beinahe durch. Ich war völlig durcheinander. Wenn ich sie nur hätte fragen können, warum sie gerade mich so widerwärtig und bedrohlich fand. Was hätte sie wohl geantwortet? Seitdem kann ich keinem Hund mehr in die Augen schauen.

15

Häusliche Gewalt

Wir wohnten bereits vier Monate zusammen, als Adam sich eine Junggesellenwohnung in North London, ein paar hundert Meter von seiner Frau und seinem Sohn entfernt, kaufte. Mir waren die vier Monate wie vier Jahre vorgekommen, da wir Grenzen erprobt, experimentiert, unsere Körper getestet, bizarre Dramen entworfen und versucht hatten, eine uneinnehmbare Festung zu errichten, die uns eine andere Art des gemeinsamen Lebens ermöglichte.

Als ich mich mit dem Gedanken herumschlug, ob er Susan oder Anna liebte, wurde mir klar, dass sich diese Frage alle Liebenden stellen: Liebt er mich, mich als Person, oder nur das Bild, das er sich von mir macht? *Wir* hatten die Spannungen und den Tanz für zwei lediglich dramatisiert, ritualisiert und nach außen verlagert.

Und ich stellte auch mir die Frage: Liebte ich Adam oder einen Mann, den ich erfunden hatte?

In diesen letzten sechs Wochen begannen wir, für eine Zeit lang den Sklaven des anderen zu spielen. Jeder von uns einen Tag oder ein Wochenende lang, wobei der längste Zeitraum fünf Tage waren. Jede philosophische, metaphorische und emotionale Implikation unseres unendlichen Spiels verwirrte und quälte mich. Ihn allerdings nicht. Was ihn ins Extrem trieb, war direkter und natürlicher, wohingegen es bei mir vom Kopf, vom Herzen… und auch noch von einer anderen Stelle ausging.

Aber ich musste mich immer zwingen, meine Instinkte beiseiteschieben und mich letztendlich überwinden. Es bedeutete eine große Anstrengung für mich, und ich lief immer Gefahr, mich zu verlieren.

Wenn er sagte: »Mach mit mir, was du willst«, dann wusste ich nicht, was das war. Eine solche Frage quälte mich. Entweder war es eine Falle, oder ich müsste die Antwort von vornherein wissen. Aber das war nicht so. Mir fiel es leichter, anderen Lust zu bereiten, als meine eigenen Wünsche zu kennen und mir Lust zu verschaffen. Und die Arbeit als Domina machte es mir leicht, die Frage nach meiner eigenen Lust zu vermeiden.

Aber jetzt war die Gelegenheit gekommen, meine wildesten Fantasien zu erforschen. Adam bot mir die Chance, mich und meine Wünsche zu entdecken. Aber was wollte ich denn eigentlich? Was sollte es heißen, dass ich tun konnte, wonach ich verlangte?

Er sagte: »Bitte, Herrin.« In solchen Situationen nannte er mich immer »Herrin«. »Sag mir, was ich tun soll, um dir meine Unterwerfung zu zeigen.«

Er kniete sich hin und blickte mich flehend an. »Bitte, Herrin, was verlangst du von mir?« Mir fiel nichts ein. Ja, okay, wasch das Geschirr ab, mach den Herd sauber, koch mir Abendessen, lies mir vor, erzähl mir deine Träume, deine Lieblingsgeschichten aus der Kindheit, überrasch mich, stimulier mich, verlange nichts von mir, lass mich in Ruhe. Aber das wollte er nicht hören. Er wollte, dass ich mir ständig neue Arten einfallen ließ, wie ich ihn trainieren und zu meinem Sklaven machen konnte.

Ich fand den Gedanken vulgär, meinem Geliebten zu befehlen, mir Lust zu verschaffen. Er sollte mir Lust bereiten, weil er es wollte, nicht weil er es musste oder weil es eine Rolle war, die er spielte. Er aber wollte mich als Herrin, nicht als Susan. Vielleicht glaubte er ja, das sei ein und dasselbe, aber das stimmte nicht. Domina zu sein kostete mich Anstrengung, es war eine Vorführung, ein Akt voller Präzision und intensiver Aufmerksamkeit, eine Improvisation, ein unvorhersagbarer Tanz; es war mir unmöglich, die ganze Zeit über die Herrin zu spielen.

Als Adam mein Sklave war, ließ ich ihm ein kaltes Bad ein und füllte es noch zusätzlich mit Eisbeuteln. Es war eine der zahlreichen Bestrafungen oder Prüfungen seiner Unterwerfung, die ich mir ausgedacht hatte, um seine ständigen Forderungen zu erfüllen. Ich sagte ihm, er solle sich nackt ausziehen und drei Minuten lang in der Wanne sitzen bleiben. Sofort zog er sich aus und stieg ohne zu zögern in das Bad.

»Okay«, sagte ich nach zwei Minuten, »okay. Komm heraus.« Ich machte mir Sorgen um sein Herz. Aber er bat mich, länger im kalten Wasser bleiben zu dürfen. »Nein«, erwiderte ich. »Du hast deinen Gehorsam schon ausreichend bewiesen. Jetzt ist es genug.« Widerwillig erhob er sich aus der Wanne.

Einmal bedeckte ich den Fußboden mit Reißzwecken, mit der Spitze nach oben. Ich hatte ihm achtundvierzig Stunden lang jeden sexuellen Kontakt verweigert, und jetzt legte ich mich nackt aufs Bett und sagte, er könne mich haben, wenn es ihm gelänge, quer durchs Zimmer zu mir zu kriechen.

Ich peitschte ihn in jedem Zimmer meiner Wohnung aus, schlug ihn hinten auf die Schultern und auf seine Arschbacken. Ich peitschte seine Hände. Ich schlug ihn so oft ins Gesicht, dass es beinahe ein Reflex wurde. Ich muss gestehen, ich liebe es, Männer ins Gesicht zu schlagen, es ist so machtvoll und einfach. Eine Ohrfeige macht ein Geräusch, man muss genau zielen, und sie verursacht Demütigung und Scham. Aber wenn ich zu Adam sagte:

»Halt mir deine linke Wange hin. Ich werde dich jetzt so fest schlagen, wie ich kann«, schaute er mich manchmal ganz seltsam an – abweisend, hasserfüllt, voller Angst und traurig. Liebende sollten einander nicht so anschauen. Er verachtete mich. Ich verachtete ihn, weil er vorgab, submissiv zu sein, auch wenn er es nicht war, weil er mir Macht gab und sie mir wieder wegnahm, weil er mich ermutigte, ihm wehzutun, und es mir dann übel nahm, weil er mich ständig reizte, bis ich nicht mehr wusste, worum es eigentlich ging.

Ich fesselte ihn an den Metallrahmen des Bettes und befestigte überall an seinem Körper Wäscheklammern. Und dann legte ich mich auf ihn. Ohne meine Erlaubnis durfte er nicht ejakulieren oder masturbieren. Er trug erniedrigende Worte unter seiner Arbeitskleidung. Er trug meine Unterwäsche zur Arbeit. Ich schickte ihm eine SMS, und ganz gleich, wo er gerade war, er musste masturbieren. Ich ließ ihn die Nippelklemmen, die er gekauft hatte, eine Stunde lang tragen, und am nächsten Abend zwei Stunden, und dann zwei Klemmen an jedem Nippel zwei Stunden lang, und so weiter und so fort …

Er badete mich. Er wusch mir die Haare. Er rasierte mir die Beine und trocknete mir den Rücken ab. Er machte mir Abendessen. Er saß mir am Tisch gegenüber und trank Wasser, während ich Wein trank. Und er widmete sich voller Hingabe stundenlang meinem Körper.

Wenn ich seine Sklavin war, strebte ich nach Perfektion. Ich bemühte mich zu begreifen, was zum Dienen und zur Hingabe gehörte. Ich wollte das Gefühl der Unterwerfung kennenlernen. Ich tat es für mich, aber ich tat es auch für ihn. Und ich dachte an Bernie, der für alles um Erlaubnis gebeten hatte.

Ich war eine sehr gute Sklavin. Im Dienen konnte ich

meiner Leidenschaft freien Lauf lassen, Leiden bedeutete Reinigung für mich, und Hingabe erwies sich als Erlösung. Ich empfand Lust im Exzess, mir gefiel die Herausforderung, die Kunst, die Romantik. Ich bot ihm meinen Körper dar, bog meinen Rücken durch und posierte in verführerischen und schmerzhaften Stellungen. Ich dehnte mich wie beim Ballett, wie vor dem Laufen. Ich fühlte mich erniedrigt, ich war eine Sexsklavin, eine Schlampe, ein Objekt. Und ich dachte: Wenn man aus Demütigung etwas lernen kann, dann werde ich es erfahren. Manchmal fühlte ich mich unbesiegbar. Sieh her, was ich kann, wie viel ich ertrage, was ich für dich alles aushalte. Ich war in einem Fieber serviler Hingabe befangen.

Meine Unterwerfung erregte ihn maßlos, und seine leidenschaftliche Reaktion inspirierte mich und trieb mich an. Ich hatte keine Angst. Ich hatte keine Angst.

Ich war eine schreckliche Sklavin. Ich wurde sehr wütend. Innerlich kritisierte ich ihn. Was wusste er schon davon, Master zu sein? Manchmal war er faul. Manchmal war er furchtbar unsensibel und verlangte viel zu viel, trieb es zu weit. Ich hasste den groben Tonfall, den er sich dann zulegte. Ich lasse mich nicht gern herumschubsen. Seine Macht machte ihn gierig, egoistisch und anspruchsvoll. Er peitschte mich aus, behängte mich mit Nippelklemmen, versohlte mir den Hintern, folterte mich und ließ sich von mir »Sir« nennen. Manchmal bekam ich Magenschmerzen, wenn ich sah, wie sehr ihn meine Schmerzen erregten.

Vier Monate. Ich weiß nicht, was noch passiert wäre, wenn er nicht in seine neue Wohnung gezogen und ich nicht den ganzen Sommer über nach Kanada geflogen wäre.

In Toronto mietete ich eine Wohnung, kaufte mir ein Fahrrad, meldete mich fünf Tage in der Woche für Yoga-Kurse an, kümmerte mich um den genialen Border Collie meiner Hauswirtin, schrieb jeden Nachmittag und kochte für Familie und Freunde. Es war unglaublich heiß, und der Himmel war wolkenlos und tief dunkelblau. In den Gärten blühte und grünte alles, und ich war umgeben von hohen Bäumen und schönen Häusern. Ich hatte alles außer Adam.

Distanz, Abwesenheit, Beschränkungen und Zwänge gaben unserer Beziehung eine neue, bizarre Wendung. Am meisten liebte er mich, wenn ich nicht da war, im Abstrakten, wenn er sich mich vorstellen konnte. Da ich nicht mehr den Alltag mit ihm teilte, schrieb er mir wieder meine Rolle der perfekten Domina zu. Die Frau, nach der er sich sehnte, war mächtiger, allwissend und wesentlich begabter als ich.

Genau wie damals, als ich in Istanbul gewesen war, begann er mich jeden Tag anzurufen. Erneut nannte er mich Herrin. Dann bat er um die Erlaubnis, an einem Freitagabend für mich zu leiden. Und dann jeden Freitagabend. Auf einmal waren es auch die Samstagabende, und dann kam der Mittwoch noch hinzu. Er hatte ein paar professionelle Fotos von mir in Arbeitskleidung, vielleicht ein Dutzend, die er zuerst an die Wand, dann in seinen Schrank geheftet hatte. Später kleidete er damit seine Bondage-Kiste aus, die er für sich selbst als eine Art Altar gebaut hatte.

Er bereitete diese langen Abende sorgfältig vor und schilderte mir seine Vorbereitungen bis ins kleinste Detail. Früher hatte er mir kaum jemals auch nur eine Zeile am Kühlschrank hinterlassen, und auf seinen Reisen nach Hawaii, Finnland, Israel oder Ägypten hatte er mir noch nicht einmal eine Ansichtskarte geschickt. Auch einen Liebesbrief hatte er mir noch nie geschrieben, aber jetzt schickte er mir zehn Seiten lange E-Mails, in denen er ausführlich beschrieb, wie er litt und was er dachte, während er litt. Ein Strom von Schmerz, Anbetung und Sexualität ergoss sich über mich.

Er sagte, er würde für mich leiden, obwohl ich gar nicht da war. Aber die Macht seiner Leidenschaft und diese neue, seitenlange Hingabe zog mich erneut in seinen Bann. Wieder wurde ich zu Herrin Susan. Er durfte nicht ohne meine Erlaubnis masturbieren. Er musste den ganzen Tag mit einem Stein im Schuh herumlaufen. Er musste seine Arme ausgestreckt halten, während wir telefonierten, fünf Minuten, dann sieben, dann acht, oder er musste so fest auf seinen Schwanz schlagen, dass ich es durchs Telefon hörte. Ich schickte ihm ein Höschen von mir, Fotos von mir, einen Ring, eine Locke von meinem Haar, ein Röhrchen mit meinem Urin …

Er rief mich immer über sein Handy an, um mir zu sagen, wann er anfing zu leiden und was er tun wollte. Und dann rief er mich wieder an, beschrieb mir detailliert, was passiert war und was er als Nächstes vorhatte, und fragte, ob ich am Telefon bleiben und ihm zuhören wollte. Bei mir waren Eltern und Geschwister, Nichten und Neffen im Hintergrund, und er keuchte am anderen Ende der Leitung und sagte: »Ich reiße jetzt die Klemmen ab … sie waren zwanzig Minuten dran.« Ich konnte seine Qual hören, konnte seinen Schweiß förmlich riechen … und bei mir lief Musik, das Wasser kochte, die Zwiebeln brieten in der Pfanne, eine Freundin lachte, eine Sirene ertönte, ein Auto hupte, meine Wäsche hing auf der Leine. Und dann sagte er: »Danke.«

Ein typischer Freitag oder Samstag, manchmal auch Mittwoch oder Montag, verläuft so: Er klettert in die Bondage-Kiste, die er sich selbst gebaut hat. Um die Peniswurzel bindet er einen Schnürsenkel fest, an dem immer noch ein schwerer Wanderstiefel hängt. Er hat einen kleinen Wasserkocher, den er neben der Kiste einstöpseln kann. Er trägt mehrere Schichten Gummi und PVC-Outfits, die er sich entweder selbst gekauft hat oder die ich zurückgelassen habe. Ein Gürtel schnürt seine Taille fest wie ein Korsett ein. Er bindet eine Plastiktüte mit Eis um seine Eier und steckt Klemmen an seine Nippel. In der Kiste hat er Bilder von mir an die Wände geheftet, und dann schaltet er den Wasserkocher ein. Den Stiefel mit dem Schnürsenkel hängt er aus dem kleinen Fenster, das er in die Holzkiste gesägt hat. Er ruft mich an, bevor er sich auf einen Gummistopfen setzt. Ich höre, wie er wilde Laute von sich gibt, die nicht ganz wie ein Schrei klingen. Wenn ich nicht am Telefon bin, wiederholt er ständig meinen Namen und betrachtet meine Fotos.

Irgendwie bin ich der Auslöser: Ich habe das alles inspiriert, ermutigt, erschaffen. In der Ehe gelobt man sich Treue, Liebe und Gehorsam. Adam möchte immer mein Sklave sein.

Ich flog zurück nach London. Meine Wohnung hatte ich noch untervermietet, aber er sagte, in der Zwischenzeit könne ich gerne bei ihm wohnen. Er wollte mich am Flughafen abholen. Wir hatten Folgendes geplant: Er würde mich als seine Herrin begrüßen und ich ihn als meinen Sklaven. Ich würde einen Rock und hohe Absätze tragen (was ich normalerweise in der Öffentlichkeit nicht tue), und er würde sich ein Halsband umlegen. Er würde im Ankunft-Terminal auf mich warten und vor zweitausend Fremden auf mich zutreten und vor mir stehen bleiben. Und vor zweitausend Fremden würde ich ihm ins Gesicht schlagen. Alle Aufmerksamkeit würde sich ihm zuwenden, wenn er dann auf die Knie sinken und meine Füße küssen würde. In gewisser Weise war es eine Hochzeitszeremonie. Er wollte aller Welt mitteilen: Ich unterwerfe mich dieser Frau. Ich verehre diese Frau. Er wollte zeigen, dass er mir gehörte. Ich hingegen war außer mir vor Entsetzen, zum einen wegen der Bedeutung der Zeremonie, und zum anderen, weil ich mich öffentlich so zur Schau stellte.

Wir hatten uns seit drei Monaten nicht gesehen. Er war gebräunt und so schön, dass er fast unwirklich wirkte. Ich hatte unsere Chemie, die sofortige Erregung, die Spannung zwischen uns beiden nicht bedacht. Am liebsten hätte ich ihn umarmt, mich von seinen starken Armen umschlingen und von seinem Duft einhüllen lassen. Aber das gehörte nicht zu unserem Plan.

Also schlug ich ihm ins Gesicht. Seine Züge verzerrten sich, und ich sah ihm an, dass er versuchte, nicht zu reagieren, nicht wütend zu werden, sondern die Ohrfeige mutig entgegenzunehmen. Er sank auf die Knie und sah aus, als wolle er beten. Es überraschte mich, wie dramatisch, elegant und andächtig die Geste wirkte. Und alle konnten sehen, wie er meine Knöchel umfasste und mir die Füße küsste.

»Steh auf«, befahl ich, aber es klang hölzern und falsch. Ich ging voraus, und er folgte mit meinem Gepäck. Hunderte von Augenpaaren waren auf uns gerichtet, aber ich sah nicht hin. Das Herz klopfte mir bis zum Hals, und ich hatte das Gefühl, gleich in Ohnmacht zu fallen. »Hast du das gesehen?«, raunten die Leute, und ich trat durch die Schiebetüren in das Gedränge und den Lärm Londons.

Darüber hinaus hatten wir keinen Plan, als wir in seiner Wohnung ankamen, nur dass ich die Herrin war und er mein Sklave. Und ich wollte das Spiel beenden und mit ihm schlafen. Ich wollte ihn verschlingen, ihn auf den

Scheitel küssen, seine Achselhöhlen berühren, seine Kniekehlen lecken. Ich wollte keine Regeln und keine Verbote. Ich bin keine Domina. Ich wollte Zärtlichkeit, die auch mir versagt geblieben war.

Also hatten wir Sex, und indem wir uns liebten, brachen wir die Regeln zum zweiten Mal.

Wir gingen zum Essen. Die Atmosphäre war schwer und erdrückend – das Gefühl des Versagens, dass etwas geendet hatte, dass diese Spielchen leer oder überholt waren, lag in der Luft. An jenem Abend gingen wir früh zu Bett, und er ging sehr früh am nächsten Morgen zur Arbeit. Als ich aufstand, war er schon weg.

Ich blickte mich gründlich um. Eine Küchenschranktür hing nur noch lose in den Scharnieren und fiel herunter, als ich sie nur berührte. Im Schrank standen Flaschen mit Vitaminpillen und homöopathischen Mitteln, wahrscheinlich von seiner Frau. Ich musste lachen. So viel Gesundheit in hübschen Flaschen, aber sonst nichts in den Schränken. Auf der Theke stand eine schmutzige Kaffeetasse, und ich wusste, dass er sich vor einem Abend voller Leiden einen Einlauf gemacht hatte. Er glaubte, Kaffee-Einläufe seien besonders reinigend. Ich fand eine Dose mit englischem Frühstückstee, ein halbes Dutzend Sardinendosen, zwei Büchsen Baked Beans (biologisch), Nudeln, eine Tüte Kartoffeln mit sprießenden Tentakeln, eine Tüte Zwiebeln (verschimmelt), eine Dose Tomaten und eine Schachtel Müsli. In den drei Monaten, in denen Adam hier lebte, hatte er bestimmt noch nie den Fußboden geputzt. Der Kühlschrank war leer bis auf eine Parmesanrinde und etwas Milchreis. Das Olivenöl war ranzig, Theke und Herd klebten. In der Spüle lag Geschirr, Besteck, das ich ihm vor meinem Abflug gekauft hatte, ein paar Teller und Gläser, die ihm wahrscheinlich seine Frau gegeben hatte. Schale, Soßenlöffel, Pfannenheber,

Geschirrtuch, Schneidebrett, Fischsauce, Sesamöl und Küchenmesser gehörten mir.

In seinem Arbeitszimmer hing eine Landkarte an der Wand, auf der er alle Orte markiert hatte, wo er jemals gewesen war. Für jemanden, der sein ganzes Leben lang in der gleichen Gegend gewohnt hatte, war er weit gereist. Die DVDs waren bekannte Hollywood-Filme. Er hatte einen Fernseher mit Großbildschirm. Im Bücherregal standen die gesamten dreiunddreißig Bände der *Encyclopaedia Britannica* und des *Oxford English Dictionary*. Ich kann mich zwar nicht erinnern, dass er sie jemals benutzt hat, aber ich weiß, dass er einmal sagte, ihm gefiele, wie sie im Regal aussähen.

Zwischen Freediving-Magazinen fand ich die einzigen Fotos, die ich jemals bei Adam gesehen hatte: eines von ihm und seiner Frau, eines von seinen Eltern, eines von ihm als Kleinkind, ein Hochzeitsfoto, ein Foto seines Sohnes, eine Karte an ihn und ein paar Zeilen von seiner Frau. Die Notiz stammte aus der Zeit, als ich ihn nur als Kunden gekannt hatte. In mädchenhafter Schrift dankte sie ihm, weil er so lustig, ein so guter Ehemann und Vater, ein so gut aussehender Mann und toller Sportler war. Weil er Dinge im Haus reparierte, so viel Geld verdiente und sie so glücklich machte. Dass er lustig war, hatte ich gar nicht gewusst, aber sie hatte ihm ja doch Komplimente gemacht. Und er hatte sie glücklich gemacht.

Sie war blond und faltig und schrecklich ausdrucksstark. Sie wirkte sehr gefühlsbetont.

Auf seinem Hochzeitsfoto blickte er auf seine Schuhe, und sie verrenkte sich, um zu ihm aufzuschauen. Er lächelte nicht, aber ich kam auch nicht dahinter, was sein Gesichtsausdruck bedeutete. Fasziniert betrachtete ich das Foto von ihm als Vierjähriger: Seine Gesichtszüge waren bereits voll ausgebildet. Ernst blickte er in die Kamera und sah aus wie ein Mann, nicht wie ein Kind. Er sah überirdisch schön aus, aber auch unwirklich, so als ob er nur auf dem Foto existierte. Er war ein Kind, aber so ein Kind hatte es nie gegeben. Am liebsten hätte ich das Foto an mich genommen, um es genau zu studieren, aber das wollte ich nicht riskieren. Er war ein sehr verschlossener Mensch, und ich weiß nicht, wie er reagiert hätte, wenn er entdeckt hätte, dass ich in seine Privatsphäre eingedrungen war. Und dann das Foto von seinem Sohn. Ein Engel mit blonden Locken. Er hatte Adams große, meerblaue Augen mit den extrem langen Wimpern.

Adam hatte sich nicht die Mühe gemacht, die Wohnung einzurichten oder auch nur zu streichen. Es gab einen Sitzsack, einen Pappkarton anstelle eines Tisches, und an der weiß verputzten Wand hing ein geschmackloses, gerahmtes Batikbild. Die Wohnung deprimierte mich. Sie war öde, nichtssagend und abgelegen. Zum nächsten Laden musste man eine Viertelstunde laufen, und bis zur U-Bahn-Station waren es fünfundzwanzig Minuten. Und das sollte für die nächste Zeit mein neues Zuhause, mein Leben sein. Es fühlte sich nicht richtig an. Die Flitterwochen waren vorüber.

Bevor er an jenem Abend nach Hause kam, machte ich sauber und lief dreimal zum Laden. Ich kaufte Lebensmittel, Toilettenpapier, Essig, Schwämme, Putzmittel, Salz und Pfeffer, ein Kehrblech, Blumen und eine Vase. Ich kochte ihm Abendessen. Er rief nicht an, um mir zu sagen, wann er nach Hause käme. Es war schon spät, und wenn es ihm überhaupt auffiel, wie sauber die Wohnung war, so erwähnte er es nicht. Eigentlich sagte er so gut wie gar nichts. Er kam herein, küsste mich auf die Stirn und ging nach oben, um ein Bad zu nehmen. Das

Abendessen musste so lange warten, und dann aßen wir schweigend, bevor er, ohne gute Nacht zu sagen, nach oben ins Bett ging.

Ich war fassungslos. Und ich konnte die Stille, die Leere nicht ertragen. Der Kontrast zu seiner Unterwürfigkeit, seiner Leidenschaft war zu groß. Ich musste reden, er sollte mir zuhören, ich wollte mich willkommen fühlen. Sein Schweigen hielt ich nicht aus. Und auch den Vorort und sein schmales Bett hielt ich nicht aus. Ich lief hinter ihm her und brüllte ihn an, was, zum Teufel, denn los wäre. Sein gewalttätiger Gesichtsausdruck hätte mich warnen sollen. »Was willst du denn noch von mir?«, schrie er. »Ich habe dir alles gegeben. Mehr kann ich nicht geben, und jetzt gehe ich ins Bett.«

Und damit war für ihn das Gespräch beendet. Aber für mich nicht. Ich wollte reden, schreien, toben – alles, nur nicht schweigen, nur nicht ignoriert werden.

»Halt den Mund!«, brüllte er außer sich vor Wut.

»Ich will aber nicht. Du kannst mir nicht den Mund verbieten. Was bildest du dir denn ein?« Ich provozierte ihn, bedrängte ihn, und die Sache eskalierte. In seine meerblauen Augen trat ein wilder, irrer Ausdruck.

»Ich halte nicht den Mund.«

Und dann schlossen sich auf einmal seine riesigen Hände um meinen Hals und stießen mich aufs Bett. Dabei blieben sie an meiner Kehle, oder nicht? Umfasste er meinen Kopf und schüttelte er mich? Zerquetschte er mir die Handgelenke oder das Schlüsselbein? Ich erinnere mich nur noch an eines: Sein Gesicht war nicht mehr schön, sondern wutverzerrt.

Teil III

16

Identität

Es gibt einen winzigen Ort in den schottischen Highlands, mit fünfhundert Einwohnern. Das Dorf liegt verschlafen zu Füßen von Lady H.'s Schloss und dem gepflegten Park, zu dem ein mit Silberbirken bestandener Weg hinaufführt. Es gibt Obstgärten, alte Koniferen, neue Wälder, Lochs und Flüsse voller Lachse, Felder voller Farnkraut und Hügel, die in Berge übergehen. Larissa, eine Bekannte aus Toronto, die Tochter von Freunden meiner Eltern, hatte dort acht oder neun Jahre lang als Schlossgärtnerin gearbeitet, kümmerte sich jedoch seit der Geburt ihres zweiten Kindes nur noch um ihren relativ kleinen Gemüse-Blumen-Kräutergarten, der hinter ihrem prächtigen, vierhundert Jahre alten Haus oben auf einem Hügel lag.

Seit ich nach London gezogen war, hatte Larissa mich eingeladen, sie doch einmal zu besuchen. Erst vor ein paar Wochen, als ich in Kanada war, hatte sie mir eine Mail geschickt und die Einladung wiederholt. Sie formulierte sie so, als täte ich ihr einen Gefallen damit. »Ich bin ganz allein hier«, schrieb sie. »Es gibt so gut wie niemanden in meinem Alter, und für die Mädchen wäre es auch lustig, wenn noch jemand hier wäre. Wohnen kannst du hier umsonst. Es wäre toll, wenn du ab und zu mal auf die Kinder aufpassen und uns ein bisschen an deinen Kochkünsten teilhaben lassen würdest – aber nur, wenn du willst. Komm einfach. Wir haben viel Platz, und ich glaube, es wird dir hier gefallen. Du kannst schreiben, tun, wozu du Lust hast, und so lange bleiben, wie du willst.«

Bei Adam konnte ich nicht mehr bleiben. Er hielt mich auf das Bett gedrückt, und seine riesigen Hände umfassten meinen Hals. Die Zeit dehnte sich und zog sich zusammen, und Gedanken und Gefühle wirbelten durcheinander. Vielleicht nur ein paar Sekunden lang durchbohrte ich das Herz des Sturms und sah Adam unter Wasser. Er hatte keine Luft mehr ... Und dann tauchte Bernie auf und rang keuchend nach Luft, als erwache er aus einem Albtraum. Ich blickte in das strahlende Blau seiner Augen, aber sie blendeten mich. Ich hatte immer Angst vor ihrer Intensität gehabt, aber jetzt blickte ich so lange hinein, dass ich sah, wie gefährlich sie waren. Und ich entdeckte eine Hässlichkeit, die ich nicht ertragen konnte. Scham und Entsetzen stiegen in mir auf. Ich wohnte einem Albtraum bei.

Dieses Trauma wollte ich hinter mir lassen und mich durch Isolation bestrafen und reinigen. Ich glaubte, es würde mir helfen, die Dinge klarer zu sehen, wenn ich allein war. Ich *musste* verstehen, was zwischen Adam und mir wirklich passiert war. Ja, da war Versagen, Gewalttätigkeit und Erschöpfung – das konnte ich nicht leugnen –, aber ich hatte trotzdem noch tausend Fragen, wie, was, was wäre gewesen, wenn, warum ...

Wir litten füreinander und aneinander. Wir hatten beide etwas gesucht und uns die größte Mühe gegeben, es zu finden. Uns verband eine seltene Chemie, und wir empfanden beide gleich intensiv. Oder war es nur eine künstlerische, romantische Neigung, die uns dazu veranlasste, uns so zu verrenken, dass wir uns selbst verloren?

Ich floh in die Highlands, um das Rätsel zu lösen. Seitdem ich Adams Wohnung verlassen hatte, hatte ich nicht mehr richtig geschlafen. Zwei Tage und Nächte blieb ich bei einer Freundin, und dann fuhr ich mit dem Zug nach Glasgow und von dort in eine Kleinstadt, wo Larissa mich abholte.

Wir umarmten uns. Mit ihren eins zweiundachtzig überragte sie mich um einiges. Sie nahm meinen Koffer und legte ihn in den Kofferraum eines knallblauen Mercedes, der sich vom tiefgrünen Laub der Bäume faszinierend abhob. Im Kindersitz hinten saß ein Dreijähriges, nuckelte an den Fingern und schlug auf einen Eierkarton.

Eine halbe Stunde lang fuhren wir über gewundene Straßen bergauf und bergab, durch einen Wald mit knorrigen alten Bäumen, vorbei an ockerfarbenen Feldern. Überall standen Baumstümpfe, und abgesägte Äste lagen herum – die Überreste heftiger Stürme. Ich sah Kühe und Schafherden, grüne Täler, Bergziegen und Wiesen voller Glockenblumen. Wir fuhren durch kleine Weiler mit hübschen Häusern aus grauen Feldbrandsteinen, und einmal mussten wir anhalten, um ein rostbraunes Rebhuhn vorbeizulassen.

Schließlich gelangten wir über einen Feldweg und eine Kieseinfahrt zu einem großen Steinhaus. Kurz bevor wir aus dem Wagen stiegen, zog das kleine Mädchen plötzlich die Finger aus dem Mund, öffnete den Eierkarton, der innen leer, aber ganz bunt war und quietschte: »Guck mal, das habe ich gemalt. Schön, nicht?«

Riesige Roteichen und Nadelbäume standen auf dem Grundstück, das von sorgfältig gestutzten Hecken und Rhododendronbüschen eingerahmt war. Hinter dem Haus befanden sich eine große, auberginenfarbene Scheune, zwei Schuppen, eine Gärtnerei und ein Treibhaus. Von hier oben hatte man einen guten Ausblick auf den Ort und den Kirchturm, und dahinter ragten die Berge auf, die Gipfel von dichten Wolken umgeben.

In ihrem Garten baute Larissa Erbsen und Bohnen an, Salat, Chinakohl, Blumenkohl, Knoblauch und Rote Bete. Frühlingszwiebeln, Schalotten, Mangold, Karotten, Fenchel, Thymian, Basilikum und Salbei wucherten üppig mit Artischocken und drei verschiedenen Kartoffelsorten unter den Apfelbäumen.

Als ich ankam, waren gerade die wilden Erdbeeren reif. Ich steckte eine in den Mund und stellte schockiert fest, dass sie nach Roquefort-Käse schmeckte – beziehungsweise, sie verlangte geradezu danach. Eine Steinmauer und ein hohes Holztor hielten ungebetene tierische Gäste fern, aber es wimmelte von Vögeln und Schmetterlingen. Die Highlands rochen nach Blumen und Torf, nach Heide, brennendem Holz und gutem Whiskey. Mitten im Gemüsegarten stand eine Bank, auf der ich nachts allein saß, dem Wind lauschte und zum Himmel blickte. Dabei dachte ich: Ich bin unter dem Schutz himmlischer Schönheit und umgeben von der nackten Erde, aber was fange ich damit an?

Auf verschiedene Arten vermittelte Larissa, dass sie, ihr Mann und ihre Töchter, drei und fünf Jahre alt, einfache Leute waren, die sehr bescheiden lebten. Sie zahlten für das alte Haus auf dem Hügel nur eine symbolische Miete, zogen ihr eigenes Gemüse, backten ihr eigenes Brot und kauften ihre Kleidung auf dem Kirchenbasar in der nächstgelegenen Stadt. Und doch kam mir ihr Leben reich und großartig vor!

Im Haus herrschte Chaos. Überall lag Zeug herum, Berge von Papier, Quittungen, Briefumschläge, Notizen, ein Schraubenzieher, ein Vorschlaghammer, zwei Kameras und Ferngläser. Eine schwarze Katze schlief in einem Körbchen neben dem Telefon, das auf einem Tisch am Fenster stand. Aus Alben herausgelöste Fotos, zahllose Kinderkunstwerke, Bauernhoftiere aus Plastik, Stifte,

Notenblätter, Kassetten und CDs waren in dem Haus verteilt. Auf dem abgetretenen Teppich in der Ecke lag Knetmasse, über den großen ovalen Küchentisch war eine dicke Plastiktischdecke gebreitet, und darunter lagen ein kleiner roter Gummistiefel, ein pinkfarbener Pantoffel, Puzzleteile und Marker mit und ohne Kappen einträchtig nebeneinander. Im Spülbecken türmte sich der Abwasch, und in einer anderen Zimmerecke stapelten sich Berge von leeren Flaschen, Dosen, Plastikbehältern und Zeitungen, die darauf warteten, recycelt zu werden. Mein erster Gedanke war: Ich werde sauber machen und ein bisschen Ordnung in dieses Haus bringen.

Von der Küche gingen wir durch einen Flur, an einem Zimmer vorbei, dessen Tür geschlossen blieb, bogen um die Ecke und kamen in eine offene Halle mit Schreibtisch und Computer, noch mehr Werkzeugen, Spielsachen und Papier. An den gelben Wänden hingen gerahmte Gemälde, und es gab eine Art Garderobenschrank aus dunklem Holz und einen Schirmständer. Über die geschwungene Treppe gingen wir in den ersten Stock. Auch hier war der Flur vollgestellt mit Bücherregalen, Tischen, Stühlen und anderen Möbeln, und überall lagen Wäschestapel. Am Zimmer der Mädchen, dem Elternschlafzimmer und dem Badezimmer vorbei gelangten wir schließlich in das Zimmer, das sie mir zugedacht hatten.

Ich stellte meinen Koffer ab und blickte mich erstaunt über die ruhige Eleganz des Raumes um. Hier war es ganz anders als im übrigen Haus. Das Zimmer war weiß gestrichen und geräumig, die Decke sehr hoch. An zwei Wänden befanden sich Fenster, vor denen schwere Samtvorhänge halb zugezogen waren. Auf dem Fußboden lagen mindestens ein halbes Dutzend Perserteppiche. An einer Wand neben dem Bett stand ein niedriges Pinienregal, auf dem es aussah wie auf einem Altar in der russisch-orthodoxen Kirche: Miniaturzeichnungen von Heiligen, ein Weihrauchgefäß aus Bronze, eine schlanke Gebetskerze und eine kleine Porzellanvase mit Edelwicken, deren betörender Duft das Zimmer erfüllte.

Das Bett war riesig und mit einem rosa Seidenüberwurf bedeckt, in den kleine Spiegel eingewebt waren. In einem Erker stand ein kleiner Mahagoni-Schreibsekretär, auf dem eine grüne Kladde lag. Die Schublade enthielt ein Tintenfass, eine Feder, Füller, goldene, silberne und rote Siegelwachsstäbe, Streichholzschachteln, Räucherstäbchen und ein Paket Schreibpapier. Es gab einen Schaukelstuhl aus Rattan und Bücherregale, die mit antiquarischen Kinderbüchern, Gartenbüchern, russischen Märchen und schottischen Geschichtsbüchern bestückt waren. In diesem Zimmer würde ich hoffentlich Ruhe und Frieden finden.

Larissa erzählte mir von den Vorfahren ihres Mannes (sie waren Ärzte, Kriegshelden, Forscher und Erzbischöfe). Ihn faszinierten Geschichte und alles Ererbte – eine Erklärung dafür, dass das Haus so vollgestopft war –, und alles, was glitzerte, war aus echtem Gold. Die Gläser, aus denen wir das leckere Leitungswasser der Highlands tranken, waren im siebzehnten Jahrhundert mundgeblasen worden. Die Kunstwerke an den Wänden hatten früher einmal in schottischen Museen gehangen. Die Wandbehänge, die Teppiche und die antiken Möbel, die Briefmarkensammlung, das Silberbesteck, die Schwerter und Samoware, die Elfenbeinstöcke, die Helme und Kompasse und selbst die alten Wetterinstrumente, alle hatten sie eine Geschichte, die es erst noch zu erzählen galt.

Ich schlief in Baumwollbettwäsche, die tausend Fäden zählte, was mir bis dahin nichts bedeutete, aber jetzt liebe ich sie. Überall lagen Schmuck und kostbare Steine herum. Ein Smaragd (kein Witz) lag während meines gesamten Aufenthalts neben einem Fahrradschlüssel, einem kaputten Bleistift und ein paar Gummibändern in einer leeren Margarinedose.

Und während ich mich noch staunend umblickte, sagte Larissa halb scherzhaft, halb aufrichtig erschöpft: »Wenn du das für viel hältst, dann solltest du erst mal den Schuppen sehen. Wir wissen schon gar nicht mehr, was wir mit dem ganzen Zeug machen sollen, aber er will nicht ein einziges Stück verkaufen.«

Neben Brennholz und Briketts, einer Schubkarre und den Fahrrädern der Familie war tatsächlich noch viel mehr Zeug im Schuppen. Larissa ermutigte mich, einen Blick hineinzuwerfen, und ich sah komplette Reitausrüstungen – Sättel, Zaumzeug, Gerten –, Kisten voller Porzellan, Kristallgläser und Keramikgefäße. In einer Ecke stapelten sich Briefpapier, Füller, Seidenbänder, Tischtücher und Servietten, Kerzenleuchter und Vasen. Es gab Kupfertöpfe und Pfannen und eine Backausrüstung, mit der man eine Bäckerei hätte eröffnen können. In dem halben Jahr, in dem ich dort war, habe ich wahrscheinlich noch nicht einmal ein Zwanzigstel ihres Schatzes erforscht.

Der starke Kontrast in ihrem täglichen Leben wurde von ihren Kindern verkörpert. Die Dreijährige stand mit beiden Beinen fest auf dem Boden, während die Fünfjährige den Kopf in den Wolken hatte. Die Jüngere war blond, hatte dunkelblaue Katzenaugen und war ein bisschen pummelig. Sie war eine scharfe Beobachterin, mutwillig und furchtlos. Die Ältere war besorgniserregend dünn und sah aus wie eine Fee. Sie hatte riesige braune Augen, zarte Gesichtszüge, Wutausbrüche und war oft krank. Die Jüngere machte sich gerne die Hände schmutzig, liebte es, dreidimensional zu basteln und Dinge zusammenzukleben, und sie aß gerne. Die Ältere war verträumt, abstrakt und ätherisch. Sie zeichnete gerne Schmetterlinge, Einhörner und andere Fabelwesen, und sie schrieb Geschichten. Sie redete mit unbelebten Dingen, schimpfte mit dem Tisch, wenn sie sich an der Kante stieß, machte der Hecke bittere Vorwürfe, weil sie sich einen Kratzer zugezogen hatte, aber war immer freundlich zu Bäumen und Blumen. Die Jüngere war ein Teufelchen; sie versteckte gerne Sachen, schwindelte und spielte mit Worten.

Jetzt gehörte ich zu ihrem Leben und musste mich ihrem Rhythmus und Tempo anpassen. Es dauerte fünfzehn Minuten, den beiden Mädchen Stiefel und Mützen anzuziehen, ihnen die Mäntel zuzumachen und ihre Fäustlinge zu finden. Mahlzeiten und Schlafenszeiten waren komplexe Situationen, und dann musste man treppauf und treppab laufen mit Wärmflaschen in rosa Elefanten und Teddybären. Zwei Gutenachtgeschichten, manchmal drei, und die Kinder stellten wirklich eine Herausforderung für mich dar. Ich wollte aufrichtig mit ihnen sein. Ich wollte sie nicht kontrollieren oder manipulieren. Ich wurde niemals laut ihnen gegenüber. Ich versuchte, sie zu verstehen. Es erforderte Geduld, mit ihnen zu spielen und ihnen zuzuhören, sie anzuregen und zu inspirieren. Und meine Zuneigung für sie wuchs.

Einmal kam die Kleine zu mir ins Zimmer. Sie war erst drei, und sie störte mich. Ich saß in diesem schönen Zimmer und versuchte zu schreiben, aber sie wollte unbedingt neben mir sitzen. Sie sagte, sie würde leise sein. Während ich tippte, blickte sie mich an und lutschte an zwei Fingern. Fünf oder sechs Minuten spürte ich nur ihre stumme Gegenwart – und ich empfand Zärtlichkeit für sie, denn ich weiß sehr wohl, wie lange schon eine einzige Minute Stille und Unbeweglichkeit sein kann, und ich bin nicht erst drei Jahre alt. Schließlich durchbrach ich die Stille mit einem Lachen, einem dicken Kuss und einer Kuschelumarmung.

Ab und zu fuhren wir zum Schloss, das ein paar Kilometer entfernt lag. Larissa kannte das Hausmeisterehepaar aus der Zeit, als sie dort im Park gearbeitet hatte. Joanne und Dean waren in den Fünfzigern und zufällig ebenfalls Kanadier. Joanna machte uns barfüßig die Tür auf, bekleidet nur mit einem dünnen, roten Kimono, eine Zigarette zwischen den trockenen Lippen, und hieß uns mit ihrer tiefen, heiseren Stimme in ihrer kleinen Kate mit den niedrigen Decken willkommen.

Außer einer Mikrowelle, einer Kaffeemaschine und einer Kochplatte besaßen sie fast nur Bücher. Hunderte von Büchern, vermutlich weil die Tage und Monate einsam waren, wenn die Schlossherrin nicht da war. Auf jeden Fall stand ihr Leben in starkem Kontrast zu der königlichen Opulenz gleich nebenan. Ein paar Mal zeigte Dean uns die prächtige Halle des Schlosses, mit den ochsenblutroten Wänden und dem Marmorfußboden, den riesigen, goldgerahmten Porträts und den Geweihen, Fellen und Köpfen zahlreicher toter Tiere. Umgeben war das Schloss von dem Park, der mir vorkam wie aus Alice im Wunderland. Ich sah Obstgärten, Kräuterbeete, Hecken, die zu Korkenziehern, Bögen und Kugeln beschnitten waren, Blumen, die in kunstvollen Mustern arrangiert waren. Ich sah von Efeu überwucherte Bogengänge und Kuppeln, Lauben, Brunnen und weiße Marmorstatuen. Es gab Pfauen und Fasane, und unwillkürlich drängte sich mir die Frage auf: Was fängt eine einzelne Person mit so viel Schönheit an?

Das alte Steinhaus stand hoch auf dem Hügel über dem verschlafenen Ort, der im Grunde genommen nur aus einer Hauptstraße bestand, von der ein paar Seitenstraßen abgingen. Es gab einen Laden, der gleichzeitig als Post fungierte, in dem man Zeitungen, Milch, Briefmarken und andere Notwendigkeiten des täglichen Lebens kaufen konnte, eine Tankstelle und ein Café, das nie geöffnet hatte. Eine alte Kirche und ein Friedhof aus dem fünfzehnten Jahrhundert, eine Grundschule, ein Kindergarten, zwei Spielplätze, eine Turnhalle, die auch als Stadthalle diente, und zwei Pubs rundeten das Bild ab.

Der schickere Pub war auch ein B&B mit einem sehr guten Restaurant, das eine aufregende Speisekarte hatte, und im Arbeiterpub waren die Decken niedrig, der Teppich billardgrün, und die weißen Wände hatten keine Fenster. Es gab keine Ventilation, und es stank nach Rauch, Desinfektionsmitteln und einem ekligen Zitronenprodukt, mit dem die Wirtin die Theke polierte. Tische und Stühle waren so klein, als ob sie aus dem Kindergarten entwendet worden wären. Aber dorthin ging ich abends immer zum Lesen und Schreiben, zum Rauchen und Trinken.

Ich war Anfang September angekommen und hatte keine Ahnung gehabt, wie extrem und wechselhaft das Wetter in den schottischen Highlands war. Es gab Nieselregen, Stürme, Schlamm, Schnee, Hagel, Sonnenschein und bittere Kälte – und manchmal alles an einem einzigen Tag. Also fuhr Larissa mit mir zu einem Secondhandladen in der nächsten, größeren Stadt, wo ich mich für weniger als zehn Pfund mit allem eindeckte, was ich brauchte. Für fünfzig Pence kaufte ich mir schwarze Gummistiefel, mehrere Paar Wollsocken, und der Wintermantel kostete mich ein Pfund. Er war aus Segeltuch, hatte die Farbe von zu lange gekochten Erbsen, und das Futter bestand aus orangefarbenem, gestepptem Nylon mit Daunen. Er hatte eine Kapuze und war mir einige

Nummern zu groß. Er roch nach Mottenkugeln, nach Speicher und nach dem Mann, der ihn zuletzt getragen hatte, aber ich fühlte mich auf seltsame Weise zu dieser neuen Verkleidung hingezogen. Von Gummi zu Segeltuch… Ich legte eine Rolle ab und schlüpfte in eine neue, wobei ich mich fragte, ob die eine realer war als die andere.

Die Mädchen waren jeden Morgen um sechs Uhr auf den Beinen, und da ihr Zimmer direkt neben meinem lag, wachte ich auch um diese Zeit auf. Ich lag im Bett, las und lauschte ihrem aufgeregten Spiel, bis unweigerlich ihr Flüstern vor meiner Tür ertönte. Wenn ich sie aufforderte hereinzukommen, stürmten sie wie der Sonnenschein herein und sprangen auf mein Bett.

Und wenn ich mich erbot, sie in meinem grellgrünen Mantel und Gummistiefeln in den Kindergarten zu bringen, fragten sie immer wieder: »Bist du eine Mutter?«

»Nein.«

»Bist du die Köchin und unser Babysitter?«

»Nein.« Keine Ehefrau, keine Großmutter und kein kleines Mädchen. »Ich bin eine Erwachsene. Ich war Köchin. Ich schreibe. Ich bin eure Freundin und die Freundin eurer Eltern.«

Ich gewöhnte mich an den Rhythmus ihres Lebens, hielt meine Traurigkeit und Verwirrung verborgen und verabscheute mich insgeheim dafür, dass ich so viel Vergangenes verarbeiten musste. In diesem abgeschiedenen Dorf, in meiner Ersatzfamilie, kannte mich niemand, und niemand stellte mir Fragen. Was hätte ich auch antworten sollen? Ich war kein Babysitter, keine Köchin, keine Domina, keine Geliebte, keine Mutter, keine Touristin, und ich wollte mich auch nicht in dem Ort niederlassen…

Wenn ich allein sein wollte, hatte ich viele Möglichkeiten. Ich konnte durch den Ort wandern, in den Feldern spazieren gehen, den dichten, vermoosten Wald erkunden oder in Richtung der Hügel und Berge fahren. Aber wenn ich einen Platz suchte, an dem ich warm und geschützt vor den Elementen rauchen, trinken und schreiben konnte, dann ging ich in den Arbeiterpub. Dort fühlte ich mich freier als in dem schickeren Lokal, wo Tische für Essensgäste reserviert waren. Zuerst ging ich nur ein oder zwei Mal in der Woche dorthin, aber im Winter wurde ich ein abendlicher Stammgast.

Ich bestellte mir ein Guinness und setzte mich an einen der winzigen Tische. Manchmal schrieb ich Briefe und Ansichtskarten an Familie und Freunde, manchmal las ich russische Märchen, aber die meiste Zeit schrieb ich seitenlange Ergüsse an Adam. Briefe, die ich nie abschicken würde. Briefe, die er nie lesen würde. Nach solchen Abenden schmerzte mir die Hand von der inneren Anspannung, und der Kopf tat mir weh. Ich packte meine Sachen zusammen und schleppte mich den Hügel hinauf nach Hause.

Was machte er wohl? Was, zum Teufel, war überhaupt passiert? Wie hatte er mich verlassen können? Er hatte jeglichen Kontakt zu mir abgebrochen, wollte mich nicht mehr kennen, nicht mehr lieben. Einige Monate lang wachte ich jede Nacht zwischen drei und vier Uhr schweißgebadet auf. So etwas hatte ich noch nie erlebt. Ich sprang zitternd vor Kälte aus dem Bett und hätte am liebsten geweint oder geschrien. Stattdessen schlich ich nach unten, ertastete mir durch das allgegenwärtige Chaos den Weg nach draußen in die Nacht.

Ich setzte mich auf die Bank im Garten, übergab der gleichgültigen schottischen Nacht meine Qual und dachte:

Ach, verdammt, wer ist schon Adam? Habe ich ihn etwa erfunden? War er ein Mann von großer Schönheit und Möglichkeiten, ein Held, der in der falschen Zeit geboren ist, oder ein Kind in einem zu starken Körper? Wohin sollte er mit all seiner Energie? War er krank, grausam oder nur verwirrt? Was war geschehen, und was sollte aus Adam werden?

Eines Nachts fuhr ich im Bett hoch, überzeugt, dass er tot war. Er würde zu tief tauchen und es nicht rechtzeitig zurück an die Oberfläche schaffen. Vielleicht würde er ja absichtlich zu tief tauchen. Und wonach suchte er in der Tiefe? Nach absoluter Stille vielleicht. Aber anscheinend wusste er nicht, wann er aufhören musste. Oder vielleicht hielt er sich für übermenschlich und ertrank dann in seiner eigenen Täuschung.

Nachts schickte ich ihm eine SMS und fragte ihn, ob alles in Ordnung sei, aber er antwortete nicht. Oder er konnte nicht antworten. Ich wusste es nicht. Und mit jeder Stunde, in der er nicht da war, wuchs sein Mythos, und ich wurde immer verzweifelter.

Ich wachte von einem krachenden Geräusch auf und glaubte, es sei Adam, der zu schnell fuhr, der sich zu Tode fuhr. Es kam mir wie seine Bestimmung vor; all die früheren Kollisionen, beginnend mit dem Unfall im Bauch seiner Mutter, und dann seine Geschwindigkeitsübertretungen … Nie hatte er Grenzen akzeptiert.

Ich rief ihn am frühen Morgen an, aber er ging nicht ans Telefon. Vielleicht war er ja in dieser Kiste, die er sich gebaut hatte, gestorben: verbrannt von dem heißen Dampf, an einem Stromschlag durch den Wasserkocher, ohnmächtig geworden von der Hitze oder erstickt unter der Kapuze. Und je nachdem, an welchem Tag das passiert war, würde es eine Weile dauern, bis seine Frau sich wunderte, warum er am Dienstag oder Samstag seinen

Sohn nicht abholte. Man würde ihn tot auffinden, mit Gürteln um die Taille, Gummibändern um seine Eier, einem Halsband, meinen Fotos um ihn herum, mit Nippelklemmen – und ich wage nicht, mir auszumalen, mit was noch.

Manchmal vergingen Wochen, und dann rief er auf einmal an und sagte irgendetwas Belangloses, wie »Hallo, wie geht es dir?«. Als ich ihm einmal sagte, dass ich einsam und verletzt sei, dass er mir fehle, dass ich weinte und es überhaupt nicht verstehen würde, da sagte er nur: »Weine nicht.«

Gelegentlich beschwor ich Bilder von ihm herauf, wie er das Leben wählte, wie er einen Unfall überstand, die Ruhe bei einer Katastrophe bewahrte, ein Bombenattentat oder einen Flugzeugabsturz überlebte. Er hatte jemanden vor dem Ertrinken bewahrt oder ein Kind aus den Flammen gerettet; er hatte sich selbst gerettet, seinen Platz und – endlich – Verwendung für seine Kraft gefunden.

Vergeblich wartete ich darauf, dass er mich anrief und sagte, es täte ihm leid, mich verletzt zu haben. Ich wartete auf Erklärungen, Tröstungen, ja sogar Konfrontationen. Aber ich bekam nichts.

September, Oktober, November und Dezember vergingen.

In der ersten Woche des neuen Jahres waren beide Pubs geschlossen. Ich fühlte mich unendlich einsam. Ich wollte trinken. Ich wollte rauchen. Ich wollte schmollen. Also ging ich in den Laden, um mir ein paar Dosen Bier und eine Flasche Whiskey zu kaufen, mich in den Schuppen zu setzen, der nicht mit Schätzen vollgestopft war, und meinen Kummer beim Schein einer Taschenlampe mit einem Stift zu vertreiben.

Ich nahm zwei Dosen Guinness aus dem Kühlfach und stellte sie auf den Tresen. Die Ladeninhaberin starrte mich überrascht an.

»Na«, sagte sie in ihrem breiten schottischen Akzent, »das hätte ich im Leben nicht gedacht, dass Sie trinken … ich meine, Sie sind noch so jung und sehen so gesund und rein aus, Schätzchen. Ehrlich gesagt habe ich gedacht, dass Sie rauchen. Aber *trinken* … ich weiß nicht, warum, aber Sie sind so gar nicht der Typ.«

Natürlich sah sie mich für gewöhnlich mit den Mädchen, wenn ich ihnen Süßigkeiten, Seifenblasen oder sonst was kaufte, oder ich kam allein in den Laden, holte die Zeitung und gab Briefe auf, aber auf ihre Beurteilung und Enttäuschung war ich nicht vorbereitet. Nach dem Whiskey, den ich viel nötiger hatte als das kalte Bier, fragte ich erst gar nicht.

Auf dem Heimweg überlegte ich: Was für ein Typ bin ich denn? Irgendwie war es komisch, aber dann auch wieder nicht. Sie sah mich als reizende Person, als unschuldiges Mädchen, und halb war ich versucht, ihr zu sagen, ich hätte Banker ausgepeitscht, sei einem Richter auf die Zehen getreten, hätte eine Vorhaut zugenäht, ein Skrotum mit Salzlösung verätzt, Testikel rasiert, wäre die Sklavin meines Geliebten gewesen, hätte mich und andere mit einem rotglühenden Eisen gebrandmarkt, mir Nadeln in die Nippel gesteckt, Männer zum Weinen gebracht, den Zorn meines Exgeliebten auf mich gezogen, in der Öffentlichkeit getobt, den Busfahrer angeschrien, Dutzende von Liebhabern gehabt und käme jetzt über einen Taucher nicht hinweg …

Ich scheine nicht der Typ dazu zu sein.

Es war Februar, und nachmittags um vier Uhr wurde es dunkel. Draußen war es windig und bitterkalt, und ich bestellte mir im Pub einen Whiskey. Die Stammgäste standen an der Theke, sechs oder sieben Männer von Mitte dreißig bis Ende sechzig. Ständig versuchten sie, mich ins Gespräch zu verwickeln oder mich an ihren Kartenspielen teilhaben zu lassen, und obwohl ich lieber allein dasaß und schrieb, wechselte ich gelegentlich ein paar Worte mit ihnen, auch wenn ich ihren Akzent kaum verstehen konnte. Einmal willigte ich sogar ein, mit ihnen Karten zu spielen. Sie brachten mir die Regeln bei, und nachdem wir zwei Runden gespielt hatten, ging es um Geld. Es war natürlich Anfängerglück, aber ich war trotzdem begeistert, dass ich an jenem Abend so abräumte. Ich gewann eine Flasche Scotch und vierunddreißig Pfund und gab allen einen aus.

Im Großen und Ganzen jedoch blieb ich auf Distanz, was mich bei den Stammgästen zunehmend verdächtig machte. Ich war keine Touristin, war aber auch nicht aus dem Ort, und ich ging nicht in den Pub, um Gesellschaft zu haben. In ihren Augen war ich ein Eindringling.

Eines bitterkalten Abends beschlich mich eine Art Unbehagen, ein Gefühl der Vorahnung, als ich den Pub betrat. Und kaum hatte ich mich gesetzt, als ein Typ mit dickem Bauch, mit dem ich Karten gespielt hatte und der dabei ein bisschen frech geworden war, auf mich zukam. Offensichtlich war er betrunken. Er setzte sich auf einen der kleinen Stühle viel zu dicht neben mich und fragte mit betont schottischem Akzent:

»Was schreibst du denn da? Du hast immer viel zu tun, was?«

»Einen Brief«, antwortete ich und klappte mein Notizbuch zu.

»Das machst du die ganze Zeit? Briefe schreiben? Kommen wir auch darin vor?«

»Nein«, sagte ich.

»Und warum, zum Teufel, nicht? Du kommst ständig hierher. Sitzt stolz und allein in der Ecke und beobachtest uns. Und dann schreibst du das alles in dein Notizbuch, als ob du was zu verbergen hättest. Hä? Was willst du denn verstecken? Bist du eine Spionin? Na los, mach schon den Mund auf. Was bist du?«

»Jetzt sei mal still, Terry«, ermahnte ihn die Wirtin.

»Ja«, sagte ein anderer, »lass die Dame in Ruhe. Sie tut niemandem was.«

»Und warum redet sie dann nicht mit uns? Sind wir ihr nicht gut genug? Hä? Sie sollte wohl besser in den anderen Pub gehen.«

»Da ist es viel zu teuer. Und auch viel zu voll. Oder, welchen Pub findest du denn besser?«, fragte die Wirtin.

»Ach, jetzt hört doch auf. Lasst das Mädchen in Ruhe. Sie ist freundlich und darf sitzen, wo es ihr gefällt, ohne sich mit euch einzulassen.«

»Ich sage dir«, lallte Terry, »sie hat etwas zu verbergen. Sie beobachtet uns. Ich weiß nicht. Sie gehört nicht hierher.«

Ich stand auf, packte meine Sachen zusammen und trank mein Glas aus. »Ich bin lieber in diesem Pub – nein, Entschuldigung, ich *war* lieber in diesem Pub. Ich dachte, das sei klar, weil ich ständig hier war. Es ist ein guter Ort, um etwas zu trinken, eine Zigarette zu rauchen und nachzudenken. Aber keine Sorge, ich habe verstanden. Ich gehe.«

Terry schwankte auf mich zu, und ich musste zurückweichen und ihn wegschieben.

»Hauen Sie ihm eine runter!«, schrie jemand. »Jawohl, schlagen Sie ihn«, fügte ein anderer hinzu.

»Ja, los«, krächzte Terry, »schlag mich ins Gesicht. Ich weiß, dass du es kannst. Ich sehe es in deinen Augen.«

Er irrte sich; er sah gar nichts in meinen Augen. Ich war nicht wütend. Ich wollte ihn nicht schlagen. Aber irgendwie hatte er auch recht, und ich hatte unrecht. Ich fühlte mich fremd, beschämt, ja sogar schuldbewusst. Und er hatte recht: Ich hätte ihn ohne Weiteres ohrfeigen können. Dazu war ich fähig. Aber ich war hier nicht im Kerker. Bildete ich es mir nur ein oder wollten tatsächlich alle, einschließlich Terry selbst, dass ich ihn schlug? Aber warum sollte ich ihnen dieses Schauspiel bieten und ihnen für die nächsten Monate etwas zu reden geben? Es war seltsam, seit Wochen schon hatte ich diese Entwicklung vorausgesehen, da ich spürte, dass das, was ich tat, falsch war. Ich wusste doch, dass ich nicht hierhergehörte. Es war tatsächlich komisch, dass eine Frau Anfang dreißig sich so aufführte. Die Leute wussten nichts damit anzufangen, und ich konnte es ihnen nicht verübeln.

»Ich sollte gar nicht hier sein. Und ich komme auch nicht mehr hierher.«

Ich hielt mein Wort und setzte nie wieder einen Fuß in den Pub. Aber draußen, in der kühlen Luft der Highlands, brach ich zusammen. Wie traurig, wie peinlich, aus so einem hässlichen grünen Pub gejagt zu werden. Auf einmal fühlte ich mich dort, am Ende der Welt, namenlos und heimatlos.

Larissas Mann fuhr mich zurück nach Glasgow. Um halb sieben morgens saßen wir im Auto. Ich werde nie vergessen, wie gelb der Himmel wurde, als die Sonne über den Bergen aufging. Ich beobachtete die Szene vom Beifahrersitz aus, und wie alles in dieser Gegend dort war es kühn und wunderschön. Ich blickte auf den Schnee am Straßenrand und dann wieder zum weiten Himmel, der senfgelb, zitronengelb und schließlich golden wurde.

Von Schottland aus flog ich nach Kanada. In Toronto herrschte der strengste Winter seit Menschengedenken. Die Temperatur war auf minus zwanzig Grad gesunken, und es blieb monatelang so kalt. Wenn dann noch Wind hinzukam, konnte man ohne Maske oder Schal vor dem Gesicht nicht mehr durch die Nase atmen, ohne dass einem die Härchen in den Nasenlöchern einfroren. Es war grau und schrecklich. Der Schnee war schmutzig, Bars und Einkaufszentren voller Menschen, und nirgendwo gab es Schönheit.

Ich hatte einen Jetlag, war wortkarg, desorientiert und tief deprimiert. Die harmlosesten Fragen konnte ich nicht beantworten, weil ich auf einmal nicht mehr in der Lage war, Sätze zu formulieren. Sprechen war keine einfache, selbsttätige Funktion mehr. Stellen Sie sich vor, Sie müssten ihren Augen befehlen zu blinzeln, weil sie es nicht mehr automatisch täten – so ging es mir. Etwas Ähnliches war mir schon einmal im Alter von elf Jahren passiert. Die Erfahrung dauerte nur ein paar Minuten, war aber wesentlich intensiver und beängstigender. Ich ging die Straße entlang und dachte über den mechanischen Ablauf des Gehens nach: Ich ging und dachte nach, bis mich auf einmal meine Gedanken aus dem Tritt brachten. Mein Körper *vergaß* für kurze Zeit, wie Gehen funktionierte, und ich war wie gelähmt.

Es war zu viel für mich gewesen: das Auf und Ab der Beziehung zu Adam, das gewalttätige Ende, die Flucht nach Schottland, die Identitätskrise. Jetzt war ich wieder in dem Haus, in dem ich aufgewachsen war, und starrte in meinem alten Zimmer auf Wände und Decke. Als Jugendliche hatte ich sie nach einem, wie ich damals fand, interessanten Konzept gestrichen: die Decke terracottabraun, weil sie die Erde verkörpern sollte, und die Wände, die den Himmel darstellten, dunkelblau. Aber es hatte irgendwie nicht funktioniert, weil ich die Farbtöne nicht richtig hinbekommen hatte. Das hatte mich von Anfang an gestört. All meine Bücher waren da. Meine Schachtelsammlung, meine Zeitkapseln, die Zeitungsausschnitte, Regale voller Schätze wie Muscheln oder Treibholz, Keramikscherben und glatt geschliffenes Glas, meine Briefmarkensammlung und ein großer Pappkarton im Schrank voller Notizen und Briefen von Freunden.

Im Keller, wo ich rauchen durfte, waren die Fenster seit zwanzig Jahren nicht geöffnet worden, und die Decke war viel zu niedrig. Ich konnte zwischen einem Gartenstuhl aus Plastik und einem blauen Synthetiksessel wählen. Der Keller wurde von niemandem mehr betreten, er war einfach nur Aufbewahrungsort für Müll und ausrangierte Sachen. Leere Schuhkartons, kaputtes Spielzeug, Brettspiele, Kabel und Verlängerungsschnüre. Das Licht war matt und künstlich, die Luft trocken und abgestanden, und über allem lag der Hauch des Vergessens.

Wenn ich hier unten zusammengekauert vor einem Heizlüfter sitze, besuchen mich die Geister meiner Kindheit nicht. Die Szenen im Kerker, die zahllosen kurzen Verbindungen, die Kollisionen, Evolutionen, magischen Improvisationen – wo sind sie, wenn ich in Toronto bin? Meine Reise mit Adam, die intensive Leidenschaft, die künstlerischen Vignetten, die gescheiterten Experimente – wohin gehören sie? Was mache ich mit Schottland, der Mondlandschaft, den zerquälten Nächten, den Kindern, dem Zusammenstoß im Pub – wenn ich nicht länger dort bin?

Ich weiß noch, dass ich in den Spiegel sah und mich verzweifelt bemühte, das tatsächliche Gesicht unter meinen Projektionen und Verzerrungen zu erkennen. Aber es erwies sich als zu schwierig, und es gelang mir lediglich, in die dunklen Augen meines Vaters zu blicken und das Kinn und die Unterlippe meiner Mutter zu erkennen.

Ich war nicht in der Lage, mit meinen Eltern darüber zu reden, was ich gemacht hatte, seit ich die Villa verlassen hatte. Zuerst sagte ich, die Freundin eines Freundes besäße ein kleines Privattheater und bräuchte eine Assistentin hinter den Kulissen. Na ja, ein Kerker *ist* eine Art von Theater, deshalb war es nicht wirklich eine Lüge, aber im Lauf der Monate wurde die Geschichte immer durchsichtiger.

Bei einem meiner Besuche in Toronto gingen meine Eltern mit mir essen, nachdem sie mich vom Flughafen abgeholt hatten. Wir fuhren immer in das gleiche orientalische Restaurant, in dem es großartige, in Zitrone marinierte, gegrillte Auberginen gab. Meine Eltern saßen mir gegenüber, und nachdem wir bestellt hatten, fragten sie mich wie bei einem Kreuzverhör abwechselnd schnell hintereinander nach dem »Theater«.

»Wie viele Plätze gibt es dort?«

»Was genau machen sie da?«

»Wie viel kosten die Eintrittskarten?«

»Wie oft ist Vorstellung?«

»Was für Stücke spielen sie dort?«

»Wer schaut sie sich an?«

Ich holte tief Luft und dachte rasch nach. Den Preis der Eintrittskarten erfand ich (fünfzig Pfund), die Zahl der Plätze (sechsundzwanzig) ebenfalls. Ich erzählte ihnen, es sei ein exklusives, unabhängiges Theater, und Angel sei unabhängig und reich, ihr Vater sei ein gefragter Anwalt. Sie habe mich eingestellt, damit ich ihr beim Bühnenbild, den Kostümen, den Drehbüchern und den Proben mit den Schauspielern helfe. Und um einen Vorwand für mein verlegenes Gestammel zu haben, fügte ich hinzu, das Thema der Stücke sei ein wenig ungewöhnlich. Geduldig wartend blickten sie mich an.

»Na ja, habt ihr schon mal etwas von Sadomasochismus gehört?«

Das Wort kam zischend aus meinem Mund und klang so – na ja, einschüchternd. Meine Eltern schwiegen und blickten mich verständnislos an. »Wisst ihr, was das ist?«, fragte ich fast ärgerlich. Meine Mutter sagte nichts. Was mochte sie wohl denken? Mein Vater jedoch erwiderte: »Ja, sicher, das ist, wenn zwei Erwachsene übereinkommen, sich gegenseitig aus sexueller Lust Schmerzen zuzufügen. Das stimmt doch, oder?«

Ich schluckte und nickte. Mein Vater überraschte mich. »Ja, das stimmt. Und die Engländer sind an diesem Thema sehr interessiert.«

Danach stellten sie mir keine Fragen mehr, aber ich fragte mich, was sie wohl dachten, denn eigentlich war das, was ich ihnen erzählt hatte, schlimmer als die Wahrheit. Was mochten sie sich vorstellen? Schauspieler, die von Balken herunterhingen? Die mit Messern und Äxten aufeinander losgingen? Ich wollte sie nicht enttäuschen oder ihnen Sorgen bereiten. Und ich wollte sie nicht anlügen. Aber ich musste sie schützen. Wenn Verwandte oder Freunde sie fragten, was ich in London machte, dann sollten sie nicht lügen müssen oder in eine peinliche Situation geraten. An jenem Abend hatten mich ihre Fragen überrascht. Wäre ich vorbereitet gewesen, hätte ich ihnen meinen Job so erklären können, dass sie es verstanden… und letztendlich nicht so schlimm gefunden hätten. Aber die Zeit verging, und es gab keine Gelegenheit für Erklärungen mehr. Und schließlich dachte ich: Bald mache ich es sowieso nicht mehr, und vielleicht kann ich es ihnen ja später erzählen.

Nach drei Wochen in Toronto floh ich praktisch zurück nach London, in meine Wohnung in Brixton. Sie war staubig und kalt und musste dringend geputzt werden. Und es musste endlich wieder nach Essensdüften riechen.

17

Mahlzeit

11:43 Uhr: *Ich habe sieben Stunden Zeit, um ein exquisites Mahl für sieben Personen zuzubereiten, und es hilft mir, dass ich mich seit Jahren darauf vorbereite. Erfahrung, Können, Aufmerksamkeit für die Details sind nötig, zugleich aber muss das Ganze den Eindruck beinahe müheloser Improvisation machen. Ich möchte etwas anderes anbieten, etwas Spektakuläres, das die Sinne betört. Eine Symphonie von Gerichten, eine Erzählung in Trüffeln und Erdbeeren.*

Ich könnte zum Beispiel eine Mahlzeit zubereiten, die die grundlegenden Geschmackssinne zuerst einzeln und dann in Kombination erforscht. Für den ersten Gang vier einfache Gerichte: eines süß, eines sauer, eines bitter, eines salzig. Der zweite Gang: die erfolgreiche Kombination von zwei Geschmacksrichtungen, etwas Salzig-Saures und etwas Bitter-Süßes. Und im Hauptgang kämen alle vier Geschmacksrichtungen ausgeglichen vor. Ich könnte zum Beispiel auch den Schwerpunkt auf die Farbe legen: ein rotes Gericht, ein grünes Gericht, ein gelbes Gericht; gegrillte Regenbogenforelle; gedämpfter Regenbogen-Mangold. Oder ich könnte meinen Gästen die Augen verbinden. Das habe ich im Kerker festgestellt: Wenn einem Menschen ein Sinn genommen wird, kompensiert er mit einem anderen. Meine Gäste werden nach ihrem Besteck und nach dem Teller tasten. Ich stelle mir vor, was sie riechen, bevor der erste Bissen ihren Mund berührt. Es gibt keine Erwartungen, niemand isst mit den Augen, es gibt nur Geschmack und Fühlen. Wie viel stärker tritt dadurch die Struktur, die Temperatur, die Anwesenheit der anderen hervor? Ich könnte sie zum Beispiel auch nur für die Hälfte des Ganges blind machen, sodass sie den »blinden Geschmack« mit dem »sehenden Geschmack« vergleichen können.

Wie wäre es mit einem Festmahl der Extreme, das an die Grenzen geht und den Gaumen herausfordert? Scharfe, brennende Gewürze, die mit eiskaltem Wein gelöscht werden, stechende Brennnesselsuppe, stinkender Bischofskäse, Seegurke. Ich könnte mich auch für subtile Eleganz entscheiden, zum Beispiel für die vier Elemente: ein Essen aus Luft und Wasser, Erde und Feuer: ein Soufflé, etwas Suppe, Pilzrisotto und Chili-Brownies oder Crêpes flambés. Ich würde mein Motiv nicht enthüllen, sondern die Gäste auffordern zu raten.

Ich war noch keine Woche wieder in London, als Adam anrief.

»Wie geht es dir? Wie ist es denn so, wieder in Brixton zu sein?«, fragte er.

Sein Ton war beleidigend beiläufig, und ich hörte förmlich, wie er beim Sprechen träge grinste. Ich kannte dieses versteckte Lachen nur zu gut, aber mir war nicht klar, wieso er es so normal fand, mich nach dieser qualvollen Trennungszeit (zumindest für mich) einfach anzurufen und so zu tun, als sei nichts geschehen. Lag er in seinem mysteriösen (leeren) Geisteszustand immer noch auf den Knien und peitschte sich für einen Kuss?

»Ganz gut. Allerdings ist es mir lange nicht besonders gut gegangen. Warum rufst du an?«

»Ich muss dich etwas fragen. Ich brauche den Rat einer Köchin.« Er wollte mich fragen, wie man Pad Thai macht – unverschämt. Aber nein, das war ja gar nicht die Frage. »Was passiert, wenn man rohes Hühnchen isst?«

»Soll das ein Witz sein? Wie meinst du das?«

»Nein, es ist kein Witz.« Aber ich hörte, dass er das Lachen unterdrückte. »Ich möchte wirklich wissen, was passiert, wenn man viel rohes Hühnchen isst.«

»Viel? Was heißt viel?«

»Fast eine ganze Hühnerbrust.«

»Was? Das sind doch mindestens zweihundert Gramm rohes Fleisch. Wer macht denn so was?«

»Ich.«

»Wovon redest du da, Adam? Du hast ja schon einige verrückte Sachen gemacht, aber das ist wirklich durchgeknallt.«

»Susan, ich habe es doch nicht absichtlich gemacht. Es war ein Zufall.«

»Ein Zufall? Ach, komm. Wie kann man denn *zufällig* rohe Hühnerbrust essen?«

»Na ja, sie war paniert. Ich habe sie im Supermarkt gekauft und dachte, sie sei schon gebraten. Ich habe sogar Salat dazu gemacht, das erste Mal, seit ich in meiner Wohnung hier wohne. Die Vinaigrette habe ich genauso gemacht, wie du es mir beigebracht hast. Aber der letzte Bissen von der Hühnerbrust schmeckte irgendwie komisch, und deshalb habe ich ihn mir genauer angeschaut. Und da habe ich gesehen, dass das Hühnchen roh war.« Jetzt lachte er.

»Ich fasse es nicht. Warum lachst du?«

»Ich weiß nicht. Warum nicht? Findest du das nicht komisch?«

»Nein. Es ist überhaupt nicht komisch, es ist, es ist so ... verstört! Du bist vermutlich der einzige Mensch auf dem Planeten, der jemals eine ganze rohe Hühnerbrust gegessen hat, ohne es zu merken. Also, wirklich, das mir … das ist mir einfach zu viel. Schließlich schmeckt es doch ganz anders, und ich nehme an, auch die Struktur ist anders. Wo warst du denn mit deinen Gedanken? Was hast du dir dabei gedacht?«

»Susan, die Hühnerbrust war paniert, es war also gar nicht zu erkennen. Und außerdem habe ich ja was gemerkt, deshalb habe ich ja auch genauer hingeguckt. Beantworte mir einfach nur meine Frage. Glaubst du, es ist schlimm?«

»Woher soll ich das wissen? Du rufst mich nach Gott weiß wie langer Zeit an, sagst nichts dazu, dass unsere Beziehung plötzlich zu Ende war, entschuldigst dich nicht, dass du versucht hast, mich zu erwürgen, kein …«

»Ich habe nie versucht, dich zu erwürgen! Du hast einfach nicht aufgehört, mich zu bedrängen und sämtliche Knöpfe bei mir zu drücken. Du verstehst es wirklich …«

»Ach, und all die perfekten Frühstücke und Abendessen, die ich für dich zubereitet habe. Du hast ihnen immer elf Punkte von zehn gegeben.«

»Ich liebe deine Frühstücke, überhaupt deine Kochkünste.«

»Wie kannst du meine Kochkünste lieben, wenn du sie nie probiert hast? Ach, du hast einfach den gleichen Geschmack wie ich. An dir ist ja sowieso nichts subtil, du kannst ja noch nicht mal den Unterschied zwischen rohem und gekochtem Fleisch erkennen. Es ist barbarisch, und du lachst auch noch darüber. Du weißt nicht mal, wie extrem du bist.«

Völlig außer mir legte ich auf. Was war das nur für ein Mann? Hatte er überhaupt irgendwas von dem geschmeckt, was ich für ihn gekocht hatte? Hatten wir uns ständig so extreme und raffinierte Szenarien ausdenken müssen, weil er abgestumpft und unfähig war, Einfach-

ießen? Was bedeutete das? Ich konnte es ein-
ür mich behalten, deshalb schrieb ich es einer
einer E-Mail. Als ich die Worte »rohe Hüh-
rbrust« schrieb, drehte sich mir der Magen um, und ich grunzte ungläubig. Aber während ich weiterschrieb und ihr die Geschichte berichtete, prickelte es in meiner Kehle, und als ich fertig war, brach sich ein unbändiges Gelächter Bahn. Die Absurdität der Situation stand mir vor Augen. Wer hätte gedacht, dass eine rohe Hühnerbrust mir solche Erleichterung bringen würde!

Wieder in London, brauchte ich ein Einkommen. In dem Kerker in Central London wollte ich nicht mehr arbeiten, und außerdem wollte ich auch nur noch stundenweise als Domina tätig sein, vielleicht drei Tage in der Woche. Ich begann, mich nach geeigneten Räumlichkeiten umzusehen, die man stundenweise mieten konnte. In der übrigen Zeit konnte ich schreiben, ins Ballett gehen, an meinem »visuellen Tagebuch«, meiner Sammlung von Schätzen, arbeiten, kochen, lesen, mit Freunden ausgehen und mich auch wieder mit Männern verabreden. Ich würde eine Website einrichten und Termine mit den wenigen Kunden machen, mit denen ich auch in den vergangenen Monaten in Kontakt geblieben war.

Als ich ein paar alte Fetisch-Magazine durchblätterte, stieß ich auf eine Anzeige, die mich schon früher immer fasziniert hatte – Herrin K. Ich rief sie einfach mal an. An ihrer weichen Stimme merkte ich, dass ich die richtige Wahl getroffen hatte. Wir verabredeten uns für den nächsten Tag.

Die Räumlichkeiten waren im Penthouse eines schönen, alten Mietshauses am Marble Arch untergebracht. Ein altmodischer Lift brachte mich ins oberste Stockwerk, und ich trat in ein Foyer, von dem sechs Türen abgingen:

eine Toilette, ein Badezimmer, zwei voll ausgestattete Kerker, eine Küche und ein Aufenthaltsraum für die Dominas, wo sie sich ausruhen und umziehen konnten. Und man konnte ihn in einen medizinischen Raum verwandeln.

Die Schränke waren großzügig und umsichtig mit allem Nötigen bestückt: Latexhandschuhe, Toilettenpapier, Küchenrolle, Kondome, Reinigungsmittel, Gleitmittel, Verbandsmaterial, Erwachsenenwindeln, Müllbeutel, Kerzen, Nadeln. Der Kühlschrank im Foyer enthielt Mineralwasser (still und mit Kohlensäure), Milch, Saft, Weißwein und Champagner. Alles war vorhanden.

Die beiden Kerker waren groß, düster und vollständig ausgestattet. Streckvorrichtungen, Hängevorrichtungen, Körpersäcke aus Gummi, Leder und Segeltuch, Stricke, Peitschen, Kapuzen, Paddel, Knebel, Augenbinden. In einem der Kerker war ein Rad, das sich drehte. War man darauf festgeschnallt, konnte man in jede beliebige Position gedreht werden. In beiden Räumen gab es Prügelbänke, eine Auswahl von Dildos und Vibratoren, Gerten, Peitschen und Schwanzringe. Außerdem waren beide mit guten Soundsystemen und einer großen Auswahl von CDs ausgestattet. Die meisten Dinge kannte ich bereits aus meiner früheren Tätigkeit, aber in solcher Menge hatte ich sie noch nie unter einem Dach gesehen.

Ein halbes Dutzend Dominas hatten die Räume gemietet. Jederzeit konnten zwei Herrinnen gleichzeitig arbeiten, ohne dass eine die andere störte. Jeden Monat war eine andere Domina für den Terminkalender verantwortlich, damit es nicht zu Doppelbuchungen kam. Ganz gleich, wie viel die Dominas selbst pro Sitzung verlangten (einige kosteten hundertachtzig Pfund, eine nahm sogar zweihundertfünfzig, aber der Standard lag immer noch bei hundertfünfzig), die Miete betrug fünfzig Pfund pro Stunde.

Mistress K. war warmherzig, sehr attraktiv und mütterlich. Sie war elegant, intelligent und schnaubte, wenn sie lachte. Abgesehen von ihrer Tätigkeit als Domina ließ sie sich zur Paartherapeutin ausbilden und lernte Shiatzu-Massage. Sie sagte, ich könne sofort anfangen, sollte jedoch erst einmal die anderen Herrinnen auf dem monatlichen Treffen, das in ein paar Tagen stattfinden würde, kennenlernen.

Die Sitzung war auf zehn Uhr dreißig angesetzt, und ich war die Dritte, die eintraf. Mistress K. war bereits da sowie eine Frau in einem kurzen Faltenrock, mit dicker schwarzer Strumpfhose und Loafers. Sie war gerade damit beschäftigt, sich eine Zigarette zu drehen, und als sie aufblickte, lächelte sie freundlich und stellte sich als Sally vor.

»Na, so was«, sagte die vierte Frau, als sie ins Zimmer trat. »Was für Beine! Ich glaube, ich habe dich außerhalb der Arbeit noch nie im Rock gesehen. Sally im Rock, oh, oh!« Sie hieß Karen.

»Ich versuche, eine Dame zu werden. Ich fand, es sei langsam mal Zeit.«

Ich konnte sie gut verstehen. Bei der Arbeit trage ich auch gern schicke Sachen, schminke mich und habe hohe Absätze an. Aber in der Öffentlichkeit macht es mich verlegen, meine Weiblichkeit zu betonen. Es kommt mir so unecht vor.

Als Nächste kam eine üppige Blondine mit Brille, einem langen geblümten Rock und Birkenstocks mit dicken Socken hereingestürmt.

»Wow, Sally trägt einen Rock«, kicherte Laura. Sally hockte in der Ecke und zog an ihrer Zigarette.

»Ich tue mein Bestes.«

Laura begann, von irgendeinem Missgeschick zu erzählen, das ihr diese Woche passiert war. Sie sprach so schnell, dass ich sie kaum verstehen konnte, aber ich bekam mit, dass es um ihren Mann, um Sally und dann um Mistress K. ging. Sie war lebhaft und lustig und hatte offensichtlich viel Sinn für Humor. Ich mochte sie auf Anhieb. Sie erinnerte mich an Eve. Als Letzte kam Jenny, mit einem Tablett voller Caffè Lattes und einer Schachtel Croissants aus dem Laden gegenüber. Mit East-End-Akzent stellte sie sich vor und entschuldigte sich, weil sie sich verspätet hatte. Sie war Ende vierzig, geschieden und die Einzige in der Gruppe, die Mutter war. Wir Übrigen mussten nur für uns selbst sorgen.

Karen war Amerikanerin und mit fünfundzwanzig Jahren das Küken. Sie hatte kürzlich einen Kunden geheiratet. Sie hatte einen Abschluss in Literaturgeschichte, ging auf ein Ivy League College, gab Kurse in Buchherstellung und arbeitete nur gelegentlich als Domina oder auch als Sklavin, wenn sie das Geld brauchte. Ihr Mann war Engländer und Lektor an der Universität.

Auch Laura war mit einem ihrer Kunden verheiratet, einem Mann, der fünfzehn Jahre älter war als sie. Sie war achtunddreißig.

»Bin ich eigentlich die Einzige hier, die gerne heiraten würde und es nicht schafft?«, fragte Sally.

»Ach, Liebes«, gurrte Mistress K., die bisexuell war. »Ich wusste gar nicht, dass du heiraten wolltest. Das ist ja süß. Na, warum auch nicht. Will denn dein Freund nicht heiraten?«

»Ich will nicht darüber reden.« Sally ließ den Kopf hängen.

»Nein, natürlich nicht. Entschuldige bitte.«

Sally war dreiunddreißig Jahre alt und kam aus Australien. Obwohl sie mit ihrer blassen Haut, ihrem dunkelroten Lippenstift und ihrem glatten, schwarzen Bob sehr streng wirkte, schien sie die Zerbrechlichste zu sein. Die Mädchen machten alle einen sehr netten Eindruck auf mich.

Schließlich begann die Besprechung. Jemand sagte, eine Steckdose sei defekt, und eine andere schlug vor, wir sollten Styropor-Köpfe für die Kapuzen anschaffen. Sally hatte das Gefühl, die Sachen würden nicht immer wieder an die richtige Stelle zurückgeräumt, und Jenny erinnerte alle, daran zu denken, dass sie hinterher ordentlich lüften müssten, wenn in einer Sitzung Amylnitrat verwendet würde, weil es so stinkt. Alle waren einverstanden.

Dann wurde der Terminkalender neu übergeben, und die Sitzung war beendet, weil Laura um zwölf Uhr mittags einen Kunden hatte. Ich ging mit Sally und Karen zur U-Bahn-Station.

»Ich wette, du kennst meinen Freund«, sagte Sally. »Er war schon bei jeder jungen, attraktiven Domina in London. Er ist Deutscher. Groß, dünn und ziemlich wilde graue Haare. Ziemlich arrogant. Sein Name ist Jan. Er ist gerade fünfzig geworden, und er lässt sich gerne auspeitschen. Er steht auf Beine.«

»Ja, er war bei mir.« Da ich spürte, dass Sally eifersüchtig war, fügte ich hinzu: »Aber das ist schon lange her. Damals habe ich in North London gearbeitet, und er war einer meiner ersten Kunden. Ich weiß noch, dass ich ihm nicht gut genug mit dem Rohrstock war, und er hat mich ständig unterbrochen und korrigiert. In gewisser Weise hat er mir den richtigen Umgang mit dem Stock beigebracht.«

»Das ist typisch Jan. Er glaubt, außer ihm kann niemand richtig mit dem Rohrstock umgehen. Ich auch nicht.«

»Er ist ein paar Mal zu mir gekommen, aber dann war

er verschwunden. Ich fand ihn sehr attraktiv und charmant. Wie lange seid ihr schon zusammen?«

»Zwei Jahre. Aber ich habe mich schon Gott weiß wie oft von ihm getrennt. Ich bin so eifersüchtig. Und du? Hast du einen Freund?«

»Nein. Ich versuche gerade, über das Ende einer Beziehung hinwegzukommen. Er war auch ein Kunde von mir. Vielleicht kennst du ihn ja: Groß, fit, äußerst attraktiv, dunkle Haare, strahlend blaue Augen, Ende dreißig. Er heißt Adam und ist Masochist.«

»Nein, ich glaube nicht. Dabei erinnert man sich doch vor allem an die Gutaussehenden, oder? Also, an einen großen, dunkelhaarigen, attraktiven Mann würde ich mich mit Sicherheit erinnern.«

Ich trennte mich von ihnen in dem Gefühl, es perfekt getroffen zu haben: Die Räumlichkeiten waren sauber und gut durchorganisiert, und die Stimmung war entspannt und kollegial. Niemand nahm sich selbst zu ernst, aber wir waren alle professionell. Ich hatte das Gefühl, Teil einer Gemeinschaft zu sein.

Bevor ich die ersten Termine machte, musste ich zumindest einen Teil meiner Ausrüstung, die ich bei Adam gelagert hatte, holen. Wir verabredeten uns in der Nähe seines Arbeitsplatzes an der St. Paul's Cathedral. Es machte mich nervös, ihn nach so langer Zeit wiederzusehen. Am Telefon mit ihm zu reden war eindeutig etwas anderes, als ihm gegenüberzustehen. Das war viel gefährlicher. Ich konnte nur hoffen, nichts zu empfinden, wenn ich ihn sah. Ja, wirklich, hoffentlich war ich von seinem Zauber befreit. Hatte seine Schönheit mich verzaubert? Dann sollte ich immer daran denken, wie hässlich er ausgesehen hatte, als er mich aufs Bett gedrückt hatte, als er »Nein!« geschrien hatte, als er die Lederriemen im Cottage zerrissen hatte. Und ich sollte daran denken, dass er sich all die Monate, in denen ich in Schottland war, nicht gemeldet hatte.

Ich würde mir ins Gedächtnis rufen, dass er rohes Hühnchen aß, ohne es zu merken. Er war der Mann, der mich zwar auf eine mythische, poetische Art und Weise liebte, aber keine Verantwortung für seine Handlungen übernahm, sich nie erklärte und sich wahrscheinlich selbst nicht kannte. Ob ich ihm wohl fehlte? Dachte er überhaupt an mich? Eigentlich können zwei Menschen nie mehr voneinander loskommen, wenn sie so eine Reise miteinander gemacht haben. Und doch hatte unsere Beziehung keine Zukunft mehr. Wir konnten nichts mehr tun.

Und dann sah ich ihn auf der anderen Straßenseite stehen; er wartete darauf, dass die Ampel auf Grün schaltete. Ich erinnere mich noch genau an seinen Anzug – mitternachtsblau, das Hemd hellblau und die Krawatte puderrosa. Die azurblauen Augen strahlten selbst aus dieser Entfernung. Mir wurden die Knie weich, der Schweiß brach mir aus, und das Herz schlug mir bis zum Hals.

Ich wusste nicht, ob ich lachen oder weinen sollte. Am liebsten wäre ich auf ihn zugestürmt, aber ich lächelte ihn nur an. Diesen Mann im dunklen Anzug hier in der City kannte ich. Ich habe ihn über Reißzwecken kriechen sehen, er hat meine Wunden geleckt, sich selbst penetriert. Ich habe diesem Mann erlaubt, mit mir die intimsten, erotischsten, unglaublichsten Dinge zu machen, und er hat mich Höhepunkte erleben lassen, wie ich sie mir nie hätte vorstellen können. Ich kannte diesen Mann in der City. Ich kannte alle Männer in der City, wusste, welche Bedürfnisse und Wünsche unter ihren Maßanzügen lauerten; kannte sie besser als mich selbst.

Aber ich kannte *diesen* Mann in der City auch wieder nicht. Ich habe ihn noch nie gekannt. Immer wieder habe ich ihn neu erfunden und mir vorgestellt, aber ich kannte ihn nicht. Ich wusste nicht viel mehr von ihm als nach unserer zwanzigstündigen Verabredung. Vielleicht war es ja wahr, als er damals gesagt hatte: »Mehr gibt es nicht zu wissen.« Aber nein, das war unmöglich. Die Chemie spielte doch auch noch eine Rolle. War es nicht unser Schicksal, dass wir so gehandelt haben? Ach, ich war ganz durcheinander, und eigentlich empfand ich nur den Augenblick: Ich umarmte ihn, und sein Kragen rieb sich an meiner brennenden Wange. Ich roch ihn, er roch nach toten Lilien und Tabak, und seine männliche Stärke hüllte mich ein.

Er musste in zehn Minuten wieder ins Büro, und ich folgte ihm wie ein Hündchen in den Deli.

»Was möchtest du?«, fragte er.

»Was nimmst du denn?«

»Einen Cappuccino.«

»Gut, dann nehme ich auch einen.«

Charmant und vertraut gab er die Bestellung auf. Ich hatte ihn noch nie so in der Öffentlichkeit erlebt: Er kannte die Bedienung, war Stammkunde, und sie kannte ihn auch.

Was *wusste* sie von ihm? Und dann trank er Cappuccino, ich hatte immer nur erlebt, dass er Espresso trank. Anscheinend existierte er also auch außerhalb meiner Vorstellungskraft. Warum war er so ruhig? Auf mich wirkte er glücklich.

Danach ging er zurück zur Arbeit. Ich blickte ihm nach, bis sein dunkelblauer Anzug im Meer der Stadt versank.

12:30 Uhr. *Ich wollte immer schon eine ausführliche Degustation. Fünfzehn, zwanzig Gänge, kleine Portionen wie mundgerechte Sätze in einer Geschichte. Ich könnte mit einer einzigen Muschel in einer Sauce aus pürierten Rosinen und Kapern beginnen. Mit mathematischer Genauigkeit würde ich Farben ausgleichen, Struktur vervielfältigen und Geschmacksnoten teilen und multiplizieren.*

Aber wenn das Essen so kompliziert ist, muss das Dessert einfach sein, und ich will nicht zu viel abmessen und abwiegen müssen. Ich will nicht backen; das habe ich in Montreal so oft gemacht. Ein Jahr lang habe ich von meiner Wohnung aus eine eigene Bäckerei mit Catering-Service betrieben. Zu meinem Dessert-Repertoire gehörten Jasmintee-Käsekuchen, Mandel-Schokoladentorte ohne Mehl, ein italienischer Walnusskuchen, Cranberry Scones, die besten Hafermehl-Schokoladenplätzchen, Amaretto Biscotti, deren Spitzen in Schokolade getaucht waren, Espresso Brownies und Crème brulée mit Ahornsirup. Das habe ich mindestens fünfzig Mal gemacht, und ich habe immer wieder darüber gestaunt, wie man aus sieben oder acht grundlegenden Zutaten immer wieder neue Varianten schaffen konnte.

Lange Zeit hatte ich nur Porridge im Sinn: eine köstliche Vollwert-Serotonin-Bombe – aber taugte Haferbrei wirklich als Dessert? Das erwartet niemand. Allerdings weiß bestimmt auch niemand, wie lecker Porridge sein kann, deshalb kann man es doch mal ausprobieren, oder? Es ist eigentlich ein ideales Dessert, mit einer Prise Salz, Gewürzen, Körnern, Nüssen, Obst und Milch oder Sahne. Ich könnte zum Beispiel zwei unterschiedliche Porridges machen und sie dann ineinanderrühren, oder sie nacheinander servieren. In einem Porridge wären Nelken, gehackte Mandeln, Sonnenblumen-, Kürbis- und Karda-

momkerne, eine Vanilleschote und Nektarinen. Süßen könnte ich ihn mit braunem Zucker. Der andere Porridge enthielte Äpfel und Zimt, Korinthen, Walnüsse und Brombeeren, die ihn dunkel färben würden, frischen Ingwer und Ahornsirup. Wenn es allerdings frischen Rhabarber im Supermarkt gibt, würde ich statt Äpfeln Rhabarber nehmen.

Ich hatte mich gerade von Einlauf-Larry verabschiedet und die Tür hinter ihm geschlossen, als Sally und Jenny aus dem Aufenthaltsraum kamen. Sie hatten gewartet, bis Larry weg war, und jetzt setzten wir uns im Foyer zusammen. Beide erwarteten in fünfundzwanzig Minuten einen Kunden. Sally trug einen Leder-Catsuit, der an jeder Seite vom Knöchel bis zur Schulter geschnürt war, und äußerst einschüchternde Lederstiefel, die ebenfalls an den Schienbeinen geschnürt waren. Ihr Lippenstift war blutrot, und auf dem Kopf hatte sie eine Lederkappe. Sie sah ziemlich Furcht erregend aus. Auch Jenny wirkte in einer SS-Uniform nicht viel vertrauenerweckender. Und da ich gerade Einlauf-Larry zu Besuch gehabt hatte, trug ich eine cremefarbene Schwesterntracht aus Gummi, Stilettos, schwarze Strümpfe mit Strumpfhaltern und war dabei, mir die langen schwarzen Gummihandschuhe auszuziehen.

»Es ist so warm für Mai, ich liebe das«, sagte ich.

»Ja, schon«, erwiderte Jenny. »Jetzt ist es noch schön, aber im Sommer zerläufst du unter deinem Gummi, musst jedoch dem Kunden gegenüber ganz kühl tun.« Jenny fand immer einen Grund zum Jammern.

»Ich mag die Hitze«, sagte ich. »Mir gefällt es auch, wenn einem unter dem Gummi der Schweiß runterläuft. Dann komme ich mir immer vor wie eine Schnecke. Im Grunde genommen bin ich ja auch eine Schnecke und trage mein Haus auf dem Rücken.«

»Hitze mag ich auch, ich kann nur Sonne nicht ausstehen«, warf Sally ein.

»Das ist ja verrückt. Wie kommt das denn?«, fragte ich.

»Ach, ich finde sie einfach blöd. Ich war fünfzehn Jahre lang Gruftie, was erwartest du? Aber ich musste die giftigen Strahlen das ganze Wochenende über aushalten, weil Jans Kinder bei uns waren und im Park ein Festival stattgefunden hat. Hey, und zum Abendessen habe ich gebratenes Hühnchen gemacht. Ich habe es mit Paprika gewürzt, damit es eine schöne Farbe hat, Rosmarin und Knoblauch hineingestopft, so wie du es mir beigebracht hast, und es hat köstlich geschmeckt. Die kleinen Engel haben alles aufgegessen und wollten sogar noch eine zweite Portion – das hat es noch nie gegeben. Danke.«

»Gern geschehen.«

Jenny, die gerade eine Tüte Chips aß, unterbrach uns, um uns welche anzubieten.

Genau in diesem Moment stand mir mein Doppelleben deutlich vor Augen: Hier saßen wir, drei Frauen, die sich übers Wetter und über Kochrezepte unterhielten und dabei die unglaublichsten Kostüme anhatten. Aber es war wohl überflüssig, meine Kolleginnen darauf hinzuweisen – sie waren über die Ironie dieser Tatsache sicher schon längst hinaus.

Jenny beklagte sich über ihren Kunden, der in einer Viertelstunde zum Wassersport, Analspiel und körperlicher Züchtigung kam … Und wir nickten schweigend, was im Grunde genommen alles sagte.

Es war früh am Morgen, und ich saß an meinem Schreibtisch am Fenster. Ich hatte die Wohnung frisch gestrichen, die Wände waren moosgrün, und die Decke war kirschrot. Ich versuchte zu schreiben, blickte aber stattdessen aus dem Fenster auf die eingesperrte Katze des Nachbarn. Es war eine schwarze Katze, die in der obersten Wohnung des Nachbarhauses lebte.

Sie war vermutlich noch nie über ihr Fensterbrett hinausgekommen. Dort saß sie immer und betrachtete die Welt: die Vögel, die Bäume, die Menschen auf der Straße vier Stockwerke unter ihr. Mir kam es so tragisch vor, dass sie das alles nur sehen und nie am Leben teilhaben konnte. Ich stellte mir vor, wie sie ständig überlegte, ob sie nicht einmal den Sprung wagen sollte. Andererseits war sie ja gefangen, und das wusste sie sicher. In diesem Moment klingelte mein Telefon, und Adam rief an. Er klang unsicher und zögernd.

»Hi, wie geht es dir?«

»Gut.«

»Ich habe mich gefragt, ob ich eine Sitzung bei dir buchen könnte.«

Es dauerte eine Weile, bis ich antworten konnte. Was konnten wir in einer Stunde tun, das wir nicht schon über Tage und Monate ausgedehnt und ausgebreitet hatten? Wie sollten wir zurückgehen? Zurück in eine professionelle Beziehung? Zurück zu Herrin Anna und Adam, dem Masochisten? Bedeutete das, dass ihm Anna wichtiger war als Susan? Oder nur, dass Anna ihm wichtiger war als andere Dominas?

»Bist du noch dran?«

»Ja. Ich denke nach.«

Vielleicht musste es ja so sein, vielleicht wäre es besser immer so geblieben; unsere seltene Übereinstimmung, unsere Spiele, unsere Kunst in einem vergoldeten Rahmen. Aber nein, was hätte ich dann davon gehabt? Wir hatten einen Fehler gemacht, die Grenzen aufgehoben, Tag und Nacht zu üppig gegessen, zu viel von der Fantasie erwartet, zugelassen, dass sie unser Leben wurde. Ich hörte ihn geduldig am anderen Ende atmen. Denk nach, Susan, denk nach. Was willst du? Ich will einen sauberen Schnitt. Ich will einen Platz für mich und Adam. Ich will seine Einschränkungen akzeptieren.

»Du musst einen Tag im Voraus buchen, so handhabe ich das jetzt.«

»Gut. Wie wäre es morgen Nachmittag um vier?«

»Ja, ich glaube, das ist okay. Ich gebe dir die Adresse.«

Und dann stand Adam nackt und mit erigiertem Schwanz vor mir und sah so großartig aus wie immer. Ich verfiel in die alte Routine. Ich zog ihm eine Kapuze über den Kopf, und es hatte die gleiche Wirkung wie früher: Ich fühlte mich freier und konnte besser mit ihm umgehen. Wir konnten uns auf Berührungen, Hitze, Wellen und Vibrationen konzentrieren. Auf einmal waren all mein Selbstvertrauen und meine Macht wieder da. Ich berührte seine Brust, kratzte mit den Fingernägeln neckend über seine Nippel, stand dicht vor ihm und ließ ihn die elektrische Spannung zwischen uns spüren. Ich streichelte ihn so sanft, dass ich praktisch nur die Luft über seiner Haut berührte. Ich griff nach seinem Penis, weil er so präsent war und weil er mir gehörte. Meine Sinne waren geschärft, und ich hatte mich völlig unter Kontrolle. Als ich meine Hand zwischen seine Beine legte und sie auseinanderschob, stand er. Ich liebte seine Schenkel, ihre Glätte, ihre Form. Und es gab niemanden, der es mit mir aufnehmen konnte – und das wusste er auch. Nur ich konnte ihn richtig berühren und ihn auf die Knie zwingen.

Ich band seinen erigierten Penis und seine Eier. Ich hatte ganz vergessen, wie geladen die Luft zwischen uns war. Konnte es sein, dass diese Sitzung besser war als alle anderen? Lag es daran, dass er nicht wirklich ein

Kunde war? Lag es daran, dass wir uns schon so lange kannten? Gehörten wir eigentlich zusammen?

Ich befahl ihm, sich hinzuknien und mir Lust zu bereiten. Das hatte ich noch nie zuvor getan, aber für mich war das unsere letzte Sitzung, das Ende unserer Geschichte, und ich konnte tun, was ich wollte. Ich hatte alle Freiheiten, wenn ich nur verstand, sie zu nutzen. Ich empfing also Lust von Adam, und sie war bittersüß. Ich fürchtete, niemals wieder von Adam loszukommen, nachdem ich einen solchen Liebhaber wie ihn kennengelernt hatte.

Gegen Ende seines Leidens hatte er einen heftigen Orgasmus – und damit hätte es vorbei sein können. Aber es gab noch etwas, das ich seit Jahren schon hatte machen wollen, seit den ersten Sitzungen, in denen er häufig viel zu früh gekommen war. Damals hatte ich jedoch noch nicht das Selbstvertrauen, um ihn über den Orgasmus hinauszutreiben.

»Leg dich über die Prügelbank. Da ist noch etwas.«

Er warf mir einen unsicheren Blick zu, tat aber, was ich ihm sagte. Ich schnallte ihn so fest, dass seine Fußsohlen nach oben zeigten, und wählte ein dünnes Rattanstöckchen. Da er von seiner Klimax geschwächt und von seiner erotischen Belohnung entspannt war, sollte es nicht eigentlich einen sexuellen Akt darstellen, sondern wehtun. Genau deshalb wollte ich es ausprobieren – um zu sehen, was passiert, wenn man die beiden Dinge trennt. Und ich gebe zu, ich wollte bei diesem letzten Mal auch austesten, ob er Schmerzen ohne sexuellen Gewinn überhaupt aushielt. Oder vielleicht machte ich mir auch nur etwas vor und wollte ihn einfach bestrafen.

Er war nicht geknebelt und trug keine Kapuze. Und er schrie nicht. Ich fühlte mich hässlich und grausam, wütend und mächtig zugleich. Danach war ich leer, traurig und ohnmächtig. Es war nicht das, was ich gewollt hatte. Deshalb hörte ich auf und band ihn los.

So viel Schönheit hat mich verführt. Und jetzt lasse ich mich von raffinierten Ideen überwältigen. All diese köstlichen Visionen: Orgien von Essen. Es ist aufregend, zu fantasieren, und Kochen erregt mich schon, wenn ich es mir nur vorstelle. Aber am Ende des Tages will ich nicht mehr mit solchen Extremen konfrontiert werden. Heute Abend möchte ich lieber ein erfüllendes, bescheidenes und vertrautes Essen, etwas, das ich schon öfter zubereitet habe. Aber auch beim Einfachen, Rustikalen strebe ich Perfektion an. Sieht es verheißungsvoll aus? Schmeckt es köstlich? Ist es nahrhaft? Braucht man viele Geräte dazu?

Ich habe eine Entscheidung getroffen. Ich weiß, was ich für uns sieben kochen will: Ich werde einen Linseneintopf zubereiten. Wenn wir um den Esstisch sitzen, werde ich die herzhafte, heiße Mahlzeit aus dem gusseisernen Topf mit der Suppenkelle austeilen. Die leckere Rotweinsauce, in der die gekochten Dupuy-Linsen schwimmen, werden wir mit dicken Brocken Bauernbrot auftunken. Und dazu gibt es in einer Holzschüssel frischen grünen Salat mit einem einfachen Dressing aus Zitronensaft und Traubenkernöl.

Ich hatte Bernie seit ungefähr einem Jahr nicht mehr gesehen, und als ich ihm meine neue Adresse am Telefon mitteilte, spürte ich, dass er nicht aufpasste, deshalb bestand ich darauf, dass er sie sich aufschrieb. Das fand er beleidigend und herablassend. Ich fürchtete mich vor der Sitzung und versuchte angestrengt, den Gedanken daran zu verdrängen, aber in meinem Kopf schien nichts anderes Platz zu haben. Ich konnte nicht anders: Ich wusste genau, wie es ablaufen würde. Mir standen zwei herausfordernde Stunden bevor.

Als er hereinkam, fiel mir auf, wie gleichgültig er seiner neuen Umgebung gegenüber war. Wir plauderten ein wenig, und er erzählte mir, dass er gerade einen Roman von Georges Perec gelesen habe, den ich ihm zufällig empfohlen hatte. Es war nett, ihn zu sehen; er war immer noch so ansteckend leichtsinnig und fröhlich. Allerdings trug er das Geld, mit dem er mich bezahlte, nicht mehr wie früher in einer durchsichtigen Plastiktüte mit sich herum.

Als ich ins Zimmer zurückkehrte, war er nackt, und ich stellte fest, dass seine Brust und sein Schambereich rasiert und mit Ausschlag bedeckt waren. Seine Nippel waren hart und rissig. Um seine Brustwarzen herum waren dunkle Flecken wie der Rand einer Teetasse.

»Was sind das für blaue Flecken?«

»Hast du noch nie etwas von Cupping gehört?« Seine Nonchalance wirkte aufgesetzt.

»Du warst also bei einer Herrin, die dir Tassen ansetzt? Wessen Idee war das?«

»Meine. Es gibt keine Herrin. Ich habe es selbst gemacht.«

Weiter kamen wir in dieser Hinsicht nicht. Also hat er vermutlich tatsächlich versucht, sich selbst zu ersticken, und neue Wege erforscht. Vielleicht wollte er ja jetzt nicht mehr so eine Sitzung wie früher.

»Willst du mir etwas sagen, bevor wir anfangen?«

Na ja, es geschah mir recht; er blickte mich so misstrauisch an, wie er es schon Hunderte von Malen getan hatte, und die Sitzung war das gleiche alte Szenario.

Nachdem Bernie an jenem Nachmittag gegangen war, kam Sally in den Kerker.

»Oh mein Gott«, sagte sie und hielt sich die Nase zu. »Den Geruch kenne ich, das ist der Münzenmann.«

»Meinst du Bernie?«

»Ja, natürlich, wen sonst? Ich wusste nicht, dass er zu dir kommt.«

»Ich hatte keine Ahnung, dass er auch zu dir kommt«, erwiderte ich. »Er ist schon vor Jahren bei mir gewesen, als ich in North London angefangen habe. Wann ist er zum ersten Mal zu dir gekommen?«

»Vor ungefähr zwei Jahren.« Sie zog an ihrer Zigarette und griff nach dem Raumspray. »Puh! Ich sprühe Bernie vor der Sitzung immer mit Deodorant ein.«

»Im Ernst?«

»Ja, klar«, sagte sie. »Er stinkt. Warum sollte ich das freiwillig zwei Stunden lang aushalten?«

»Aber du erstickst ihn auch, oder?«, fragte ich.

»Ja, klar. Und ich schnipse mit Münzen gegen seine Nippel.«

»Und sitzt du dabei die ganze Zeit auf seinem Gesicht?«

»Um Gottes willen, nein. Normalerweise binde ich ihn mit den Armen an die Hängevorrichtung oder fessele ihn an die Bondage-Bank und binde ihm entweder einen Strick um den Hals oder würge ihn mit den Händen.«

»Aber das ist doch gefährlich, Sally. Wie kannst du so was machen? Und seine Nippel schnipst du mit Münzen?«

»Ja, ab und zu, aber ich drehe sie auch zwischen den Fingern oder reibe mit Schmirgelpapier darüber. Und ich benutze ihn als lebenden Punchingball, trete ihn mit dem Knie oder den Stiefeln. Manchmal schlage ich auch mit der Faust zu. Ich habe sogar schon Boxhandschuhe genommen. Vor einer Woche habe ich ihn regelrecht zusammengeschlagen.«

»Ziehst du ihm eine Kapuze über?«

»Nie.«

»Machen dir die Sitzungen Spaß?«

»Nein, ganz bestimmt nicht. Ich finde sie öde, aber Bernie mag ich gerne. Ich halte ihn für außergewöhnlich klug, wahrscheinlich ist er ein Genie. Wir gehen nach unserer Sitzung immer was trinken. Das mache ich nur mit ihm und Apfel-Allan.«

»Bist du denn nicht müde, wenn er zwei Stunden da war?«

»Schon, aber ich finde es faszinierend, mit Bernie zu reden. Er hat mir vieles beigebracht. Und er macht eine schwere Zeit durch, er tut mir auch leid. Dem armen Kerl passieren immer alle möglichen schlimmen Sachen. Vor zwei Tagen hat er mich angerufen und mir erzählt, dass er überfallen worden ist.«

»Er ruft dich zwischendurch an? Macht dir das nichts aus?«

»Nein, eigentlich nicht. Er ist wie ein Freund für mich.«

»Er hat heute gar nichts davon gesagt, dass er schon mal hier war.«

»Ich weiß nicht, warum sie immer solche Spielchen mit uns treiben. Mir ist es doch egal, wenn er zu anderen Dominas geht.«

»Mir auch, ich finde es nur nicht schön, getäuscht zu werden.«

»Ja, da hast du recht.«

Wenn ich an Linsen denke, denke ich an etwas Mächtiges und doch Geringes, an Uraltes und Dauerhaftes. Linsen sind dunkelgrün, so groß wie ein Vogelauge und sehen aus wie Kaviar. Linsen sind irgendwie ruhig und zurückhaltend, man muss ihnen Zeit geben, damit sie zart werden und aufbrechen; sie müssen länger als eine Stunde kochen, damit die harte Schale weich wird. Gekocht glänzen sie wie Kieselsteine in trübem Wasser. Sie schmecken nach Erde und sind mild, vertragen aber starken Geschmack, Formen und Strukturen.

Ich koche sie in Rotwein und gedämpften Tomaten, die mit Zimt und Nelken gewürzt sind, einer Prise frischem Ingwer, Rosmarinzweigen und einer Handvoll Pfefferkörner. Dann brate ich Karottenstreifen und Sellerie, Knoblauchzehen, Fenchel und Schalotten an, und wenn das Gemüse golden karamellisiert, dann gebe ich es in den Linseneintopf.

In den acht oder neun Wochen nach der Sitzung mit Adam kam zuerst eine SMS, in der er mir dankte, dann kam noch eine, in der er mir schrieb, dass er mich liebte, und eine dritte mitten in der Nacht, dass er mich vermisse. Früh am Morgen kam eine weitere SMS: »Guten Morgen, du Schöne!« Die sechste war eine offizielle Entschuldigung. In der siebten stand etwas Erstaunliches: »Ich brauche dich.« In der neunten SMS lud er mich zum Abendessen ein. In der zehnten flehte er mich an, mich mit ihm zu treffen.

Wir verabredeten uns vor der U-Bahn-Station am Marble Arch. Ich kam zwanzig Minuten zu spät, weil meine letzte Sitzung zu lange gedauert hatte und ich noch so viel sauber machen und aufräumen musste. Es war kalt, und es regnete, und während ich die Straße entlangeilte, dachte ich: Er nimmt nie einen Schirm mit. Er konnte auch seine Jacke nicht richtig zumachen, weil der Reißverschluss kaputtgegangen war. Er achtete einfach nicht auf sich. Er war wie so viele Männer: Er brauchte eine Frau, die sich um ihn kümmerte. Er hatte noch nie allein gelebt. Und wenn er ärgerlich war, weil ich zu spät kam?

Na ja, dann konnte ich wieder gehen. Aber er würde schon nicht ärgerlich sein, da er ja schließlich das Treffen vorgeschlagen hatte. Er wollte mich sehen. Wir würden uns an einem öffentlichen Ort treffen, und das Reden würde er übernehmen müssen. Ich hatte nichts mehr zu sagen.

Und da stand er, in seiner langen braunen Jacke mit dem kaputten Reißverschluss, und fror. Seine Haare waren nass, und er wirkte fragil und verletzlich. Ich hatte Mitleid mit ihm. Auf einmal stellte ich mir vor, wie er in zehn Jahren aussehen würde: kahlköpfig, mit Falten, einem Bauch, schlechten Zähnen, einsam. Ich sah ihn vor mir, in seiner immer noch unmöblierten Wohnung ... ständig allein, fuhr er mit seinem schicken Auto umher, tauchte nicht mehr, trank, sah sich immer die gleichen DVDs an, las immer wieder die gleichen fünf oder sechs Romane: *Anna Karenina, Krieg und Frieden, Herr der Ringe, Don Quichotte* und *Der Graf von Monte Cristo.* Er würde befördert werden, mehr Geld verdienen, aber es wäre immer noch der gleiche Job, und er hätte immer noch Schulden. Er würde immer noch masturbieren, mit Klemmen an den Nippeln und einem Ring um den Schwanz ... Und warum sollte er auch damit aufhören? Vielleicht machte es ihn ja glücklich. Aber ich, ich konnte so nicht leben. Ich wollte reisen, vielleicht auf einer Farm leben, aber mich auf jeden Fall weiterbewegen – ein Kochbuch schreiben, ein Haus kaufen, Kinder bekommen, vielleicht heiraten, Ziele ansteuern. Mit ihm steckte ich in der Sackgasse. Ich wollte ihn nicht gehen lassen, aber zusammen konnten wir nirgendwohin. Eine unendliche Traurigkeit stieg in mir auf. Und doch wollte ich ihn wärmen und ihm Schutz vor dem Regen bieten. Aber ich blickte ihn kaum an und sagte: »Komm, lass uns laufen.«

Ich kannte ein libanesisches Restaurant ganz in der Nähe an der Edgware Road, und wir waren fast schon da, als er auf einmal stehen blieb.

»Warum bleibst du stehen? Komm, da vorn ist es. Lass uns hineingehen.«

»Bitte, Susan, o bitte, küss mich.« Seine Oberlippe war nass, auf seinen Wimpern glitzerten Regentropfen, die Haare klebten ihm am Kopf, und er sah so bedürftig und sehnsüchtig aus, dass es grausam gewesen wäre, ihm seinen Wunsch abzuschlagen. Eine Woge von Mitleid überschwemmte mich, und wir küssten uns, kurz, aber leidenschaftlich, im strömenden Regen. Würde es jemals enden, wenn nicht einmal der Regen die Flamme auslöschen konnte? Konnte sie für immer brennen? Ich nahm seine große Hand, und wir gingen hinein.

Er trug die Schuhe, die wir gemeinsam gekauft hatten. Er trug sie für mich und hörte nicht auf, mich anzuschauen.

»Starr mich nicht so an. Du machst mich verlegen.«

»Es tut mir leid, aber ich habe dich noch nie so strahlend gesehen.« Das kam daher, dass ich frei war, und er hatte Angst, mich zu verlieren. Meine Ausstrahlung verbesserte sich mit meiner Unberührbarkeit. »Du siehst schön, gesund, selbstbewusst und glücklich aus. Genau das sehe ich.« Er hatte recht – ich war gesünder, ich war glücklicher. »Entweder habe ich dich bis heute Abend nie wirklich gesehen, oder du hast dich verändert. Ich habe dich auch früher schon schön gefunden, aber jetzt siehst du erwachsener aus; du siehst aus wie eine Frau.«

Das klang zwar ein bisschen herablassend, aber sein Charme verfehlte doch seine Wirkung bei mir nicht. Er ließ mich bestellen, während er nur lächelnd danebensaß. Aber sein Lächeln war traurig. Er legte seine große Hand auf den Tisch, in der Hoffnung, dass ich sie ergriff.

Ich hatte gehofft, dass er reden würde, und das tat er zum Glück auch. Ganz anders als früher, offen, demütig, emotional – und nicht durch einen Knebel. So also konnten sich die Dinge verändern, konnten sich Menschen verändern. Es hatte Bewegung stattgefunden. Der Gedanke wärmte mich und erfüllte mich mit Hoffnung. Er sagte, wie leid es ihm täte, mich so behandelt zu haben. Wie eine Flut brachen die Worte aus ihm hervor, wie einsam er gewesen sei, wie wütend er immer gewesen sei, wie müde er sei, wie sehr er mich bewundere, mich liebe, alles an mir liebe… Und dann wurde das Essen gebracht.

»Susan«, sagte er mit einer eingelegten Rübe im Mund, »bitte, tu mir nicht mehr weh.«

»Wie bitte?« Ich hielt inne und blickte ihn fragend an. »Ich dir wehtun? Wie habe ich dir denn wehgetan?«

»Susan, wie kannst du so eine Frage stellen? Du hast mich geschlagen, mich ausgepeitscht, mir mit dem Rohrstock auf die Fußsohlen geschlagen und meine Nippel gefoltert, sodass sie noch Tage hinterher geblutet haben, wenn ich mir nur das Hemd angezogen habe. Das habe ich dir nie erzählt. Du hast mich geohrfeigt und auf meinen Schwanz geschlagen. Du hast mich verspottet und gedemütigt. Ich musste in einer Wanne mit Eiswasser baden. Ich habe noch nie bei jemandem mehr gelitten, und wenn du nicht da warst, habe ich um dich gelitten. Susan, ich liebe dich, aber du hast mir wehgetan.«

»Das ist doch nicht das Gleiche. Du bist Masochist. Du wolltest doch, dass ich dir wehtue, das gehörte zu unserem Abkommen. Mein Gott, dreh mir doch nicht das Wort im Mund herum.«

»Reg dich nicht auf, mein Engel, obwohl ich es ja liebe, wenn du so leidenschaftlich reagierst, aber reg dich nicht auf. Akzeptier einfach, dass es nicht so einfach und einseitig ist, wie du behauptest. Wieso soll nur ich es gewesen sein? Wir beide waren es. Du musst Verantwortung übernehmen für das, was wir getan haben, für die Schmerzen, die zugefügt wurden, ebenso wie für die Ekstase. Ich habe viel nachgedacht. Ich habe in der Vergangenheit einige wirklich extreme Dinge getan, und jetzt will ich keine Schmerzen mehr ertragen. Ich brauche Heilung. Ich brauche Trost und Zärtlichkeit. Ich brauche deine magische Berührung.«

So viel hatte er noch nie gesagt. Und zum Teil hatte er recht, oder nicht? Ich hatte auch schon darüber nachgedacht, dass er vielleicht zu viel gelitten hatte, weil er glaubte, ich wollte es, weil er mir damit eine Freude machen wollte. Konnte das sein? Ja, sicher, bevor er mich kennenlernte, hatte er vieles noch nie gemacht. Hatte er wirklich mehr gelitten, weil er glaubte, ich brauchte das? Hatte ich einen schlafenden Löwen geweckt? Vielleicht. Er hatte vieles mir zuliebe gemacht, und ich hatte vieles ihm zuliebe gemacht, und ich bezweifelte, dass Liebende zwischen all diesen Dingen jemals genau unterscheiden konnten.

»Willst du heute Abend bei mir bleiben? Wir legen uns nur nebeneinander, schlafen nur miteinander ein.«

Erleichtert stellte ich fest, dass seine Wohnung sauber und ordentlich war, aber dann wurde mir klar, dass er alles geplant hatte. Er hatte gewusst, dass ich seiner Verletzlichkeit nicht widerstehen konnte und mit ihm kommen würde. Aber vielleicht war es ja auch gar nicht so. Vielleicht hatte er ja nur *gehofft*, dass ich mit ihm kommen würde, und für diesen Fall hatte er die Wohnung geputzt. Schließlich wusste er, dass ich mich in einer sauberen Wohnung wohler fühlen würde. Er kochte uns eine Kanne Kamillentee, und wir setzten uns auf den Boden am Gaskamin. Ich wollte am liebsten den Augenblick ausdehnen und genoss den Geschmack des Kräutertees und diese neue Intimität. Es war nur eine Frage der Zeit, bis er von mir bekam, wonach er sich sehnte. Und er war geduldig; er würde warten.

Wie ein verwundeter Gott lag er nackt auf seinem schmalen Bett. Ich legte mich neben ihn. Er hatte zu viel Angst, um mich um das zu bitten, was er am meisten brauchte. Und jetzt konnte ich ihn mit Zärtlichkeit heilen. Und es machte mir eine große Freude! Ich würde es jederzeit wieder tun!

Als ich seine Schulter berührte und seinen Arm streichelte, merkte ich, dass er recht gehabt hatte: Ich war tatsächlich niemals sanft mit ihm umgegangen, hatte ihn nie bemuttert, gestreichelt oder getröstet. Und dabei hatte ich es immer gewollt. Aber er hatte es auch nicht zugelassen, und ich hatte es nie vorgeschlagen. Warum eigentlich nicht? Er reagierte so stark auf jede Berührung. Früher hatte er sich nie getraut, schwach und verletztlich zu sein, also gab ich ihm das Gefühl, dass er in Sicherheit war.

Es war Nacht, und nur das Licht einer Straßenlaterne schimmerte durch einen Spalt in den Vorhängen. In ihrem Schein sah ich, dass er weinte. Hatte ich ihn jemals weinen sehen? Es kostete mich all meinen Mut, noch einmal hinzublicken, und zum Glück weinte er nicht, sondern lächelte.

»Susan, du heilst mich mit deinen zarten Berührungen; das habe ich immer gebraucht. Genau das, was du jetzt mit mir machst.« Er setzte sich auf, blickte mich im Halbdunkel an und küsste mich. »Warum nur haben wir uns so extrem verhalten, warum habe *ich* mich so extrem verhalten? Ich habe doch immer nur das hier gebraucht. Es kommt mir jetzt so verrückt vor. Warum mussten wir einen so langen Weg zurücklegen, um hier anzukommen? Was meinst du?« Ich fand, es war ein schönes, glückliches Ende. Er lachte. Ich würde auch gleich lachen. Er schwamm nur eine Armlänge voraus. Er küsste mich noch einmal, dann löste er sich aufgeregt von mir.

»Ich fühle mich anders. Leicht. Als sei eine schwere Last von mir genommen, und du hättest dabei geholfen. Ich bin glücklich und zufrieden. Du heilst mich. Ich liebe dich.«

Und dann liebten wir uns. Es war, als hätten wir uns noch nie zuvor geliebt, und eine weitere Schicht des Universums riss auf. Es war wie eine Symphonie, und er flüsterte mir ins Ohr: »Ich möchte alles anders machen. Gemäßigter. Ich brauche solche Extreme nicht mehr.«

Es klang hoffnungslos, zugleich aber auch so banal. Mir fiel etwas ein, und ich musste lachen.

»Warum lachst du? Was ist daran so lustig? Habe ich etwas Lustiges gesagt, Prinzessin?«

»Nein, du hast etwas Schönes gesagt, und ich freue mich für dich. Aber ich habe an meine Sitzung heute Abend gedacht.« Er runzelte die Stirn. »Warte, ich erzähle es dir. Es hat etwas mit dem zu tun, was du gesagt hast.«

»Ja, erzähl es mir.« Er küsste meine Schulter.

»Ich habe über Erniedrigung und Scham nachgedacht, und ich habe darüber nachgedacht, dass alles, was wir getan haben, uns an diesen Punkt … zu Zärtlichkeit … geführt hat.«

Ich musste lachen, weil seine Worte und die Sitzung, die ich heute gehabt hatte, mich plötzlich an meine Freundin Helen erinnert hatten. Wir zogen ungefähr zur gleichen Zeit nach London, liefen häufig gemeinsam durch die Stadt und machten Fotos. Von ihr hatte ich mir einen Rock geliehen, als ich Denise, das Hausmädchen bei Angel, kennenlernte. Ich erzählte ihr immer von meinen ersten Sitzungen als Domina, und einmal erzählte ich ihr von einem Kunden, der auf Erniedrigung stand. Rollenspiel lehnte er ab. Er hatte eine große Nase – sie war leicht gekrümmt und passte nicht zu seinem fliehenden Kinn – und heftige Akne. Ich sollte ihn beleidigen und ihm sagen, wie hässlich er war, wie grotesk und grässlich er aussah – aber ich konnte es nicht. Ich sagte zu Helen, dass ich es verstörend und schwierig fände, einen anderen Menschen zu demütigen.

»Daraufhin stellte sie mir eine interessante Frage, und daran musste ich gerade wieder denken. Was würde passieren, überlegte sie, wenn ich, statt ihm zu sagen, wie hässlich, jämmerlich und furchtbar er aussähe, vor ihn treten, ihn umarmen und ihm sagen würde, er sei toll. Was glaubst *du*, was dann passieren würde?«

»Ich weiß nicht, aber es ist ein ulkiger Gedanke. Ich glaube eigentlich nicht, dass ihm das gefallen würde. Er würde wahrscheinlich nie mehr wiederkommen.«

»Der Kunde, den ich heute Abend hatte, stand auf Erniedrigung. Ich bin zu unserer Verabredung zu spät gekommen, weil es so lange gedauert hat, hinterher aufzuräumen und sauber zu machen. Es war wirklich extravagant. Ich habe ihm Kuchen und Schokoladenéclairs, auf die ich vorher gespuckt habe, ins Gesicht geworfen. Ich habe ihm gesagt, er sei fett und träge. Aber er war gar nicht fett, und ich bezweifle, dass er tatsächlich träge war. Und wen kümmert es schon, wenn er obendrein auch noch hässlich gewesen wäre? Er wollte, dass ich ihn zwinge, Chilischoten und Brennnesseln zu essen. Was wäre passiert, wenn ich mich so verhalten hätte, wie Helen es vorgeschlagen hat? Ich bin mir eigentlich ziemlich sicher, dass er in seinem tiefsten Innern Zärtlichkeit und Akzeptanz vorzieht. Er möchte sicher trotz all seiner

Unvollkommenheiten geliebt werden.« Das wollte ich ja schließlich auch. Wir alle wollten es, aber mir wurde auf einmal klar, dass es nur geschehen konnte, wenn wir selbst zärtlich und liebevoll waren. »Es ist schön, dich lächeln zu sehen«, sagte ich.

Ich kann dich nie mehr wiedersehen, dachte ich.

Wir liebten uns die ganze Nacht, überschütteten einander mit Aufmerksamkeit und Zärtlichkeit. Und als es Tag wurde, stand ich auf, und er schaute mir zu, wie ich nackt durch das Zimmer lief und die Vorhänge zurückzog, um das Licht hereinzulassen.

18

Ziehharmonika

Nach der langen zärtlichen Nacht hörte ich fast vierzehn Tage lang nichts mehr von Adam. Aber es war sowieso vorbei … Ich wollte es so. Ich dachte in dieser Zeit viel an den Wald. Im Wald habe ich mich seit jeher einsam gefühlt. Und ich dachte immer: Wenn ich mich einmal verliebe, werde ich es daran merken, dass ich mich im Wald nicht mehr einsam fühle. Irgendwie wird er dann mit mir dort sein. Ich hatte mit Adam nie über den Wald gesprochen, deshalb war es seltsam, als er anrief und sagte: »Lass uns in den Wald fahren.«

Aber es war unerträglich. Während der Fahrt redeten wir kaum miteinander. Und im Wald ging Adam vor mir her. Er sagte zwei Stunden lang keinen Ton, rauchte aber die ganze Zeit. Schließlich machten wir Rast, und ich bat ihn um das Feuerzeug. Ich versuchte, meine Zigarette anzuzünden, aber es war kein Gas mehr im Feuerzeug. Aufgebracht sagte ich: »Oh verdammt, das hat mir gerade noch gefehlt!«

Adam dachte, ich würde ihm Vorwürfe machen, was ja nicht stimmte, und schrie mich an: »Rede nicht in diesem Ton mit mir!« Und dann stürmte er davon.

Es machte mich wütend, dass er meinen Kommentar so persönlich nahm, und mich schon wieder anbrüllte – und aus was für einem Grund? Und jetzt lief er auch noch einfach davon. Eine Stunde lang folgte ich ihm, sah ihn immer kleiner werden, und schließlich war er völlig verschwunden. Das war gut, denn ich wollte ihn auch nicht sehen, so sehr hasste ich ihn in diesem Moment.

Eine Weile setzte ich mich unter einen Baum, aber als ich dann weiterging, kam ich zu einer Weggabelung. Es wurde langsam dunkel, und ich hatte kein Wasser, kein Geld und auch kein Handy dabei. War er nach links oder nach rechts gegangen? Wo stand das Auto? Der verdammte Kerl, dachte ich, wie konnte er mich hier allein im Wald zurücklassen? Auf gut Glück ging ich schließlich nach links, aber nach weiteren zwanzig Minuten beschlichen mich Zweifel. Sollte ich nicht lieber umkehren und doch nach rechts gehen? Ich drehte um und ging noch einmal zehn Minuten in die andere Richtung, aber es fühlte sich nicht richtig an, und so entschied ich mich wieder für die ursprüngliche Richtung. Ungefähr eine Stunde später erreichte ich den Parkplatz. Links war also richtig gewesen. Dort stand Adams Auto, und Adam saß auf dem Fahrersitz und schlief. Er wachte auf, als ich die Tür aufmachte. »War der Spaziergang schön?«

Ich warf ihm einen wütenden Blick zu. »Ich wusste nicht, in welche Richtung ich gehen sollte, weil ich keine Ahnung hatte, wo das Auto stand. Es ist schon fast dunkel, und ich hätte mich ohne Weiteres verlaufen können.«

»Es war doch ganz einfach. Einen Moment lang habe ich daran gezweifelt, dass du es schaffst. Ich bin sogar noch einmal zur Weggabelung zurückgegangen, um nach dir Ausschau zu halten. Aber dann dachte ich, du bist ja Kanadierin und hast gute Instinkte ... Du wirst es schon schaffen. Und siehst du, ich hatte recht.«

Mehr sagte er nicht, und die Heimfahrt verlief wieder in eisigem Schweigen. So würde es immer mit uns sein. In dieser Sackgasse waren wir doch schon einmal gewesen, und wir würden immer wieder hineingeraten, wenn ich nicht endlich mit einem mutigen Schritt heraustreten würde. In dem Moment, in dem wir uns nahekommen, verschwinden die Bäume, die Vögel hören auf zu singen, und es gibt keine anderen Menschen mehr, sondern nur noch diese Intensität, diese mysteriöse Verbindung zwischen uns. Aber genau diese Intensität zerstört und quält uns auch, wenn wir sie nicht in festen Grenzen halten.

Um zwei Uhr nachmittags kämpfte ich mich durch die Menschenmenge auf dem Brixton and Borough Market und kaufte alles ein, was ich für das Abendessen und das Dessert brauchte. Ich nahm zwei Walnussbrote, eine Ecke cremigen Roquefort und wilde Erdbeeren. Ich wählte drei reife Mangos, eine Honigmelone und dunkle Schokolade, wie wir sie in der Villa immer benutzt hatten. Es war mühsam, mit all den Einkaufstaschen in beiden Händen und acht großen Gladiolen, die ich mir unter den Arm gesteckt hatte, durch den Park zu gehen, aber ich war glücklich und aufgeregt.

Für den Abend hatte ich Sally und Mistress K vom Marble Arch eingeladen, Sallys Freund Jan, meine Freundin Kathy, die Rundfunkmoderatorin, mit der ich im Brixton-Massiv zusammengewohnt hatte, und ihren Freund Terence, einen Video-Künstler und Stand-up-Comedian. Außerdem war mir einen Tag zuvor noch Charles begegnet, Kathys Freund aus dem College, der kürzlich nach Brixton gezogen war. Spontan hatte ich ihn gebeten, ebenfalls zum Essen zu kommen, und somit waren wir sieben Personen.

Ich schnitt das Gemüse klein, setzte den Eintopf auf, bereitete die Vinaigrette zu, räumte die Wohnung auf, stellte die Blumen in die Vase, wusch und trocknete den Salat. Damit waren die meisten meiner Vorbereitungen erledigt, und ich hatte noch Zeit. Also nahm ich den Roman, den ich gerade las, und eine Flasche Wasser, setzte meine Sonnenbrille auf und ging in den Park.

Es war ein strahlend schöner Tag, und ich lief an den rotblühenden Rhododendronbüschen, der Trauerweide und dem hohen Gras vorbei einen Pfad entlang, der mich zu einer Bank am Ententeich führte. Es waren auch andere Leute da, und ich ärgerte mich ein bisschen darüber, dass ich draußen nirgendwo allein sein konnte, aber ich hatte ein tolles Buch dabei von meinem Lieblingsautor Heinrich Böll, und außerdem schirmte meine Sonnenbrille mich ab. Ich setzte mich auf die Bank und las.

Nach einer Weile kamen Leute. Ich blickte auf und sah zwei Männer Anfang vierzig – vielleicht auch jünger, das konnte man schwer sagen –, ungewaschen, ungepflegt und abgerissen. Vielleicht waren sie obdachlos und lebten in der Nähe im Asyl. Sie waren dünn und blass, ihre Kleider grau und abgetragen, aber sie spazierten durch den Park, unterhielten sich fröhlich und schleckten jeder an einem Eis. Ich wandte mich wieder meinem Buch zu und dachte: Das ist ja nett ... Sie haben nicht viel, aber anscheinend haben sie ihre Freundschaft ... Das ist doch schon was, und dann haben sie sich an diesem heißen Sommertag noch ein Eis gegönnt. Gerührt las ich weiter.

Als ich erneut aufblickte, sah ich, dass sie direkt vor mir am Ententeich stehen geblieben waren und die Enten fütterten. Na, dachte ich wieder, das ist doch schön: Viel besitzen sie ja nicht, aber hier stehen sie und füttern die Enten. Und dann wandte ich mich wieder meinem wundervollen Buch zu. Als ich sie kurz darauf lachen hörte, blickte ich nicht wieder auf, sondern las weiter und dachte nur: Und sie sind so gut drauf, dass sie auch noch Witze machen und so sehr darüber lachen, wie manche Menschen vielleicht ein Mal im Jahr. Es war ein tiefes, fröhliches Lachen, das überhaupt nicht mehr aufhörte. Aber wie gesagt, ich las weiter und blickte nicht mehr auf.

Als ich sie kurz darauf weitergehen hörte, schaute ich ihnen jedoch nach. Bizarrerweise hatten sie sich ihre Eiswaffeln wie Hütchen auf den Kopf gesetzt. Und so gingen sie beinahe würdevoll durch den Park. Sie lachten auch nicht mehr.

Irritiert schüttelte ich den Kopf und wandte mich erneut meinem Buch zu. Nur Sekunden später kam ein Vater vorbei, der sein Kleinkind im Buggy vor sich herschob. Er sagte zu seiner kleinen Tochter, die gedankenverloren am Daumen nuckelte: »Püppchen, hast du das gesehen? Die beiden Männer hatten Eiswaffeln auf dem Kopf! So was Dummes, oder?« Anscheinend war er genauso irritiert wie ich und hatte es deshalb laut aussprechen müssen.

Kurz bevor die Gäste eintrafen, prüfte ich, ob die Temperatur im Zimmer richtig war. Es roch nach dem leckeren Essen und nach frischen Blumen. Die Fenster standen offen, und es ging ein leichter Wind. Ich freute mich auf den netten Abend, der mir bevorstand. Als ich in die Kochschule ging, fragte man mich einmal, warum ich kochen lernen wollte, und ich erwiderte, weil ich rauschende Dinnerpartys geben wolle. Ich stellte mir einen langen Holztisch in einer Halle vor, Kerzenleuchter, theatralische Musik, faszinierende Gäste, die sich lebhaft unterhielten und dabei köstliches Essen zu sich nahmen.

Heute Abend bestand die musikalische Untermalung aus Pat Metheny und Charlie Hadens *Beyond the Missouri Sky*. Das funktionierte immer, weil man dabei sofort Wind in den Haaren spürte und das hohe, wogende Gras auf den weiten Ebenen vor sich sah. Charles erzählte mit weit ausholenden Gesten Abenteuergeschichten und unterhielt sich mit Jan über Politik. Er schien so viel zu wissen, war ein eloquenter Gesprächspartner und unglaublich unterhaltsam. Aber er konnte auch zuhören, stellte interessierte Fragen und blickte einen aus seinen haselnussbraunen Augen so aufmerksam an, dass man unwillkürlich Vertrauen zu ihm fasste. Seine Anwesenheit sorgte für Ausgleich. Er war sozusagen die spezielle Zutat, die das Gericht komplettierte. Der Abend wäre ganz anders verlaufen, wenn ich ihm nicht zufällig auf der Straße begegnet wäre und ihn eingeladen hätte.

Jeder bekam zwei Schöpflöffel von dem dampfenden Eintopf mit dem gebratenen Wurzelgemüse, den Kartoffelstücken und den langsam gedämpften Tomaten. Bevor sie jedoch den ersten Bissen probieren konnten, musste das Gericht noch garniert werden. Auf jeden Teller legte ich papierdünne Scheiben Parmesan, Kapern, gehackte Petersilie und gab einen Spritzer Sherry-Essig hinzu. So wurde aus dem einfachen Linsengericht etwas Elegantes und Komplexes. Zum Essen gab es Bach. Mistress K. fragte Charles nach seiner ersten Liebe, und mir erzählte sie Bruchstücke von ihrer romantischen Beziehung. Sally sprach mit Charles über einen ihrer Kunden, der davon besessen war, immer und immer wieder seinen Namen zu hören. Und er hieß ebenfalls Charles. Ich bemerkte, dass Jan immer stiller wurde. Normalerweise stand er gerne im Mittelpunkt, aber jetzt hielt er sich zurück und fand offenbar neues Vergnügen daran, der angeregten Unterhaltung der anderen zu lauschen, das ausgewogene Essen zu sich zu nehmen und die Atmosphäre zu genießen.

Kathy war durch Südamerika gereist und hatte ein bitteres Getränk namens Mate mitgebracht, das in einem

Flaschenkürbis gebraut worden war. Nachdem wir gegessen und den Tisch abgeräumt hatten, reichten wir das Gefäß herum und tranken mit einem Metallröhrchen daraus. Sally weigerte sich, es zu probieren. Terence schmeckte es richtig gut. Charles kannte es schon, und ich genoss den fremden Geschmack.

Nach dem Mate verwöhnte das Dessert unseren Gaumen. Es gab Sahnecracker mit Roquefort und Walderdbeeren. Auf einem großen Holzbrett lag die aufgeschnittene Honigmelone, mit gehackter Minze bestreut und mit Limonensaft beträufelt. In einer schwarzen Lackschale servierte ich Mangowürfel mit gemahlenen Pfefferkörnern. Und zuletzt reichte ich auf einem milchweißen Teller einen Berg dunkler Schokolade herum. Und wir hatten noch zwei Karaffen Rotwein.

Ich erzählte meinen Gästen von den beiden Männern mit den Eiswaffeln auf dem Kopf. Solche Dinge passierten auch nur mir, aber in der alltäglichen Umgebung empfand ich sie trotz ihrer Absurdität nicht als beunruhigend. Im Grunde ist es das Gleiche wie beim Theater im Kerker: die Nacktheit von Menschen, ihre Schönheit, ihre Absurdität, die kurzen, intimen Begegnungen, die zahlreichen Geschichten. Männer kommen zum Spielen, und alle tragen sie Eiswaffeln auf dem Kopf. Ob ich im Leben außerhalb des Kerkers auch so viele Geschichten entdecken würde? Wo sollte ich danach suchen? Aber der Anblick dieser beiden Männer im Park hatte mir gezeigt, dass ich es eigentlich schon richtig machte. Diese seltsamen, zärtlichen Momente gab es überall.

Ich war so vertieft in das Vergnügen, meine Geschichte zu erzählen, meine Zuhörer langsam damit zu füttern, während sie jeden Bissen verschlangen, und auf einmal wurde mir klar, dass es mir am meisten Freude machte, wenn ich anderen meine überraschenden Erfahrungen mitteilen und servieren konnte.

Der Abend schien vor Harmonie und Fülle zu vibrieren. Er war bunt und behaglich mit den leuchtenden roten Beeren, dem funkelnden Rotwein und den erhitzten, strahlenden Gesichtern. Adam war nicht dabei. Und das war in Ordnung. So gefiel es mir.

Danksagungen

Für ihre Anregungen, ihre Hilfe und Ermutigung, ihren offenen Geist und ihren Appetit danke ich Peter Clasen, Tamara Berger, Sita Schutt, Louise Kattenhorn, Sophie Caston, Mark Winemaker, meinen Eltern, Joanna Freedman, dem Agenten Charlie Viney, der Lektorin Kerri Sharp, den Dominas, Adam und allen Kunden.